Herderbücherei

Band 1180

Über das Buch

Das Leben wird von vielen Menschen heute als fragwürdig und leer empfunden. Man sieht keinen Sinn mehr in der Arbeit, in der Familie, in der Zukunft. Aber ein sinnloses Leben ist allem technischen Fortschritt zum Trotz ein menschenunwürdiges Leben.
Die Logotherapie – Viktor E. Frankls geniale Neuorientierung der Psychotherapie – hat es sich deswegen zur Aufgabe gestellt, den Aspekt der Sinnzentriertheit und Menschenwürde im psychologischen Selbst- und Seinsverständnis der Gegenwart zurückzugewinnen. Daß dies auch unter den derzeit gegebenen Umständen möglich und auf die Alltagsproblematik des einzelnen Menschen übertragbar ist, will das vorliegende Taschenbuch an einer Fülle lebensnaher Themen aufzeigen. Es ist zugleich eine Jubiläumsausgabe zum 80. Geburtstag von Viktor E. Frankl, in der sein weltberühmtes Buch „Ärztliche Seelsorge“ ein psychologisches Gegenstück findet.

Über die Autorin

Elisabeth Lukas, Dr. phil., ist Klinische Psychologin und langjährige Schülerin von Viktor E. Frankl. Sie leitet eine Psychologische Beratungsstelle in München und hält Vorlesungen an der Ludwig-Maximilians-Universität in München und an der Universität Innsbruck. Ihre Bücher wurden in mehrere Sprachen übersetzt.

Elisabeth Lukas

Psychologische Seelsorge

Logotherapie – die Wende zu einer menschenwürdigen Psychologie

Mit einem Vorwort von Sandra Wawrytko

Herderbücherei

Originalausgabe
erstmals veröffentlicht als Herder-Taschenbuch

Herder Freiburg · Basel · Wien
Herstellung: Freiburger Graphische Betriebe 1985
ISBN 3-451-08180-6

FÜR
FAMILIE DEMUTH

Ein Buch hat die Rehumanisierung der Medizin *eingeleitet. Es ist das Buch „Ärztliche Seelsorge" von Viktor E. Frankl, geschrieben 1939, verlorengegangen im Konzentrationslager Auschwitz, rekonstruiert in einem Dachauer Filiallager in den Fiebernächten des damaligen Häftlings Nr. 119104, erstmals veröffentlicht 1946 und seither vervollkommnet in 53 Auflagen und 10 Sprachen.*

Das vorliegende Buch ist eine Verneigung vor diesem Meisterwerk in dem Bemühen, es in Richtung einer Rehumanisierung der Psychologie *zu ergänzen.*

Inhalt

Vorwort

Als Viktor E. Frankl im Jahre 1942 ins Konzentrationslager eingeliefert wurde, trug er das Manuskript eines Buches in der Tasche, das die Grundideen seiner Lehre – später Logotherapie genannt – enthielt. Das Buch hieß „Ärztliche Seelsorge" und ist nach dem Krieg auch unter diesem Titel erschienen.

Seither ist eine neue Generation herangewachsen, die mehr Veränderungen erlebt hat als zehn vorangegangene Generationen. Traditionen sind zusammengebrochen, Werthierarchien haben sich verschoben, die Vorstellungen über Freiheit, Verantwortung, Menschenrechte und Menschenwürde haben sich gewandelt. Diese Veränderungen zogen philosophische, aber auch psychologische Folgen nach sich, welche sowohl in die Universitätshörsäle als auch in die Arztpraxen auf der ganzen Welt Eingang gefunden haben. Die Verantwortung der Philosophen ist es stets und in jeder Zeit gewesen, Grundprinzipien zu erarbeiten, wie wir Menschen uns als *Menschen* verstehen können. Die Psychologen wiederum haben die Verantwortung, diese Grundprinzipien so in die Praxis umzusetzen, daß wir *gesunde Menschen* bleiben. Das vorliegende Buch verfolgt beide Ziele in vorbildlicher Weise. Es ist deswegen angemessen, daß es als Pendant zu Frankls erstem Buch den Titel „Psychologische Seelsorge" trägt und – so wie jenes den Beginn seiner Begründerlaufbahn markierte – nunmehr das Lebenswerk des mittlerweile 80jährigen abrundet. Niemand wäre berufener gewesen, dies zu tun, als seine bedeutendste Schülerin Elisabeth Lukas.

Der uralte Rat des Delphischen Orakels: „Erkenne dich selbst!" ist offensichtlich nicht genug. Es ist darüber hinaus heute mehr denn je nötig, daß wir uns gegenseitig als Wesen mit Wert und Würde respektieren. Die Folgen jedweder Entmenschlichung treffen nicht nur das unmittelbare Opfer, sondern entmenschlichen auch den, der andere zu Opfern macht. Wer gewohnheitsmäßig Wert und Würde von Menschen verletzt, verwundet letzten Endes auch sich selbst. Oft ist es sogar ein Mangel an Selbstachtung, der dazu führt, daß Mitmenschen menschenunwürdig behandelt werden.

Psychotherapeuten sind keineswegs immun gegenüber solch beidseitiger Zerstörungskraft mißachteter Menschenwürde, wie Elisabeth Lukas in ihrem genialen Text beschreibt. Das Problem scheint in einer fehlerhaften philosophischen Anthropologie verwurzelt zu sein, die sie als eine unglückselige Kluft zwischen der geistigen und der psychischen Dimension des Menschen identifiziert. Die reduktionistischen Tendenzen der herkömmlichen Psychologie haben diesen Wissenschaftszweig vom Eigentlichen menschlicher Existenz entfremdet. Andererseits gibt es innerhalb der psychotherapeutischen Schulen eine Bewegung, jene entwürdigenden Tendenzen wieder aufzuheben, und das sind die humanistischen Gedankenansätze der Logotherapie.

Die unantastbare Würde des Patienten spielt eine zentrale Rolle in Viktor E. Frankls „psychiatrischem Credo" und bildet zugleich die Basis für sein Anliegen, die Psychotherapie zu rehumanisieren. Für ihn hat der Arzt bzw. Therapeut in jeder Behandlungsstunde mit seinen Patienten eine einzigartig-einmalige Begegnung von Mensch zu Mensch zustande zu bringen und dadurch die Würde beider während der ganzen Behandlung zu bewahren, ja, man könnte sogar sagen, daß dies ein wesentlicher Teil der Behandlung ist.

Durch eine Allianz mit der Logotherapie hat die Philosophie die zusätzliche Möglichkeit gewonnen, als perfekte Ergänzung zur Psychotherapie zu dienen. So tiefgründige Themen wie Schicksal und Freiheit, Gewissen und Verantwortung, Sein und Sinn, die seinerzeit von Viktor Frankl in die medizinisch-psychologische Arbeit eingebracht wurden und nun in diesem Buch von Elisabeth Lukas so überzeugend erörtert werden, sind schließlich auch Hauptthemen der Philosophie. Manche Behebung existentieller Blindheit durch die Logotherapie geht daher Hand in Hand mit einer Korrektur metaphysischer Kurzsichtigkeit im weltanschaulich-philosophischen Bereich und umgekehrt.

Was dabei von Wichtigkeit ist, das ist die menschliche *Beteiligung* an den Bedingungen der Wirklichkeit, statt der *Unterwerfung* darunter. Genau diese Nuance unterschiedlicher innerer Einstellung unterscheidet einen Menschen, der seine Freiheit sieht, von dem, der sich als seinem Schicksal ausgeliefert betrachtet. Patienten zum Beispiel, die in „Knechtschaft" zu ihren Gefühlen leben, leiden an dem selbstverschuldeten Verhängnis, für immer von äußeren Umständen abhängig zu sein. Der wirklich freie – und weise – Mensch hingegen kann innerhalb der unvermeidlichen Bürden, die ihm das Leben auferlegt, handeln. Spinoza spricht von einem Menschen, der der Sklave seiner Gefühle ist, als von jemandem, der „aufhört zu leben, wenn er aufhört zu leiden".

Erst wer frei ist, zu handeln, hat auch Energien zur Verfügung, den Sinn einer Gesamtsituation auszukundschaften. Dabei wendet er sich automatisch von den Zielen der Zerstörung ab und denen eines „sinnvollen" Aufbaus zu. Wie diese Taktik ihren psychologischen Niederschlag findet, zeigt Elisabeth Lukas an tragischen Fallbeispielen, in denen das Aufgeben der Freiheit zugunsten der Tyrannei des Schicksals schnell ins emotionelle Chaos geführt hätte, wenn nicht logotherapeutische Hilfe erfolgt wäre. Sie kommt dabei zu einer Erkenntnis, die zur Quintessenz ihrer Aussage werden soll: „Einen Menschen auf den – unter Umständen letzten – ihm verbleibenden Freiraum hinzuweisen ist über jede psychotherapeutische Taktik hinaus ein Akt von Menschenwürde!"

Dem möchte ich nur noch einen Vergleich anfügen: Das Tennisspiel beraubt uns nicht unserer Würde, wenn es uns zwingt, die Regeln und Beschränkungen des Spiels zu beachten. Ganz im Gegenteil, diese Regeln und Beschränkungen machen das Spiel erst möglich, sie sind dessen Voraussetzung und geben uns die Gelegenheit, unsere individuelle Geschicklichkeit zu entfalten. In ähnlicher Weise beraubt uns das Leben nicht, wenn es uns unveränderbare Grenzen setzt. Unsere Verantwortung liegt darin, diese Grenzen anzunehmen und in unsere Freiheit zu integrieren, damit wir sie weder überschätzen, noch unsere geistige Fähigkeit der Auseinandersetzung mit ihnen unterschätzen.

In der Logotherapie und im besonderen in dem vorliegenden Werk von Elisabeth Lukas werden uns die vielfältigen Möglichkeiten einer positiven und sinnorientierten Auseinandersetzung mit dem Schicksal deutlich; Möglichkeiten, die weite Kreise ziehen mögen und, wie zu hoffen ist, der Menschheit dienen werden.

San Diego,
im September 1984

Dr. Sandra A. Wawrytko
Professor der Philosophie an der
San Diego State University
und Gastprofessor an der
Chinese Culture University
von Taiwan

Ins Deutsche übertragen von Joseph B. Fabry

A
Die Wende zu einer menschenwürdigen Psychologie

1. Sinnfindung und seelische Gesundheit

Jeder weiß heutzutage um die Bedrohung, in der sich das Menschengeschlecht befindet, und um die Fragwürdigkeit der Zukunft unserer Lebensumwelt. Immer schon hat die Jugend gegen das Althergebrachte aufbegehrt und stürmisch nach neuen Richtungen gedrängt, aber noch nie war sie von so düsteren Vorahnungen erfüllt, wie in der Gegenwart, in der sie sich selbst als „No-future-generation" bezeichnet.

Allerdings wird diese düstere Stimmung nur indirekt von der Angst vor dem, was in der Zukunft Negatives geschehen könnte, heraufbeschworen. Auch wenn die Möglichkeit eines Atomkrieges, der allem menschlichen Streben ein Ende setzen würde, vorstellbar ist, und auch wenn sich die alarmierenden Prognosen über vergiftete Lebensräume und unüberwindbare Hungerkatastrophen, denen wir zusteuern, häufen, so ist der Mensch doch ein zu kurzlebiges und vor allem zu kurzsichtiges Wesen, um sich deswegen in seiner alltäglichen Betriebsamkeit irritieren zu lassen. Nein, die Angst vor utopischen Schrecknissen ist nicht das ursprünglich Entscheidende bei dem weltweit beobachtbaren Unbehagen, das über unsere Jugend hinaus auch die mittleren und älteren Generationen zunehmend erfaßt. Was die „No-future-generation" vielmehr kennzeichnet, ist ein *Sinnlosigkeitsgefühl* höchsten Grades, ein kontinuierlicher Sinnverlust, der hier und heute stattfindet und die Kraft untergräbt, dem Morgen ins Auge zu sehen. Eine „No-meaning-generation" wächst im Grunde heran, und das ist noch viel bedrückender als die bloße Sorge ums Überleben unserer Spezies, denn wenn das Wozu als existentielle Grundlage wegfällt, dann verliert auch jedes Weiterleben seinen Wert.

Viktor E. Frankl, einer der bedeutendsten Psychiater unseres Jahrhunderts, hat als erster nachgewiesen, daß enge Verbindungen zwischen der inneren Sinnorientierung eines Menschen und dessen seelischer Gesundheit bestehen, was bis dahin in der Psychologie unbekannt war, und hat damit den Grundstein gelegt für eine Wende in der gesamten Humanwissenschaft. Dank seinen Forschungen können wir heute jenen „Teufelskreis" rekonstruieren, der sowohl Einzelschicksale als auch das Geschick ganzer Völker unheilvoll verändert, und der gegenwärtig vielschichtig abläuft. Weil wir aber darüber Bescheid wissen, vermögen wir auch Lösungsvorschläge zu entwerfen, um besagten „Teufelskreis" zu durchbrechen; und wenn dies auch im großen Weltgeschehen noch kein hinreichendes Echo gefunden hat, so gab es doch einen gewaltigen Niederschlag in der Einzelhilfe der Psychotherapie, die, auf der Franklschen Methodik aufbauend, mittlerweile imstande ist, dem modernen Menschen in seiner Sinnkrise aktiven Beistand zu leisten.

Was ist nun mit dem „Teufelskreis" gemeint? Es handelt sich dabei um eine Kausalkette von mehreren Gliedern, die einander bedingen, wodurch es zu einem ununterbrochenen Wechselwirkungsgeschehen kommt. In vereinfachter Form sieht dies so aus: Ein Faktor A führt zu einem Faktor B, und B führt wiederum zu A, woraufhin A verstärkt zu B führt usw. Wir kennen solche Zirkelmechanismen schon lange aus der allgemeinen Neurosenlehre, und immer steht am Anfang eine Verunsicherung. Nehmen wir zum Beispiel an, jemand erlebt bei einer Prüfung, auf die er sich gut vorbereitet hat, unglücklicherweise eine Niederlage. Das sei Faktor A. Es kann sein, daß er daraufhin eine große Furcht vor der nächsten Prüfung entwickelt, eine „Erwartungsangst", wie wir sagen. Diese sei Faktor B. Auf Grund der negativen Erwartung, erneut zu versagen, in die sich der Betreffende emotional hineinsteigert, ist er auch bei der nächsten Prüfung so verkrampft und blockiert, daß er sie ebenfalls nicht schafft; B hat also zu A zurückgeführt. Daß sich jetzt die Prüfungsangst erst recht etabliert, A also sofort wiederum B intensiviert, liegt auf der Hand – der „Teufelskreis" zwischen Erwartungsangst und Versagen schließt sich!

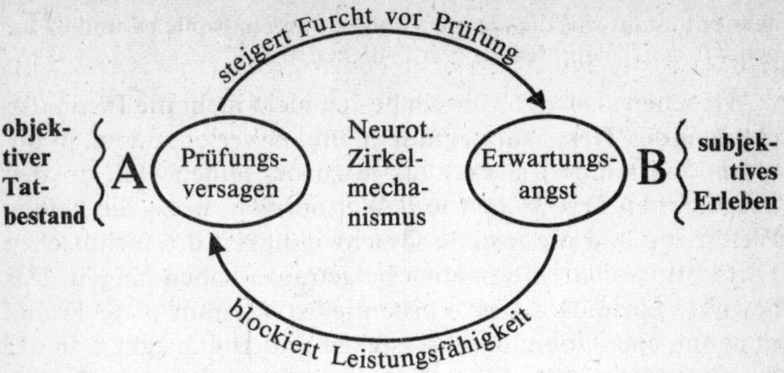

Natürlich ist das nur ein ganz einfaches Beispiel, sozusagen die Keimzelle aller psychopathologischen Fehlentwicklungen. Sie liegt, wie der Leser bemerkt haben wird, an der Berührungslinie zwischen subjektiver Innen- und objektiver Außenwelt, denn die Erwartungsangst gehört ja zum subjektiven Erleben eines Menschen, während das Mißlingen einer Prüfung einen objektiven Tatbestand darstellt.

Bei dem „Teufelskreis", den ich im folgenden erläutern möchte, weil er die großen Probleme unserer Zeit in sich vereint und sein Schatten auf jeden von uns fallen kann, sind mehrere Faktoren beteiligt. Dennoch handelt es sich genauso um ein Wechselwirkungsgeschehen pathologischen Charakters zwischen subjektiven Erlebnissen und objektiven Gegebenheiten, und an seinem Anfang steht auch wieder eine Verunsicherung, und zwar eine existentiell sehr tiefgehende. Es ist die große Gesamtverunsicherung des modernen Menschen, sein kapitaler Zweifel an der Sinnhaftigkeit des Lebens, dessen Entstehung Viktor Frankl folgendermaßen formuliert:

„Wenn Sie mich fragen, wie ich mir die Heraufkunft des Sinnlosigkeitsgefühles erkläre, dann kann ich nur sagen, im Gegensatz zum Tier sagt dem Menschen kein Instinkt, was er *muß,* und im Gegensatz zum Menschen in früheren Zeiten sagt ihm keine Tradition mehr, was er *soll* – und nun scheint er nicht mehr recht zu wissen, was er eigentlich *will.* So kommt es denn, daß er entweder nur will, was die anderen tun – und da haben wir den Konformismus (der westlichen Welt) –, oder aber er tut nur, was die anderen wollen, von ihm wollen – und da haben wir den Totalitarismus (der östlichen Welt)."

Wir sehen also, der Mensch besitzt nicht mehr die Instinktsicherheit des Tieres zum Handeln, und er verlor zudem, in unserem Jahrhundert stärker als je zuvor, seinen Halt an den überlieferten Traditionen und Wertnormen, wozu die beiden Weltkriege und die rasante Geschwindigkeit des technischen Fortschritts nicht unerheblich beigetragen haben mögen. Das bewirkte ein plötzliches „existentielles Vakuum", wie Frankl es nennt, eine Orientierungslosigkeit und Haltlosigkeit, in der die Frage nach dem Sinn allen Tuns jäh aufbrach und ohne Antwort blieb. Was weiter geschah, war simpler neurotischer Zirkelmechanismus: Das chronische Sinnlosigkeitsgefühl bringt die seelische Gesundheit des Menschen ins Wanken, und wenn diese beeinträchtigt ist, kommt es stets zu sozialem und individuellem Fehlverhalten, wodurch meist ein sehr konkreter Anlaß zur Zukunftsangst eingeleitet wird. Die daraus folgende pessimistisch verbrämte und keineswegs grundlose Angst verstärkt aber wiederum nichts anderes als das resignative Gefühl, alles Bemühen sei sowieso letzten Endes sinnlos, womit der „Teufelskreis" geschlossen ist. (Siehe innerer Kreis im Bild!)

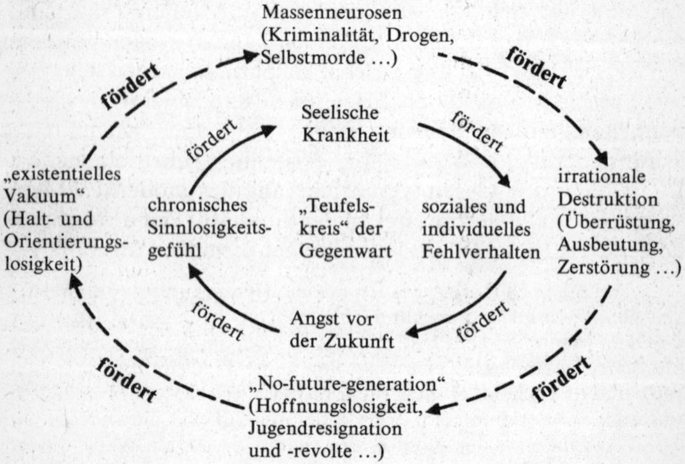

Auf das große Weltgeschehen bezogen läßt sich jedem der vier Faktoren ein Stichwort beifügen, das auf die Komplexität seiner Auswirkungen hinweist. Zum Sinnlosigkeitsgefühl des einzelnen gehört auf bevölkerungsbreiter Ebene das „existentielle Vakuum" einer, wie wir pointiert sagten, „No-meaning-generation". Der seelischen Krankheit des einzelnen entsprechen die Massenneurosen der Gegenwart als da sind hohe Quoten an Perversität, Kriminalität, Alkohol- und Drogenabhängigkeit, Depression und Selbstmorden. Als soziales und individuelles Fehlverhalten im Großen können alle Wahnsinnstaten der Menschheit gelten, die nichts als irrationale Destruktion zum Ziel haben wie Überrüstung, Ausbeutung, Landschaftszerstörung und Kulturvernichtung. Nun, und die Angst vor der Zukunft findet eben ihren Niederschlag in einer Jugend ohne Ideale und ohne Kompromisse, die sich den Namen „No-future-generation" gab. (Siehe äußerer Kreis im Bild!)

Wenn wir vom großen Weltgeschehen absehen und unsere Aufmerksamkeit auf die Ebene der Einzelpersonen zurücklenken, finden wir dort deutliche Parallelen zu den genannten Prozessen: auch hier greift jede Art von Sinnfrustration die seelische Stabilität eines Menschen an, wodurch er sich zu Verhaltensweisen verführen läßt, die später wie ein Bumerang auf ihn zurückschlagen und ihm die Zielperspektiven der Zukunft rauben. Was dabei besonders schwer ins Gewicht fällt, ist wiederum jene Verquickung zwischen subjektiver Innen- und objektiver Außenwelt, die wir schon beim Grundschema neurotischer Zirkelmechanismen kennengelernt haben. Der vorhin besprochene „Teufelskreis" enthält nämlich beim näheren Hinschauen eine objektive und zwei subjektive Achsen, oder anders ausgedrückt, an zwei Stellen seiner Kette kommt die objektive Wirklichkeit ins Spiel.

Die eine Stelle ist evident und bedarf keiner besonderen Erklärungen, es ist der Bogen zwischen Fehlverhalten und Zukunftsangst. Fehlverhalten erzeugt logischerweise über alle subjektiven Mißerfolgserlebnisse hinaus sachliche Fehler, objektiven Schaden, Unwerte in irgendeiner Form. Wenn die Menschheit z. B. die Tropischen Regenwälder abrodet, entstehen einfach negative klimatologische und ökologische Folgen, oder wenn eine Einzelperson etwa alles Geld für Vergnügungen ausgibt, dann entstehen einfach Schulden und Verluste für die Familie; das sind nicht nur subjektive Gefühle, sondern ganz reale Tatbestände, die dann ihrerseits der aufkommenden Angst vor der Zukunft ein Mindestmaß an Berechtigung verleihen.

Die andere Schaltstelle im Kreisgefüge, an der sich die objektive Wirklichkeit einschaltet, zeigt sich uns nicht so evident und wurde – jedenfalls in der Psychologie – lange Zeit übersehen: es ist der Bogen zwischen Sinnlosigkeitsgefühl und seelischer Krankheit. Um dies zu erklären, muß ich einen kurzen Abstecher machen zum Menschenbild im allgemeinen.

Was ist der Mensch? Seit Jahrtausenden haben Philosophen und Denker um eine Interpretation des Menschen gerungen, und immer sind ihre Entwürfe unvollständig geblieben. Immerhin kam man so weit, dem Menschen einen Leib und eine Seele zuzusprechen, wenn auch die Verknüpfung von beidem in geheimnisvollem Dunkel lag. Nach abendländischer Auffassung stellte der Leib dabei die Dimension der Erdgebundenheit dar, die der Mensch durch seine evolutionäre Abstammung mit den Tieren teilt, während die Seele als sogenanntes „Ebenbild Gottes" einen höheren, über die sonstige Natur hinausreichenden Stellenwert bekam. Als mit Beginn des 20. Jahrhunderts einerseits die religiösen Dogmen an Festigkeit verloren und andererseits die neugeborene Wissenschaft der Psychologie Einzug hielt in die ärztlichen Praxen und akademischen Hörsäle, änderte sich der Seelenbegriff schlagartig: aus dem „Ebenbild Gottes" wurde ein entmythologisiertes „Ebenbild des Menschen", die *Psyche,* die nunmehr ebenfalls ins naturalistische Konzept eingefügt wurde. So wie der menschliche Leib eine Weiterentwicklung tierischer Organismen sei, so sei auch die Psyche, wissenschaftlich betrachtet, eine Fortsetzung und strukturelle Verfeinerung tierischer Triebe und Emotionen sowie subintelligenter Problemlösefähigkeiten.

Auf dieser Interpretation aufbauend entstanden die Psychoanalyse und die Verhaltenstherapie, zwei elementare psychologische Schulen, die beide trotz ihrer großen methodologischen Unterschiedlichkeit den Menschen als ein Gebilde verstehen, dem es in tiefster und letzter Instanz um die Erhaltung seiner selbst geht, das also, ähnlich homöostatischen Regulationsautomaten daraufhin ausgerichtet ist, das eigene Wohlbefinden stets auszubalancieren, indem alle wichtigen Bedürfnisse weitgehend gestillt und zusätzlich noch soviel Lusterlebnisse wie nur möglich gewonnen werden. Diese Sicht hatte in der Tat etwas Attraktives, weil sie exakt zum Emanzipationsstreben des modernen, aufgeklärten Menschen paßte und ihm die notwendige Rückendeckung gab, um sich gegen die Macht jener alten Überlieferungen durchzusetzen, die er soeben im Begriff war, über Bord zu werfen. Es kam, wie bereits angedeutet, zu einem massiven Traditionsbruch in der zivilisierten Welt, der auch nicht ganz ohne Auswirkungen auf die weniger zivilisierten Völker blieb.

Daneben gab es kritische Stimmen gegen dieses extrem ichbezogene psychologische Menschenbild, und einer der ernstzunehmendsten Kritiker ist Viktor Frankl. Schon vor dem großen Traditionsbruch um die Mitte unseres Jahrhunderts gab er wiederholt zu bedenken, daß der Mensch kein Homöostat ist, dessen ganze Lebensaufgabe darin besteht, sich selbst zu befriedigen. Seiner Ansicht nach hat der Mensch wohl einen Leib, der anderen Organismen vergleichbar ist, und auch eine psychische Dimension, die das differenzierte menschliche Gefühlsleben auf Triebbasis in sich einschließt, aber darüber hinaus besitzt er noch eine *geistige Dimension,* und diese geistige Dimension ist erst die eigentlich menschliche, die humane Dimension, die Dimension, die den Menschen eben wahrhaft über das Tier erhebt, aber nicht nur quantitativ, sondern auch qualitativ, was in den überkommenen Anschauungen vom „Ebenbild Gottes" eine gewisse Symbolik gefunden hatte, aber in der Wissenschaftslehre der modernen Psychologie niemals mehr aufgeschienen war.

Erst mit Frankl ist die geistige Dimension des Menschen in die Psychologie wieder eingeführt worden, und das brachte eine grundlegende Revision des Menschenbildes mit sich. Denn Geist strebt nicht nach Lust, Geist braucht Sinn. Geist sucht nicht nach Bedürfnisbefriedigung, sondern Geist sucht nach sinnvollen Aufgaben und Zielen in der Welt ... und genau hier taucht auf einmal die Außenwelt auf mit ihrer Fülle von Sinnmöglichkeiten und mit all den objektiven Werten in ihr, die es zu verwirklichen gilt. Nur ein Menschenbild, das die geistige Dimension des Menschen überhaupt zuläßt, kann die homöostatisch geregelte Innenwelt des Selbst überschreiten und den Menschen als ein Wesen erkennen, das über alle interne Bedürfnisausbalancierung hinaus das eine und oberste Bedürfnis hat, einen Sinn in der Außenwelt zu entdecken und zu erfüllen, einen Sinn, der ihm so viel bedeuten mag, daß es unter Umständen bereit ist, ihm sein Leben zu weihen. „Der Mensch überschreitet unendlich den Menschen" hat schon der große Philosoph Pascal gesagt.

Kehren wir nach diesem kleinen Exkurs zurück zu unserer Skizze vom „Teufelskreis", der gegenwärtig viele Menschen in seiner Umklammerung hält. Wir haben festgestellt, daß es nach dem Traditionsbruch zu einer existentiellen Verunsicherung kam, die ein weltweites Sinnlosigkeitsgefühl nach sich zog. Nach den Franklschen Erkenntnissen wissen wir jetzt aber auch, daß das Gefühl der Sinnlosigkeit des Lebens nur Ausdruck einer *geistigen* Frustration sein kann, weil es ja das geistige Potential des Menschen ist, das – unabhängig vom Aspekt jeglichen Triebdrucks – nach einer sinnerfüllten Existenz strebt. Wie wenig die psychische Dimension des Menschen – mit ihrem ständigen Suchen nach „Selbstverwirklichung" – und die geistige Dimension des Menschen – mit ihrer ebenso beständigen Suche nach „Wertverwirklichung" – kongruent sind, zeigt sich daran, daß die epidemieartige Sinnfrustration gerade zu jener Zeit einsetzte, als das Wirtschaftswunder in der westlichen Industriewelt begann und der allgemeine Wohlstand die Befriedigung zahlloser psychischer Bedürfnisse ermöglichte, angefangen von der Sexwelle bis zur Verschwendungssucht einer Überflußgesellschaft. Jeder nur denkbare Konsumwunsch konnte mit einem Mal gestillt werden, allein die geistige Sehnsucht des Menschen nicht, die Sehnsucht, für irgendetwas im Leben dazusein, für irgendetwas gutzusein; es gab, wie Frankl sagt, immer mehr, *wovon* man leben konnte, und immer weniger, *wofür* man leben konnte.

Das Unheil der Gegenwart gründet also in einer immensen geistigen Frustration, die den Menschen auf sich selbst zurückwirft, ihn verleitet, sein Glück innerhalb psychischer Dimensionen zu suchen – weshalb sich auch der Absatzmarkt psychologischer Glücksrezepte so kometenhaft geöffnet hat –, und die ihn verleitet, diejenigen Wertdimensionen zu vernachlässigen, die einzig des menschlichen Geistes würdig sind, nämlich das Hineinschaffen objektiver Werte in die Welt, als da sind: das Gute, das Schöne, das Positive, eben das Sinnvolle an sich. Diese Vernachlässigung aber hat ihren Preis, und der ist nicht mehr und nicht weniger als die seelische Gesundheit. Warum dies so ist, und vor allem, wieso sich an dieser Stelle die Chance anbietet, den „Teufelskreis" zu durchbrechen und in umgekehrter Weise die seelische Gesundheit über Sinnfindungsprozesse wiederherzustellen, werde ich noch erörtern, ich möchte nur zuvor unsere Skizze durch die drei Achsen ergänzen, die ich bereits angekündigt habe, nämlich durch die objektive Achse, die im „Teufelskreis" zwischen der Vernachlässigung objektiver Werte und der Erzeugung objektiver Unwerte zu ziehen ist, und durch die beiden subjektiven Achsen, die auf der „pathologischen" Seite von seelischer Krankheit und sozialem und individuellem Fehlverhalten, und auf der „normalen" Seite von Zukunftsangst und Sinnlosigkeitsgefühlen bestimmt werden.

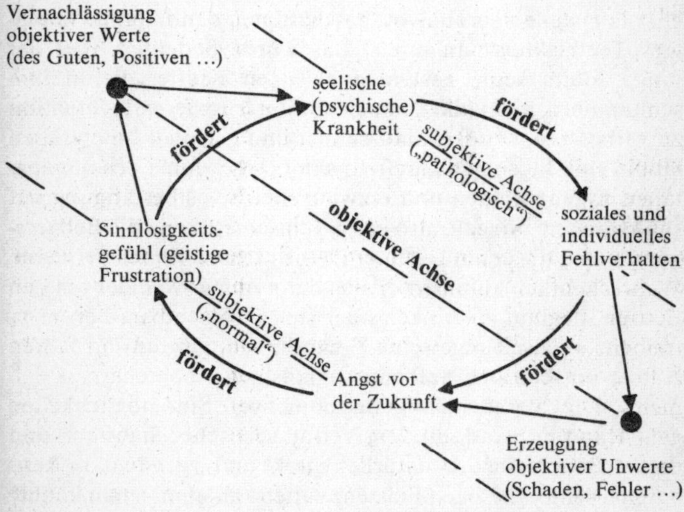

Vielleicht kann ein Beispiel unser theoretisches Gerüst praktisch veranschaulichen. Nehmen wir an, ein Sohn übernimmt den Betrieb seines Vaters, sieht aber keinen tieferen Sinn in der Weiterführung dieses Betriebes, sondern fühlt sich bloß verpflichtet zur Übernahme oder weiß einfach nichts Besseres, was er in seinem Leben tun könnte. Selbstverständlich ist es möglich, daß er trotzdem allmählich in die Arbeit hineinwächst und eine gewisse Zufriedenheit in seiner Tätigkeit findet. Es kann aber auch sein, daß der Betrieb für ihn niemals eine sinnvolle Aufgabe darstellt, sondern allenfalls eine bequeme Geldquelle oder einen Prestigefaktor. Wenn dem so ist, gibt es immer noch die Möglichkeit, daß der junge Mann außerhalb seiner beruflichen Tätigkeit so viele erfüllende Lebensinhalte kennt, daß er die Zeit und Kraft, die er für den Betrieb aufwenden muß, innerlich damit aufwiegen kann. Wir dürfen dann zwar annehmen, daß er sich nicht sehr engagiert für die betrieblichen Belange einsetzen wird, aber vom Standpunkt der Psychohygiene aus gesehen kann es durchaus noch gutgehen.

Sollte der junge Mann jedoch auch außerbetrieblich wenig Interessen und Hobbies haben, keiner dauerhaften zwischenmenschlichen Bindung fähig sein und sich in seiner Freizeit eher langweilen als sinnvoll beschäftigen, dann könnte besagter „Teufelskreis“ anlaufen. Das würde bedeuten, daß der junge Mann seine gesunden geistigen Kräfte, die in ihm schlummern, nicht nützt, um die für ihn frustrierende Situation zu verbessern, sondern daß er sich im Gegenteil hineinfallen läßt in eine Jagd nach kurzfristigem Lustgewinn, nach momentanen Eigenvorteilen und erzwungener Selbstbestätigung auf subhumanem Niveau, also auf psychischer Ebene die Befriedigung sucht, die er auf geistiger Ebene nicht zu finden vermeint. Wahrscheinlich kümmert er sich dann immer weniger um den Betrieb, beginnt zu trinken oder sich in Nachtbars herumzutreiben, wechselt rege seine Freundinnen, gibt an mit teuren Autos, putscht sich auf mit waghalsigen Abenteuern u. dgl. mehr. Die Vernachlässigung objektiver Sinnmöglichkeiten geht Hand in Hand mit dem Verfall seelischer Stabilität, und da der Betroffene dies natürlich merkt und irgendwo im Restbereich seiner geistigen Existenz zutiefst ablehnt – man könnte auch sagen, mit seinem Gewissen in Konflikt gerät –, ärgert er sich erst recht über sich selbst und reagiert womöglich zunehmend depressiv oder aggressiv oder flüchtet vermehrt in Rauschzustände. Ohne gezielte Hilfe ist der junge Mann jetzt in Gefahr, ins Pathologische abzukippen, er rutscht in eine Neurose oder in eine Sucht hinein, kommt mit dem Gesetz in Konflikt oder versucht gar, sich das Leben zu nehmen. Dadurch gibt es Krach mit seinen Angehörigen, es werden Fehlentscheidungen in der Arbeit getroffen, Gelder werden vergeudet oder veruntreut usw., das heißt, das Fehlverhalten des Mannes wird immer offenbarer und zeitigt immer tragischere Folgen, bis es schließlich zu irgendeinem Zusammenbruch kommt, der unter Umständen den ganzen Betrieb oder die ganze Familie mitreißt. Der Zusammenbruch könnte noch einmal aufrütteln, er kann aber auch das Ende sein, weil mit ihm die Hoffnungslosigkeit einer fragwürdig gewordenen Zukunft ins Bewußtsein steigt und jedwede geistige Trotzkraft lähmt, die als einzige imstande wäre, aus den Trümmern eine neue, sinnvolle Existenz aufzubauen.

Wenn wir ein solch unglückliches Geschehen, von dem es unzählige Varianten gibt, Schritt für Schritt überdenken, erhebt sich die Frage, wie wir *vorbeugen,* wie wir *helfen* können. Deswegen werde ich mich im folgenden auf die positive Perspektive der Sinnfindung konzentrieren und den „Teufelskreis“ verlassen. Eines möchte ich dabei gleich vorwegnehmen: Mit einer Psychotherapie vom Geistigen her, wie sie der Franklsche Ansatz darstellt, können wir dem jungen Mann aus dem erwähnten Beispiel in jedem Stadium seiner Lebenskrise *helfen,* nicht nur zu Beginn, wenn sich der neurotische Kreisprozeß aufzuschaukeln beginnt. (Vorausgesetzt, daß er bereit ist, Hilfe zu akzeptieren, denn gegen den Willen eines Menschen ist Psychotherapie grundsätzlich nicht anwendbar.) *Vorbeugen* können wir jedoch nur am Anfang, wenn das Ringen um Sinn schiefzulaufen droht und sich die „Dehumanisierung“ einer Person anbahnt. Da ich schon viele Menschen an diesem Scheideweg gesehen habe, weiß ich, wie erstaunlich tiefgreifend und bedeutsam auch ein bescheidener mitmenschlicher Beistand im Ringen um Sinn sein kann, ein rechtes Wort zur rechten Zeit, ein ermutigendes Buch, das jemandem in die

Hand gedrückt wird, eine Idee oder Anregung, die den geistigen Funken zündet, ja einfach das Aufleuchtenlassen einer Sinnmöglichkeit, die von dem Betreffenden gerade nicht wahrgenommen wird, weil er so etwas wie einen Schleier vor seinem „inneren Auge“ hat. Man ahnt nicht, wieviel Unglück zu verhindern wäre durch Kleinigkeiten, denn so wie Kleinigkeiten verheerende Wirkungen haben können, was allgemein bekannt sein dürfte, können Kleinigkeiten auch rettende Wirkung haben, ja manchmal mehr sogar als Prozeduren großen Aufwandes. Und das ist auch die Chance jedes einzelnen von uns, denn die Psychologie und Psychotherapie ist ja nicht jedermanns Metier, es ist gar nicht jedermanns Aufgabe, seelisch kranke Menschen zu heilen, aber es ist sehr wohl die Aufgabe von uns allen, zu helfen, wo dies in unserer Macht steht.

Wie kann also die Suche nach Sinn, die jeder Mensch früher oder später und in Grenzsituationen stets von neuem leisten muß, hilfreich unterstützt werden – bei uns selbst und bei anderen? Nun, wir müssen uns eines merken: Sinn kann nicht gegeben werden, Sinn muß gefunden werden; was wir jedoch tun können, ist, die Sinnfindung beschreiben bzw. aus Beschreibungen herauslesen, Wegweiser der Sinnfindung errichten bzw. uns an ihnen orientieren, und vor allem das Sinnvolle als Handlungsmaßstab zulassen, selbst dann, wenn dieses Maß nicht exakt auf unsere individuellen Wünsche zugeschnitten ist. Es geht um die Ausrichtung des Lebens nach einem Kriterium, das über das Leben hinausweist, ähnlich wie die Kompaßnadel über den Rand des Kompasses hinaus auf etwas hinweist, das nicht kompaßeigen ist und daher von der räumlichen Lage des Kompasses unabhängig bleibt. Mit diesem Gleichnis können wir uns den Begriff „Sinn“ gut verdeutlichen: auch er ist ein immer gültiges Medium unserer Standortbestimmung, und ist es deshalb, weil auch er unabhängig bleibt von der jeweiligen Lebenslage, aus der heraus er angepeilt wird.

Das Gleichnis ist noch aus einem weiteren Grunde günstig, weil es versinnbildlicht, daß eine Richtung keine Aussage über eine Entfernung beinhaltet. Der Norden, auf den die Kompaßnadel zeigt, kann unerreichbar ferne und sehr nahe sein, und

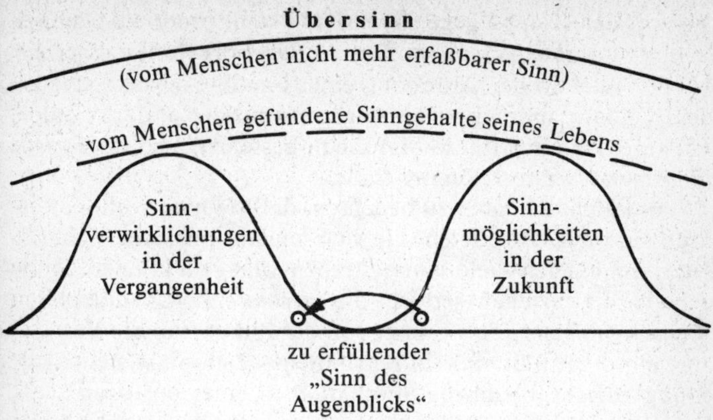

genauso ist der Sinn des Lebens unendlich abstrakt und außerordentlich konkret zugleich, wobei wir als Grobeinteilung drei Niveaus unterscheiden können.

Für jenen Sinn, der vom Menschen nicht mehr erfaßbar ist, es sei denn in einem gläubigen Hineinreichen in die Transzendenz Gottes, hat Viktor Frankl den Begriff „Übersinn“ geprägt. Über diesen „Übersinn“ – der absolut nichts mit Übersinnlichem zu tun hat – zu spekulieren erübrigt sich, da er sich per definitionem menschlichem Zugriff entzieht. Die Annahme eines solchen „Übersinns“ eröffnet lediglich die Möglichkeit, daß auch Elemente der Welt, die wir mit unserem Verstand als „sinnlos“ bezeichnen müssen, wie z. B. die Existenz des Bösen, das Geschehen unglückseliger Zufälle, das Leid unschuldiger Menschen oder die unausweichliche Tatsache des Alterns und Sterbens, in einer anderen, höheren Dimension ihren Sinn haben könnten, in einer Dimension, die dem Menschen eben verschlossen ist.

Was dem Menschen im Unterschied dazu offensteht, hingegen dem Tier wiederum verschlossen ist, das ist die Erfassung spezieller *Sinngehalte* seines Lebens. Solche Sinngehalte können die Erfüllung einer selbstgewählten Aufgabe, die Erforschung eines Neulandes, die Erfindung einer Verbesserung, die Produktion von Kunstgegenständen, die Herstellung neuer

Waren, der Kampf gegen einen Mißstand oder was immer sein, also ihren Akzent im *Dasein für etwas* finden, aber sie können auch in der Gründung einer Familie, in der Liebe zu den Kindern, im caritativen Engagement oder in der sozialen Fürsorge für anvertraute Menschen bestehen, also im *Dasein für jemanden* ihre Krönung finden.

Wesentlich ist dabei zu beachten, daß sie nicht völlig identisch sind mit den Zielen, die sich jemand für seine Zukunft setzt, wenngleich Ziele sehr erstrebenswert sein können. Sinngehalte durchziehen jedoch die *gesamte* Zeitspanne eines Menschenlebens. Sie strömen von der Zukunft in die Vergangenheit, denn während ein persönliches Ziel mit seiner Erreichung erlischt, bleibt die Sinnhaftigkeit eines positiven Werkes, eines schönen Erlebnisses, einer erfüllten Liebe usw. bestehen – niemand und nichts kann sie mehr auslöschen. Was die Zukunft enthält, sind daher, über jede subjektive Zielsetzung hinaus objektive Sinnmöglichkeiten, die ihrer Verwirklichung harren, und die, wenn sie aufgegriffen werden, sich in ebenso objektive Sinnverwirklichungen verwandeln, in Werte, vom Menschen gestaltet und geschaffen, die in dessen Vergangenheit sicher und geborgen ruhen. Sah zum Beispiel ein junger Arzt eine Sinnmöglichkeit seiner Zukunft darin, ein Serum gegen eine gefährliche Krankheit zu entwickeln, und hat er sich diesem Ziel mit Erfolg gewidmet, so bleibt die Verwirklichung jener Sinnmöglichkeit auf ewig mit seinem Leben untrennbar verbunden, und nichts kann ihm die Tatsache rauben, daß er der Welt ein kostbares Serum geschenkt hat, auch dann nicht, wenn er längst schon tot sein mag.

Ich betone diesen aus dem Franklschen Gedankengut stammenden Gesichtspunkt deshalb, weil sich im Laufe des Lebens die beiden „Berge“ von Sinnmöglichkeiten und Sinnverwirkli-

Jugend:

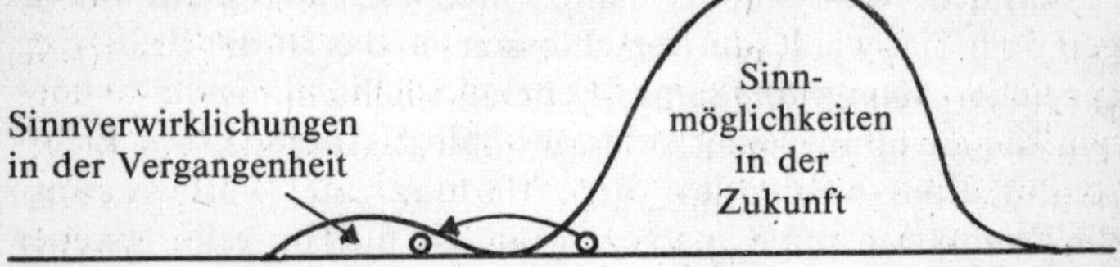

chungen ja kontinuierlich ändern. Der junge Mensch, der erst ins erwachsene Leben eintritt, hat ein riesiges Gebirge an Sinnmöglichkeiten vor sich, aber kaum größere Schätze an Sinnverwirklichungen hinter sich: seine Zukunft ist reich, seine Vergangenheit ist arm. (Siehe Abb. S. 26)

Der alte Mensch hingegen hat, wenn ihm ein sinnvolles Leben geglückt ist, das riesige Gebirge bereits überschritten, es liegt hinter ihm mitsamt der Fülle aller Werte, die er in seinem Leben verwirklicht, in seine Vergangenheit „hineingerettet" und dort verankert hat. Dafür enthält seine Zukunft nur mehr beschränkte Sinnmöglichkeiten, sie ist arm gegenüber der Vergangenheit, die reich ist.

Alter:

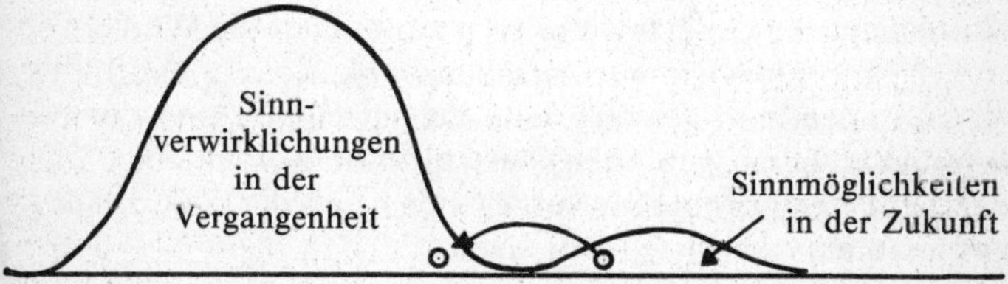

Hieraus wird verständlich, warum wir nicht nur die jeweiligen Ziele eines Menschen als Sinnfaktor im Auge behalten dürfen. Der sich dem Ende seines Lebens nähernde Mensch besitzt kaum mehr Ziele in seinem Leben, und wenn er sie besäße, könnte er sie voraussichtlich nicht mehr erreichen. Was er aber besitzt, das sind die gelungenen Ziele, das ist das Erreichte, das Erlebte, das Erlittene, die Menge alldessen, wofür es gut war, daß er gelebt hat, das sind schlichtweg die verwirklichten Sinngehalte seines Lebens, die ihm gehören auf immer. Wir sehen, auch das Alter hat seinen Trost ...

Nun, auf unserem Weg vom größten Abstraktionsniveau des Sinns, dem – gewiß zeitlosen – Übersinn, über die weit weniger abstrakten Zukunfts- und Vergangenheitsinhalte eines sinnerfüllten Lebens wollen wir doch noch zum eigentlichen Konkretionsniveau des Sinns vorstoßen, und dieses liegt in der Gegenwart. Es ist der *je gegenwärtige Sinn,* der „Sinn des Augenblicks". Hier treffen wir auf den, wie Frankl sagt, „Schrittmacher des Seins". Denn irgendwelche große Sinngehalte des Lebens, persönliche Ziele, Aufgaben, Werke, die ganze Hingabe an eine Sache oder an eine Person sind überhaupt nur zu verwirklichen, indem sie in Bezug gesetzt werden zu winzigen Einheiten, zu Augenblicken, zu konkreten Einzelsituationen, von denen jede einmalig und unwiederholbar ist und ihren eigenen einmaligen und unwiederholbaren Sinncharakter in sich trägt. Der Mensch kann nämlich in Wahrheit nicht einen beliebigen Sinn herausgreifen aus dem Nichts, um dann hinzugehen und ihn zu erfüllen! Man stelle sich vor, was das bedeuten würde: für den einen wäre es „sinnvoll", ein Haus abzubrennen, für den anderen wäre es „sinnvoll", ein Flugzeug in die Luft zu jagen usw. Der Mensch ist aber nicht derjenige, der Sinn zu definieren hat, wie er nicht derjenige ist, der mathematische Gesetze definieren kann. Daß die Wurzel von 169 13 ist, können wir nicht *er*finden, wir können es nur finden, *heraus*finden, und genauso muß der jeweilige „Sinn des Augenblicks" herausgefunden, entschlüsselt werden; ein Sinn, der nicht weniger objektiv vorgegeben ist als die Gesetzmäßigkeit mathematischer Operationen.

Bei allen meinen bisherigen Darlegungen habe ich mich bemüht, stets die Berührungslinie zwischen Subjektivität und Objektivität aufzuzeigen, um den Menschen begreifbar zu machen als ein Wesen, das eingebettet ist in die Welt, und nur in dem Maße menschlich wird, in dem es eintritt in eine Beziehung zu dieser Welt. Es klang auch an, daß jede Form von Selbstverwirklichung des Umweges über eine Wertverwirklichung bedarf. Die Erfüllung des „Sinns des Augenblicks" ist nun die totale Verschmelzung von Sinn-Subjektivität und Sinn-Objektivität, und wenn diese Verschmelzung gestört ist, ist das ganze Menschsein eines Menschen gestört, weswegen bei andauernder Störung so gravierende seelische Disharmonien auftreten können, wie wir sie bei der Besprechung des „Teufelskreises" kennengelernt haben.

Blenden wir anschauungshalber noch einmal zurück auf unser Beispiel von dem jungen Mann, der einen Betrieb übernimmt, ohne persönlich in dieser Aufgabe einen tieferen Sinn zu sehen. Wir haben argumentiert, daß die permanente

Sinnfrustration ihn in Krankheit und Fehlverhalten hineintreiben wird. Aber da ist noch etwas, das nicht zur Sprache gekommen ist, weil wir allein die subjektiven Lebensumstände des jungen Mannes betrachtet haben. Der objektive Tatbestand der Existenz dieses Betriebes besitzt nämlich auch einen Sinncharakter, und zwar den Sinnaufruf, das Bestmögliche aus diesem Betrieb zu machen. Und in dem Augenblick, da der junge Mann die Leitung des Betriebes übernommen hat, ist er nicht mehr bloß konfrontiert mit seinen eigenen subjektiven Ideen über Sinngehalte des Lebens, sondern nicht minder konfrontiert mit jenem objektiven Sinnaufruf, zugleich mit der Übernahme auch die Verantwortung für das Übernommene zu übernehmen. Das heißt, wenn sich der junge Mann nicht berufen fühlte, diesen Betrieb zu führen, dann hätte er ihn gar nicht übernehmen dürfen, sondern in berufenere Hände legen müssen, wäre er dem „Sinn des Augenblicks" gefolgt. So aber hat er nicht nur seine eigene Sinnsuche ins Leere einmünden lassen, er hat auch wider den Aufforderungscharakter der Situation gehandelt; die Sinn-Subjektivität und die Sinn-Objektivität der damaligen Gegebenheiten kamen nicht im entferntesten zur Deckung, was er seelisch nicht verkraftet hat.

Wenden wir uns im Gegensatz dazu dem anderen kurz erwähnten Beispiel des jungen Arztes zu, der sich die Aufgabe gestellt hat, ein wichtiges Serum zu entwickeln, so wird uns klar, daß die Stunden, die dieser Mann im Laboratorium bei seiner Forschungsarbeit verbringen kann, zu den erfüllendsten seines Lebens zählen mögen, auch wenn er dabei vielleicht übermüdet und überanstrengt ist oder manchen Verzicht in Kauf nehmen muß. Allerdings wird auch ihn der je gegenwärtige „Sinn des Augenblicks" oft und oft von seinen Lieblingsstudien wegrufen, wenn er etwa in seiner Funktion als praktizierender Arzt oder als Familienvater gebraucht wird. Und auch diesem Ruf muß er gehorchen, wenn er sein Erfüllungsbewußtsein aufrecht erhalten will, denn wie könnte er sich ruhigen Gewissens seinen Forschungen widmen, wissend, daß er gleichzeitig andere Aufgaben vernachlässigt, die er verantwortlich übernommen hat.

Den „Sinn des Augenblicks" erfüllen bedeutet also, die übergeordneten Ziele und Werte, die einem als persönliche

Sinngehalte des Lebens vorschweben, in Einklang bringen mit der jeweiligen Verantwortung einer konkreten Gegebenheit, in die man hineingestellt ist. Oder einfacher ausgedrückt: den „Sinn des Augenblicks“ erfüllen bedeutet, seinem Gewissen folgen, wobei das Gewissen nach Frankl eben die Fähigkeit des Menschen darstellt, den einmaligen und einzigartigen Sinn, der *in jeder Situation* verborgen ist, aufzuspüren.

In jeder Situation ... vielleicht denkt der Leser, dies sei eine Übertreibung? Kann denn auch eine Situation des Leides, Schmerzes, Verlustes einen Sinn in sich bergen? Ich möchte sagen: Ja, und dieses Ja dem Leser zum Überdenken ans Herz legen. Sogar die Augenblicke eines unabänderlichen Leidens haben ihre Sinnmöglichkeiten, die in der Gefühlswelt der Psyche zwar nicht aufscheinen, aber mit geistigen Sonden durchaus eruierbar sind. Fordert uns das Leiden doch heraus, Haltung anzunehmen, es in Würde zu tragen und daran innerlich zu wachsen und zu reifen, um letztlich ein anderer zu werden. Und auch das ist eine Form von Selbstverwirklichung auf der Basis einer Wertverwirklichung: die Werte eines heroischen Vorbildes, das jemand in seine Umwelt ausstrahlt, indem er sich einer bitteren Not tapfer stellt, lassen ihn über sich selbst hinauswachsen.

Wer natürlich das alte psychologistische Menschenbild vertritt, daß der Mensch nur dazu dasei, um hauptsächlich seine Bedürfnisse zu stillen, um Glück zu erraffen und Erfolg, Macht und Geld an sich zu bringen, der wird am Leid seelisch zerbrechen, denn für den ist das eigentliche Werteniveau des Humanen, der „Sinn des Augenblicks“ und damit der Sinn des Lebens noch gar nicht aufgegangen. Es gibt einen Spruch, der 2000 Jahre alt ist und eine Weisheit enthält, die die moderne Psychologie soeben dabei ist, wiederzuentdecken als *den* Schlüssel zur seelischen Gesundheit. Der Spruch stammt vom Evangelisten Matthäus, welcher Christus sagen läßt: „Wer das Leben gewinnen will, wird es verlieren; wer aber das Leben um meinetwillen verliert, wird es gewinnen.“ [1]

Wenn wir das „meinetwillen“ im Christuswort ersetzen durch das Nicht-Menschhafte, das objektiv Sinnhafte, das Sein in der Welt, dann haben wir genau die Aussage, die der große Seelenarzt Viktor Frankl diesem chaotischen 20. Jahrhundert als sein Vermächtnis hinterlassen wird, nämlich daß der Mensch, wenn er seelisch gesund bleiben will, sich selbst transzendieren muß in Hinblick auf einen zu erfüllenden Sinn.

2. Von der Tiefen- zur Höhenpsychologie

In den letzten Jahrzehnten hat es einen Psychoboom gegeben – sehr zum Nachteil der Bevölkerung unseres Kulturgebietes, und sehr zum Leidwesen aller verantwortungsbewußten Psychologen. Alles Menschliche (und Unmenschliche) wurde aus den wunderlichsten psychologischen Gesichtswinkeln heraus betrachtet und analysiert, und das Ergebnis war eine gewaltige Irritation im normalen Lebensvollzug bei den Laien und eine sektenartige Zersplitterung und Fanatisierung bei den Fachleuten. Um diesen unheilvollen Psychologisierungsprozeß zum Stillstand zu bringen, benötigen wir nicht noch eine weitere „Schule der Psychologie“ bzw. wiederum eine neue Richtung nach dem „dernier cri“, sondern vielmehr eine *Rehumanisierung der gesamten Psychologie.* Das heißt, wir benötigen eine Intensivierung der gesunden Selbsthilfekräfte im Volk, mittels denen „Teufelskreisen aller Art“ vorgebeugt werden kann, ohne daß der Preis der Psychologisierung dafür gezahlt werden muß. Und wir benötigen überdies eine Optimierung des therapeutischen Hilfsangebotes von Experten, die um die Vielschichtigkeit des Menschen wissen, ohne selbst in den Fehler der Einseitigkeit zu verfallen. Ich kenne nur einen einzigen Denkansatz, durch den ein solches Vorhaben gelingen könnte, und das ist das Lehrgebäude der Franklschen *Logotherapie.*

Knapp 17 Jahre ist es her, daß ich als Studentin dieses Lehrgebäude zum erstenmal betreten habe. Seither bin ich, bildlich gesprochen, durch seine vielen Etagen gewandert, vom Kellergeschoß bis zum Dach, und immer wieder haben sich neue Gänge vor mir geöffnet zu kaum betretenen geheimnisvollen Räumen, die mir den Eindruck vermittelten, als sei das Ganze eine einzige große Herberge des menschlichen Geistes. Logotherapie ist nämlich eine Anthropologie, die sich nicht nur mit der Erhellung psychischer Phänomene begnügt, sondern die auch geistige Phänomene menschlichen Daseins miteinbezieht, und siehe da: Türen, die dem emotionalen Untergrund der Psyche verschlossen sind, öffnen sich den Fähigkeiten des menschlichen Geistes!

Wir alle wissen, daß sich die Tiefenpsychologie in einem langen und unermüdlichen Forschungsprozeß bemüht hat, die wahre Natur des Menschen bloßzulegen, ja auch jede kleinste seiner seelischen Regungen zu deuten, und daß sie tatsächlich vieles aufdecken und erklären konnte, was bis dahin ein Rätsel gewesen war. Dennoch blieb ein unerklärlicher Rest übrig, einer, der, weißen Flecken auf der Landkarte gleich, sich dem tiefenpsychologischen Zugriff entzieht. Eine Grenzschwelle, die mit den Erkenntnissen der Triebdynamik allein nicht überschritten werden kann, weil jenseits von ihr ein anderer Maßstab gilt als der von Bedürfnis und Befriedigung. Es war das unbestreitbare Verdienst der Logotherapie, zu zeigen, daß es dem Menschen auf geistigem Niveau eben nicht mehr vorrangig um die Befriedigung von Bedürfnissen geht, sondern um die Wahrnehmung von Aufgaben, um die Erreichung von selbstgesteckten Zielen, um die Verwirklichung von Werten, kurz, um die Erfüllung von so etwas wie einem persönlichen Lebenssinn, und daß er, um diesem „Willen zum Sinn" zu folgen, sogar auf Bedürfnisbefriedigung jedweder Art zu verzichten bereit ist.

Das große Werk der Tiefenpsychologie ist weitergeführt, ergänzt und überarbeitet worden durch das Werk der „Höhenpsychologie", wie die Logotherapie gerne genannt wird. Und wenn wir heute imstande sind, ein Bild des Menschen zu skizzieren, das annähernd wirklichkeitsgetreu ist, und wenn wir dementsprechend Hilfen für Korrekturen anbieten können, die überall dort vonnöten sind, wo menschliches Dasein vom Bild seiner selbst in krankhafter Weise abweicht, dann müssen wir beiden danken: der Tiefenpsychologie dafür, daß sie die Psyche des Menschen bis an ihre Grenze ausgeleuchtet hat, und der „Höhenpsychologie" dafür, daß sie selbst jene Grenze noch aufzubrechen vermochte mit dem Nachweis, daß Menschsein immer zugleich auch schon über die psychologische Dimension hinausreicht in eine geistige Dimension.

Im folgenden möchte ich einige Beispiele aus der Praxis anführen, bei denen solche Grenzüberschreitungen unabdingbar notwendig sind, weil man mit den herkömmlichen psychologischen Verfahren alsbald an einem Endpunkt angelangt ist. Die Beispiele habe ich ziemlich willkürlich aus meiner jahrelangen Erfahrung im Umgang mit ratsuchenden Personen herausgegriffen, aber den Praktikern unter den Lesern werden sie als jene Problemkomplexe bekannt sein, die zu den therapieresistentesten und schwierigsten in der Psychiatrie und Psychotherapie zählen.

Da wäre gleich einmal die *Hysterie* zu erwähnen, die trotz endlosen theoretischen Abhandlungen darüber in der Praxis immer noch zu den nahezu unheilbaren seelischen Krankheitsformen gehört. Der Begriff der Hysterie wird nicht mehr gerne gebraucht, weil er einen gar zu degradierenden Beigeschmack hat, und auch die Art, wie diese Krankheit zum Ausdruck kommt, hat sich im Laufe der Zeit sehr gewandelt, dennoch begegnen wir auch heute nicht allzu selten jenen Patienten, die mit schauspielerischer Vollendung tragische Auftritte demonstrativen Charakters inszenieren zu keinem anderen Zweck, als die Umwelt zu manipulieren bzw. gewisse Reaktionen aus ihr herauszupressen. Die Kranken scheuen dabei vor keinem Mittel zurück, auch nicht vor Selbstverstümmelung und ähnlichen gegen sich selbst gerichteten Waffen. Schmerz, Freude, Angst, Leidenschaft, Sterbewunsch und Lebenswille – alles ist bei ihnen mehr oder weniger unecht und wird in den Dienst der appellativen Zielsetzung gestellt, die immer an irgendwelche Mitmenschen adressiert ist. Die übliche Theorie, daß solche Menschen in ihrer Kindheit, was Elternliebe und Zuwendung betrifft, zu kurz gekommen sind, und aus einem ungeheuren Nachholbedürfnis heraus nunmehr zeitlebens hysterische Anfälle produzieren, mit welchen sie sich zumindest kurzfristig die Aufmerksamkeit der Umwelt erzwingen können, mag bei manchen zutreffen; aber die Theorie, daß mit einer Aufdekkung dieser Zusammenhänge die Neigung zum hysterischen Gehabe automatisch nachlasse, ist selten bewiesen worden. Der Hysteriker, wenn wir diesen Ausdruck einfachheitshalber beibehalten wollen, ist ein Kranker, der krank sein *will,* der sich etwas von seiner Krankheit verspricht, sei es ein eigener Vorteil, sei es auch nur die perverse Freude am Nachteil eines anderen, dem er durch seinen hysterischen Anfall irgendetwas zerstört. Wie kann da therapeutisch geholfen werden, wo doch jede Therapie einen sogenannten Leidensdruck des Patienten, also den ehrlichen Wunsch, gesund werden zu wollen, voraussetzt? Die bloße Einsicht in den Werdegang der Krankheit heißt noch lange nicht, daß der Wille zur Gesundung erwacht.

In der Logotherapie allerdings gibt es das Konzept eines „sinnvollen Verzichtes“, was bedeutet, eines freiwilligen Verzichtes um eines geliebten Menschen willen oder um einer Sache willen, die des Verzichtes wert ist. Und genau dieses Konzept ist auch das Konzept zur Behandlung der Hysterie, das einzige wirklich erfolgversprechende, das ich kenne. In dem Moment nämlich, in dem es gelingt, den Kranken eines Lebensinhaltes ansichtig werden zu lassen, der es wert genug ist, daß um seinetwillen die Hysterie aufgegeben wird, daß ihm zuliebe auf die Schaustellung des nächsten Anfalles verzichtet wird, ja daß die Krankheit sozusagen ihm zum Opfer dargebracht wird, in dem Moment ist der Kranke gerettet. Hysteriker heilen heißt, ihnen beibringen zu verzichten.

Ohne hier ins Detail gehen zu wollen, kann ich aus meiner Erfahrung bestätigen, daß mit dieser Grenzüberschreitung vom gestörten Affektivum eines in seinem Liebesbedürfnis zu kurz gekommenen Wesens zu dem bei aller Deprivation unantastbaren geistigen Bereich eines sinnorientierten Wesens wahre Wunder geschehen, wie ich selbst an einer jungen Mutter erlebt habe, die wegen grausamer Kindesmißhandlung vor Gericht stand und Bewährung bekam mit der Auflage, sich 4 Jahre lang in meine Behandlung zu begeben. In den logotherapeutischen Gesprächen hat sie gelernt, auf ihre hysterischen Ausbrüche zu verzichten, um ihre Schuld abzutragen, und heute ist sie die liebevollste Mutti, die man sich nur denken kann.[2]

Ein anderes Beispiel für ein psychologisches Problem, hinsichtlich dem wir ohne logotherapeutische Kenntnisse nicht mehr auskommen, ist das Problem der *Hyperreflexion*[3]. Der Arzt, Berater und Seelsorger kennt es zur Genüge, und nichts fürchtet er bei seinen Schützlingen mehr als dies, denn die Hyperreflexion macht aus jeder Mücke den berühmten Elefanten und läßt den Patienten niemals zur Ruhe kommen und niemals mit etwas zufrieden sein – so klein die Sorgen des Patienten auch sein mögen, durch sein ständiges gedankliches Kreisen um sie bauscht er sie auf zu einer überdimensionalen, riesigen Last, unter deren Gewicht er schließlich zusammenbricht. Die Hyperreflexion könnte man daher definieren als das Wichtignehmen einer unangenehmen Sache, die es gar nicht lohnt, wichtig genommen zu werden, oder als eine gedankliche Fixierung an einen an sich bedeutungslosen negativen Inhalt, der nur durch diese Fixierung allein immer mehr und immer negativere Bedeutung erhält.

Und wieder stellt sich die Frage, wie denn da therapeutisch geholfen werden kann, wenn doch jeder Kummer, der vielleicht unter großem therapeutischen Aufwand endlich verringert worden ist, durch die Neigung des Patienten, ihn zu hyperreflektieren, neuerlich massiv vergrößert wird? Wer sprengt den circulus vitiosus? Nun, der Logotherapeut hat ein Instrument zur Hand, das er von allem Anfang an gezielt einsetzt, um der unglücklichen Hyperreflexionstendenz entgegenzuwirken: die sogenannte Methode der Dereflexion[4]. Dabei geht es kurzgefaßt darum, die Aufmerksamkeit des Patienten in genau dosiertem Maße auf einen anderen Inhalt aus dessen Leben zu lenken, der so positiv, wichtig und sinnvoll ist, daß der Patient von seinem hyperreflektierten Kummer vorübergehend ablassen kann, woraufhin dieser, eine gewisse Zeit lang unbeachtet, in sich zusammenschrumpft und mitunter sogar ganz verschwindet.

Ähnlich wie die Hysterie, die vom psychischen nicht selten auf den somatischen Seinsbereich übergreift und körperliche Krankheitssymptome produziert, zieht auch die Hyperreflexion in ihrem Sog gefährliche physiologische Nachwirkungen mit sich. Wer kennt nicht die typischen Magengeschichten, Herzbeschwerden, Kopfschmerzen, schlaflosen Nächte usw., die durch Grübeleien und Überbewertungen von alltäglichen Mißstimmigkeiten und Reibereien entstehen, durch kleine Versagenserlebnisse, die plötzlich wie unüberwindbare Hindernisse erscheinen und den ganzen Organismus belasten? Was aber geschieht dann, wenn von vornherein, bevor noch der aufbauschende Mechanismus der Hyperreflexion angelaufen ist, bereits geringfügige körperliche Schäden vorhanden gewesen sind, wie es heute bei vielen Menschen der zivilisierten Welt der Fall ist? Müssen sich diese unwesentlichen Vorschäden unter dem Dauerdruck der Hyperreflexion nicht zu chronischen Krankheiten gigantischen Ausmaßes verschärfen? Im „Deutschen Ärzteblatt“ vom September 1982 stand zu lesen, daß wir in einem Zeitalter der chronisch Kranken leben, auf das die Ärzteschaft überhaupt nicht vorbereitet sei. 1901 seien 46 Prozent Todesfälle als Folge von chronischen Krankheiten registriert worden, 1955 seien es 81 Prozent gewesen, heute dürfte die 90 Prozentgrenze überschritten sein. Desweiteren stand darin: „Bei chronisch Kranken geht es weniger um Befunde als um Befindlichkeiten, und weniger um das objektive Krankheitsgeschehen, als mehr um die subjektive Einstellung zur Krankheit.“

Ja, die subjektive Einstellung ... das läßt sich auch übersetzen mit der persönlichen Entscheidung eines Menschen, ob er sich ständig klagend hauptsächlich mit seinen Beschwerden befaßt und sie also hyperreflektiert, oder ob er trotz mancherlei Beschwerden gewillt ist, seine Aufmerksamkeit auf die Ausschöpfung der positiven Sinnmöglichkeiten seines Lebens zu richten und also die Kraft zu einer gesunden Dereflexion aufzubringen. Die Logotherapie jedenfalls ist nicht unvorbereitet auf eine Menge seelisch oder körperlich chronisch Kranker, wie es die Schulmedizin von sich selbst behauptet, sie kennt ausreichende Mittel und Wege, die gefährliche Hyperreflexion zu bannen und damit die Patienten freizuspielen für die wahren und fruchtbaren Chancen ihres Lebens.

Und damit kommen wir gleich zum nächsten weißen Fleck auf der psychologischen Landkarte, der sich der Seelenheilkunde lange entzog, bis er von der „Höhenpsychologie“ erobert wurde, nämlich dem Drama um die *Egozentrierung* des modernen Menschen. Der Hyperreflexion verfallen kann eigentlich nur jemand, der sich dauernd mit sich selbst beschäftigt, und wer sich dauernd mit sich selbst beschäftigt, der findet auch sonst kein Glück, denn Glück ist stets an eine Spur von Selbstvergessenheit gebunden, an ein Über-sich-selbst-Hinauslangen, etwa im erfüllten Schaffen, in der Hingabe an eine Liebe, im Dasein für etwas oder für jemanden, aber nicht bloß für sich selbst. Dieses Konzept der Selbsttranszendenz[5], also der geistigen Fähigkeit des Menschen, über sich selbst hinauswachsen zu können, wurde erstmalig in der Logotherapie formuliert, und zwar lange schon, bevor das Konzept von der Selbstverwirklichung ihre Runde um die Welt machte und manches Mißverständnis heraufbeschworen hat. Heute ist das Selbstverwirklichungskonzept mehr als fragwürdig geworden, was die Kollegen und Kolleginnen bestätigen werden, die wie ich in der Beratungsarbeit stehen und mit einem ebenfalls „chronisch Kranken" zu tun haben, nämlich mit der Familie. Wieviel Streben nach Selbstverwirklichung hat vor dem Scheidungsrichter geendet, wieviel krampfhafte Betonung der Eigeninteressen hat zur Liebesunfähigkeit geführt, wieviele Familienzusammenbrüche gehen auf das Konto einer psychologisch untermauerten, übersteigerten Emanzipationsbewegung, wieviele Kinder – und da kann uns angst und bange werden – haben gelitten unter dem unreifen Egoismus ihrer Eltern, denen zwar beigebracht wurde, sich von ihren sexuellen Hemmungen zu befreien, aber nicht beigebracht wurde, Verantwortung zu tragen. Ohne die Rückkehr zum logotherapeutischen Konzept der Selbsttranszendenz, ohne das Wissen um ein Für-einander-da-Sein ist die Familie nicht zu heilen und nicht zu retten, und schon mehren sich die Anzeichen, daß es allerhöchste Zeit wird für ein Umdenken, soll der Bestand der westlichen Kultur auf kommende Generationen übergehen.

Das Stichwort „kommende Generation" führt uns wieder einen Schritt weiter in der Aufzählung bislang ungelöster Fragen, auf die es eine „höhenpsychologische" Antwort gibt. Unsere Jugend ist kaum verklemmt, gehemmt und neurotisch, sie leidet nicht so sehr an Ichschwäche und Minderwertigkeitsgefühlen, und sie hat nur zu einem geringen Bruchteil autoritäre Väter und gestrenge Mütter erlebt, von deren Einfluß sie sich ein Leben lang nicht lösen könnte. Unsere Jugend trägt eine ganz andere Last, sie hat, wie sie selbst eindrucksvoll sagt, „Nullbock auf Nichts". Ich weiß nicht, ob dieser Slangausdruck bereits allgemein geläufig ist: Bock auf etwas haben heißt soviel wie Lust auf etwas haben, etwas begehren, es anstreben, daran interessiert sein. Man kann sich daher leicht ausrechnen, was „Nullbock auf Nichts" bedeutet, wobei die doppelte Verneinung keine aufhebende, sondern eher eine unterstreichende Wirkung haben soll: es gibt demnach absolut nichts von Interesse. So ironisch diese Aussage gemeint sein mag, und so wenig sie auf *alle* Jugendlichen zutreffen mag, ist sie doch ein bitteres Bekenntnis auf jungen Lippen!

Wie soll eine Psychotherapie, die darauf getrimmt ist, Symptome zu beseitigen und Ursachen aufzudecken, mit einer solchen *Motivationsschwäche* umgehen, mit der totalen Interesselosigkeit? Da läßt sich nichts Traumatisches zurückverfolgen, aus der Kindheit erklären, da sind keine greifbaren Symptome und noch viel weniger greifbare Ursachen zu finden. Am 24. Dezember des vergangenen Jahres schrieb eine 17jährige Schülerin aus München ihren Eltern einen Brief mit dem Inhalt, sie mögen nicht nach ihr suchen, dann fuhr sie in den Wald hinaus, übergoß sich mit Spiritus und zündete sich an. Sie verbrannte am Weihnachtstag. Die Polizei bemerkte dazu lakonisch, daß das Mädchen weder Schulschwierigkeiten noch Liebeskummer gehabt hatte, und auch im Elternhaus nichts vorgefallen war, das irgendein Tatmotiv vermuten ließ, so sprach man von einer plötzlichen, grundlosen Depression.

Eine „plötzliche, grundlose Depression" im Leben einer 17jährigen? Ist die Psychotherapie imstande, sich dem zu stellen? Jungen Menschen, denen die Lust am Leben fehlt? Das ist genau der Punkt, an dem die „aufdeckende Psychologie", wie es die Tiefenpsychologie ist, umschlagen muß in eine „entdeckende Psychologie", wie es die „Höhenpsychologie" ist, indem sie nämlich davon abgeht, *auf*zudecken, wie alles gekommen ist, und darangeht zu *ent*decken, welche Sinngestalten in einem Menschenleben verborgen sind; Zielkonstanten, die das Leben trotz allem lebenswert und interessant machen, und die es eben wert sind, gelebt und erlebt zu werden. Nur eine sinnzentrierte Psychotherapie[6] hat eine Chance, den „Nullbock auf Nichts" zu überwinden, und nur eine „entdeckende Psychologie" kann Lebensstrukturen freilegen, die zwar noch nicht im Buch der Vergangenheit eingetragen sind, die aber auf den leeren Blättern der Zukunft ihrer Erfüllung harren.

Hinsichtlich dieser Abwägung „Vergangenheit gegenüber Zukunft" gibt es ein weiteres großes Gebiet der Psychotherapie und Psychiatrie, das „höhenpsychologischer" Ergänzungen bedurft hat, und zwar das umfassende Kapitel der Ängste und Zwänge. Kaum eine andere seelische Entgleisung ist so zäh wie das Störungsbild abnorm übersteigerter *Angst- und Zwangsvorstellungen,* die, einmal niedergekämpft, beständig wiederkehren und ihre Opfer bis zur Erschöpfung und Verzweiflung quälen. Der Laie kann niemals nachempfinden, wie massiv solche krankhaften Ängste sind, die auch oft die Zwangsvorstellungen begleiten; sie können ab einer gewissen Intensität Vernunft und Denkvermögen eines Menschen fast ganz außer Kraft setzen, auch wenn es sich um eine rein emotionale und keine cognitive oder intellektuelle Störung handelt.

Die Intensität der Krankheit ist zugleich das Entscheidungskriterium dafür, welche Art von Behandlung indiziert ist, das heißt, bei leichteren Fällen mag eine Deutung der Entstehungsgeschichte hilfreich sein, bei schweren Fällen jedoch ist die Chance einer Behebung durch Deutung gering. Vielleicht kann ein Gleichnis zum Verständnis dieser Aussage beitragen. Nehmen wir an, jemand habe sich in einem Labyrinth verirrt. Hat er nun erst seit kurzer Zeit die Orientierung verloren, so kann es für ihn sinnvoll sein, stehen zu bleiben und nachzudenken, auf welchem Wege er denn in das Labyrinth hineingekommen ist, um auf demselben Wege in umgekehrter Richtung wieder hinauszugelangen. Hier ist die Rekonstruktion der Vergangenheit nützlich. Wenn er aber bereits Tage und Nächte angstvoll durch das Labyrinth geirrt und wiederholt im Kreis gelaufen ist, dann bringt ihm der Rekonstruktionsversuch seiner bisherigen Schritte nichts, denn es ist aussichtslos für ihn, die entscheidenden Weggabelungen wiederzufinden. Jetzt ist es nicht an der Zeit, den Hineinweg zu überdenken, sondern einzig sinnvoll, einen Hinausweg zu suchen, und das unter Anspannung aller verfügbaren Kräfte, also notfalls sogar unter Niederreißung der ihn umgebenden Wände, die ihn gefangen halten.

Man kann daher grundsätzlich feststellen: je kritischer eine Situation ist, desto weniger nützt das Wissen um ein „deswegen", und umso wichtiger wird die Kraft zu einem „dennoch". So betrachtet läßt sich die Entwicklung von der Tiefen- zur „Höhen"psychologie insgesamt als eine Entwicklung vom

„deswegen“ zum „dennoch“ definieren, als den Fortschritt von der minuziösen Rekonstruktion seelischer Niederlagen bis hin zum generösen Einsatz der „Trotzmacht des Geistes“, wie jenes geistige Potential des Menschen in der Logotherapie genannt wird, das eben auch Wände seelischer Verwirrung einreißen kann, wenn es sein muß.

Das Werkzeug aber, das aus dem Labyrinth krankhafter Ängste und Zwänge befreit, ist die logotherapeutische Methode der „paradoxen Intention“[7], die auf der „Trotzmacht des Geistes“[8] beruht und einen Verbündeten hinzuzieht, der nicht minder stark ist wie die Angst, nämlich den Humor. Ein Patient, der es gelernt hat, seiner Angst ins Gesicht zu lachen, und das jedesmal, wenn sie ihn heimtückisch überfallen will, der wird nicht mehr so schnell ihr Opfer; sein Triumph über seine Schwächen läßt ihn erstarken. Und dieses Auslachen der eigenen Symptome gelingt in der Tat, so unglaublich es scheint, es gelingt durch einen ebenso einfachen wie wirkungsvollen Trick: Der Gegenstand der Angst selbst wird im Gedankenspiel herbeigewünscht, ja in allen möglichen Übertreibungen herbeigesehnt, so als wäre es das Schönste auf der Welt, wenn genau das geschehen könnte, was die ganze Zeit über panisch gefürchtet worden ist. Ich sagte anfangs: „Türen, die dem emotionalen Untergrund der Psyche verschlossen sind, öffnen sich den Fähigkeiten des menschlichen Geistes“; nun, bei der Anwendung der „paradoxen Intention“ kann man als Therapeut direkt zuschauen, wie sich Türen beim Kranken öffnen, die oft jahrelang verschlossen waren. Sobald das Gefürchtete oder das zwanghaft Bekämpfte wenigstens für Minutenbruchteile vom Patienten innerlich herbeigewünscht wird, fällt die ganze Angst von ihm ab, denn Wunsch und Furcht blockieren sich gegenseitig und geben ihm dadurch seine emotionale Stabilität zurück. Ist es doch in Wahrheit so, daß der Angst- oder Zwangsneurotiker gar nicht wirklich in einem Labyrinth eingekerkert ist, sondern bloß vor einer einzelnen Wand steht, an die er sein Gesicht preßt, weil er sich verloren glaubt. Wenn er sich aber paradoxerweise vorsagen kann, überhaupt nirgends anders sein zu wollen, als in einem großen, prächtigen Labyrinth mit vielen romantischen Schlupfwinkeln und Sackgassen, dann vermag er sich mit einem Lächeln umzusehen und entdeckt plötzlich, daß hinter ihm – freies Land ist.

Natürlich müssen wir eines hinzufügen: die Methode der „paradoxen Intention“ ist nur dann indiziert, wenn es sich um grundlose, sozusagen „eingebildete“ Ängste handelt, also nicht um eine realistische Bedrohung oder einen echten Notfall. Die Psychotherapie hat sich ja lange Zeit geweigert, für echte Notfälle und Schicksalsschläge überhaupt zuständig zu sein, sie wollte sich nie als Trostspenderin verstehen und diesen Wirkungskreis lieber den Priestern überlassen, die diesbezüglich auf eine jahrhundertealte Erfahrung zurückblicken. Dadurch kommt es, daß die Wissenschaft der Psychologie bis heute keine Ahnung hat, wie man tröstet; das menschlichste aller menschlichen Phänomene, die berechtigte Sorge, die begründete Trauer, hat sie bloß als seelische Disharmoniefaktoren betrachtet, die es „aufzuarbeiten“ gilt, aber sie hat sie nie als objektive Tatbestände akzeptiert, die zum menschlichen Dasein unausweichlich dazugehören und psychologisch mitgetragen werden müssen. Hätten wir nicht das logotherapeutische Konzept der „ärztlichen Seelsorge“ [9], das sich mit der „tragischen Trias“ [10] von *Leid, Schuld und Tod* auseinandersetzt, dann hätten wir all jenen Ratsuchenden gegenüber, die ein heftiger Schicksalssturm in unsere Praxis hereinweht, leere Hände, und das wäre bei dem gegenwärtigen Trend, der von den Beichtstühlen weg zu den therapeutischen Zentren führt, katastrophal.

Die Angst- und Zwangsneurosen mögen kompliziert zu heilen sein, aber immerhin sind sie heilbar; ein unabänderliches Leiden dagegen, eine nicht-wieder-gut-zu-machende Schuld oder der nahende Tod sind nicht heilbar, sie sind nur bewältigbar, und auch das fällt unendlich schwer. Diese Labyrinthe sind festgemauert, diesen Wänden können wir Menschen die Stirn nicht bieten. Und doch gibt es eine Freiheit, eine einzige Freiheit, die wir auch solchen Gegebenheiten gegenüber noch besitzen bis zu unserem letzten Atemzug, und das ist die Freiheit unserer geistigen Einstellung. Wie wir uns zum Schicksalhaften einstellen, bleibt unsere ureigenste Sache.

Die Logotherapie hat nun diese letzte Freiheit noch aufgegriffen, um sie für ihre Patienten verfügbar zu machen und es ihnen zu ermöglichen, sich mit ihrem Schicksal auszusöhnen. Damit aber steht sie allein da auf weiter Flur, denn ein ähnlicher Versuch ist noch niemals von einer anderen psychologischen Richtung gewagt worden. Eine solche logotherapeutische „Einstellungsmodulation“[11] sei an Hand eines praktischen Falles kurz erläutert. Ein Schweizer Ehepaar kam extra zu mir nach München gefahren, um Rat zu suchen. Und zwar bat mich die Frau, ich möge doch ihrem Manne helfen, der bereits bei sechs Schweizer Psychiatern gewesen sei ohne Erfolg. Das Ehepaar hatte vor einem Jahr den einzigen Sohn und Hoferben durch einen Autounfall verloren, und seitdem war der Mann in völliger Passivität versunken, ließ den Hof verkommen, sprach mit niemandem und äußerte nur gelegentlich, daß sowieso alles keinen Sinn mehr habe und er sich am liebsten eine Kugel in den Kopf jagen würde.

Der Mann war nur auf Drängen seiner Frau nach München mitgekommen und saß nun also mit unbeweglicher Miene teilnahmslos bei mir am Tisch. Ich wußte, es gab nichts, das ihn erreichen würde, außer einem, und deswegen fragte ich ihn: „Sagen Sie, Herr X., wenn Sie noch etwas für Ihren Sohn tun könnten, wären Sie dazu bereit?“ Der Mann blickte auf und nickte: „Ich würde alles für ihn tun“, antwortete er. „Es gibt etwas, das Sie für Ihren Sohn tun können,“ fuhr ich fort, „und das niemand anderer für ihn tun kann, als Sie. Sehen Sie, bisher ist dem Tod Ihres Sohnes nur Unglück entsprungen: Sie sind krank vor Schmerz, der Hof verwahrlost, Ihre Frau ist verzweifelt ..., alles Gute, das Ihr Sohn im Leben vielleicht erreichen und schaffen wollte, was er durch sein Lebendigsein in die Welt gesetzt hätte, ist durch seinen Tod gestoppt worden – es sei denn, auch seinem Tod würde noch etwas Gutes entspringen, etwas, das sein Leben und Sterben rückwirkend sinnvoll macht. Aber das liegt nicht mehr in seiner Hand, er ist darauf angewiesen, daß ein anderer dieses Gute für ihn fortführt, sein Vater zum Beispiel, und dadurch verhindert, daß er umsonst gestorben ist.“

Die Augen des Mannes wurden feucht. „Wie kann Gutes aus seinem Tod entspringen?“ flüsterte er. Aber darauf mußte er selbst die Antwort finden, ich konnte ihm nur die Richtung weisen. Ich sagte: „Angenommen, Sie würden Ihr Land wieder zum Blühen bringen und Ihr Haus öffnen für Wanderer und Bedürftige. Jedem, der bei Ihnen einkehrt, Ihre Gaben in Empfang nimmt und verwundert frägt, woher Sie Ihre Barmherzigkeit nehmen, könnten Sie entgegnen: aus dem Andenken an meinen Sohn. Er ist jung von uns gegangen, doch ich möchte, daß viele Menschen mit Freude und Dankbarkeit seiner gedenken." Bei diesen meinen Worten beugte der Mann den Kopf in seine Hände und weinte eine halbe Stunde lang bitterlich, zum ersten Mal seit 1 Jahr. Dann stand er auf und half seiner Frau in den Mantel. „Laß uns nach Hause fahren", sagte er zu ihr, „wir haben vieles versäumt, aber jetzt werden wir das Andenken unseres Sohnes ehren ..."; der Mann war dem Leben zurückgegeben.

Die Logotherapie hat uns gelehrt, daß jedes Schicksal, und sei es noch so hart, seelisch zu ertragen ist, wenn es nur eingebettet werden kann in einen Sinnzusammenhang, den man bejaht. Umgekehrt jedoch sind nicht einmal die positivsten Lebensbedingungen erträglich, wenn das Leben selbst als sinnlos empfunden wird. In dieser Hinsicht haben wir lehrreiche Jahre hinter uns, nämlich den *Wohlstand,* und ebenso lehrreiche Jahre vor uns, nämlich die *Rezession.* Ich glaube, ich brauche niemandem zu erzählen, daß die Kurve der Wirtschaftsentwicklung in den letzten zwei Jahrzehnten bei uns einen Höchststand erreicht hat, der bereits im Abflauen ist. Interessant dabei ist aber, daß die Kurve der psychohygienischen Gesundheit der Bevölkerung nicht mit der Kurve der Wirtschaftsentwicklung kongruent ist, sondern zeitlich vorverschoben verläuft, also etwa nach der schematischen Skizze auf Seite 44.

Wir sehen daraus, daß es mit der psychohygienischen Gesundheit eines Volkes zum Besten steht, wenn es mit seiner Wirtschaftsentwicklung aufwärts geht, wenn die Leute also ein Ziel vor Augen haben, dem sie zustreben, und wenn sie alle ihre Kräfte in einen Aufbau investieren, der zügig vorangeht. Erstaunlicherweise beginnt die Erstarkung der seelischen Kräfte allerdings bereits zu einem Zeitpunkt, da die Wirtschaftsentwicklung noch nicht einmal ganz ihren Tiefstand erreicht hat. Not hat eben auch eine sinngebende Funktion, indem sie zu erhöhter Anstrengungsbereitschaft motiviert, die wiederum ihre Früchte trägt.

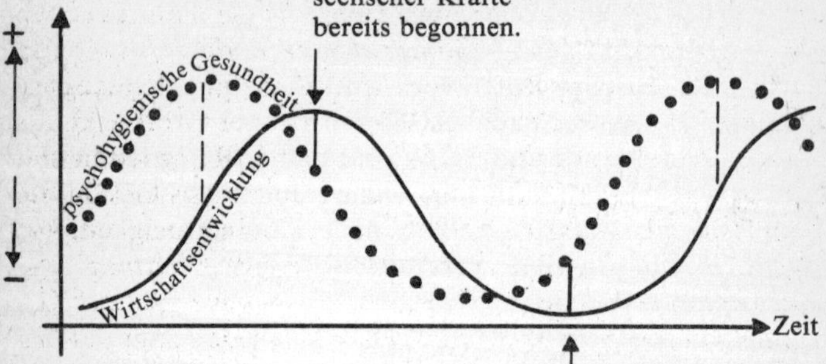

Anders sieht es aus, wenn die wirtschaftliche Entwicklung ihren Höchststand erreicht hat und in eine Periode des Wohlstands einmündet. Plötzlich geht es mit der psychohygienischen Gesundheit in der Bevölkerung wieder abwärts, denn der Wohlstand verweichlicht die Menschen und verstellt ihnen allzuleicht die Sicht auf anstrebenswerte Ziele – was soll denn angestrebt werden, wenn man alles hat? Da Besitz allein aber bekanntlich nicht glücklich macht, kommen Überdruß und Langeweile auf, man hat Geld, man hat viel freie Zeit, aber man weiß nicht wozu, eine existentielle Frustration, wie man in der Logotherapie sagt, ein Sinnlosigkeitsgefühl erfaßt breite Bevölkerungsschichten und fördert die typischen Wohlstandsexzesse wie steigende Kriminalität, sexuelle Perversion, hohe Selbstmordrate und zunehmenden Drogenkonsum. Da wir dies alles sehr hautnah erlebt haben und zum Teil noch immer erleben, kann ich mich kurzfassen.

Wenn sich der Wohlstand schließlich seinem Ende zuneigt, ist die psychohygienische Gesundheit eines Volkes meist schon recht „angeknackst“, und jetzt kommt die Angst vor dem Abstieg dazu. Der wirtschaftliche Überschwang ist nicht mehr zu halten, aber die vom Wohlstand verwöhnten Menschen haben Bescheidenheit nicht gelernt, sie sind abhängig von materiellen Gütern wie Süchtige, und erleiden mit dem Nachlassen der wirtschaftlichen Spannkraft auch Entzugserscheinungen wie Süchtige. Statt sich nunmehr verstärkt auf geistige Werte zu besinnen, lassen sie sich zu Resignation und Depression verleiten, und vermehren dadurch das Gefühl der Sinnlosigkeit noch um das Gefühl der Hoffnungslosigkeit. Auf diesem Boden wachsen Zukunftsängste im Übermaß und Kurzschlußhandlungen, die aus der Perspektive späterer Generationen unverständlich sind. Wir wissen jedoch aus der Geschichte, daß die meisten hochstehenden Kulturen relativ bald nach der Überschreitung ihres höchsten wirtschaftlichen Niveaus, also beim Rückgang ihres Wohlstandes zerfallen sind. Eben zum Zeitpunkt ihrer psychohygienischen Talfahrt, obwohl sic von einer wirklichen Not noch weit entfernt waren.

Nun sind diese Kurven sicher kein unabänderliches Schicksal, aber wir können eines aus ihnen herauslesen, nämlich daß die psychische Stabilität von ganzen Völkern im Zusammenhang steht mit ihrem Sinnerleben; und solange dieses Sinnerleben mit dem wirtschaftlichen Auf und Ab mitschwingt, ist auch die seelische Gesundheit der Bevölkerung daran geknüpft. Nach dieser Berechnung müßte es mit unserer westlichen Welt demnächst schnurstracks bergab gehen.

Es gibt jedoch eine gewichtige Gegenstimme, die behauptet, daß dem nicht so sein *muß,* ja, daß Sinnerleben keinesfalls an die jeweilige wirtschaftliche Lage gebunden sein *muß,* sondern daß sich im Gegenteil Sinn in jeder Situation, wie immer sie geartet ist, finden läßt, und das ist die Stimme der Logotherapie. Schon während der vergangenen Periode des Wohlstands hat sie unentwegt gegen die allmählich einsetzende Schwächung der geistig-seelischen Kräfte gekämpft, indem sie an vielen Beispielen und Vorbildern aufzeigte, daß das Leben auch dann und gerade dann reiche Sinnmöglichkeiten in sich birgt, wenn ein materieller Überfluß zur Verfügung steht. Man muß ja nicht der existentiellen Frustration nachgeben, man kann die positiven Gegebenheiten einer Wohlstandszeit auch sinnvoll nützen, um positive Werke zu schaffen, die unter anderen Umständen gar nicht durchführbar gewesen wären, wie Werke der Nächstenliebe, der Kunst oder der wissenschaftlichen Forschung. Und dasselbe gilt für die gegenwärtige Zeit der beginnenden Rezession: auch Durststrecken von Arbeitslosigkeit, Frühpensionierung, Firmenpleiten und wachsender Armut haben noch ihre positiven Möglichkeiten, indem sie zur Selbstverantwortlichkeit erziehen und das Familienzusammengehörigkeitsgefühl stärken, die Technik in ihre Grenzen weisen, und die Menschlichkeit wieder als oberstes Gut sichtbar machen.

Gegen eine wirtschaftliche Rezession mögen wir ohnmächtig sein, aber gegen eine Rezession unserer geistig-seelischen Verfassung können wir uns aktiv wehren, wehren mit Unterstützung einer „Höhenpsychologie“ [12], die es sich zur Aufgabe gesetzt hat, unseren Blick zu schärfen für die Sinnmöglichkeiten einer jeden Epoche und eines jeden Tages. Wozu haben wir einen „Willen zum Sinn“,[13] wenn nicht dazu, ihn einzusetzen gegen das Sinnlosigkeitsgefühl einer Überflußgesellschaft, und wozu haben wir eine „Trotzmacht des Geistes“, wenn nicht dazu, sie einzusetzen gegen das Hoffnungslosigkeitsgefühl einer Wirtschaftskrise; wozu ist die Psychologie nach einem halben Jahrhundert Ringen vorgestoßen vom „deswegen“ zum „dennoch“, wenn nicht dazu, das seelische Wohlbefinden der Menschheit endlich zu lösen von den Abhängigkeiten emotionaler, wirtschaftlicher oder gesellschaftlicher Gegebenheiten und allein unter die Führung des menschlichen Geistes zu stellen, der als einziger imstande ist, den Sinn des Lebens zu erahnen und zu erfüllen?

Das also waren einige Problemkreise in komprimierter Form, denen gegenüber wir ohne die Erkenntnisse und ohne das Methodenrepertoire der „Höhenpsychologie“ machtlos sind, weil es sich nämlich um Probleme handelt, bei denen die geistige Einstellung des Menschen das letzte, das entscheidende Wort spricht. Hysterie, Hyperreflexion und Egozentrierung sind im Grunde falsche, überbewertende Einstellungen zu sich selbst; jugendliche Motivationsschwäche, depressive Resignation, Überdruß und Langweile sind falsche Einstellungen zum Aufgabencharakter des Lebens; und Wohlstandskrisen bzw. -entzugserscheinungen, Ängste und Verzweiflung sind falsche Einstellungen zu unabänderlichen Schicksalsfaktoren. Die Logotherapie hat für diese Probleme Lösungsmöglichkeiten parat, denn sie hat, wie kein psychologisches System zuvor, den Zugang gefunden zum innersten Zentrum aller geistigen Einstellungen des Menschen überhaupt, zu seinem – Gewissen.

Dieser Zugang führt sie in ein Land zwischen zwei Zuständigkeiten, zwischen Psychologie und Seelsorge. Das jedoch mag genau die Ergänzung sein, die uns gefehlt hat zur Rehumanisierung der Psychologie: nicht ein neuer psychologischer Modetrend, nein, eine philosophisch fundierte, sinn-zentrierte *psychologische Seelsorge*.

3. Das Heilungskonzept der Logotherapie *

Es gibt eine Legende vom modernen Menschen. Sie lautet folgendermaßen:

Ein moderner Mensch verirrte sich in die Wüste. Tagelang schleppte er sich orientierungslos durch die Sanddünen, und bald hatte ihn die unbarmherzige Sonnenglut völlig ausgedörrt. Da sah er in einiger Entfernung eine Oase. „Aha“, sagte er zu sich selbst, „das ist eine Luftspiegelung, die mich narrt!“

Er näherte sich der Oase, aber diese verschwand nicht. Vor seinen brennenden Augen tauchten Dattelpalmen, grün schimmernde Grasstreifen und vor allem eine plätschernde Quelle auf. „Nichts als Hungerphantasien und akustische Halluzinationen“, murmelte der erschöpfte Wanderer vor sich hin, „wie grausam die Natur doch ist!“ Kurze Zeit später fanden ihn zwei Beduinen tot.

„Kannst du das verstehen?“ fragte der eine. „Da wachsen ihm die Datteln fast in den Mund, und neben ihm plätschert die Quelle, und er verhungert und verdurstet! Wie ist das möglich?“ „Nun ja“, erklärte der andere, „er war eben ein moderner Mensch.“

---

* Dieses Kapitel ist die Niederschrift eines Vortrages, den die Verfasserin im Sommer 1984 auf einem Fachkongreß in Rom gehalten hat. Im Anschluß daran wurde sie von Papst Johannes Paul II. in einer privaten Audienz empfangen, der ihre Arbeit würdigte.

Woran erinnert uns diese Legende? Da wird etwas Echtes für unecht gehalten, und zwar mit einer solchen Überzeugung, daß es gar nicht mehr auf seinen Echtheitsgrad hin überprüft wird. Das erinnert sehr an die Wissenschaftslehre der Psychologie, die unter Umständen ihren eigenen Hypothesen mehr traut, als ganz offenkundigen menschlichen Phänomenen, mit denen sie konfrontiert ist. So kann es zum Beispiel geschehen, daß eine Mutter im Beratungsgespräch dankbar erzählt, welch große Hilfe ihr die älteste Tochter bei der Erziehung eines nachkommenden Zwillingspärchens gewesen sei, und sofort wird das Mädchen von psychologischer Seite eines schweren Mutterkomplexes verdächtigt, der einem Überforderungssyndrom entspringt. Hier tritt die Legende vom modernen Menschen in Kraft: Hilfsbereitschaft und Dankbarkeit sind viel zu einfache Phänomene, um die Sachlage psychologisch zu erklären; nein, Mutterkomplex und Überforderungssyndrom klingen da schon wesentlich glaubwürdiger. Aber, wie wir gehört haben, geht die Legende schlecht aus, und das tut sie auch in der Wirklichkeit des psychologischen Alltags: eine Jugendliche, der man seelische Komplexe einredet, hört auf, hilfsbereit zu sein, und eine Mutter, der man Überforderung vorwirft, hört auf, dankbar zu sein. Das Echte ist schnell entwertet, aber das Unechte gewinnt deswegen nicht an Wert. Und damit sind wir beim Stichwort angelangt, das uns mitten hineinführt in das Heilungskonzept der Logotherapie, nämlich beim Wertbegriff. Die Logotherapie ist eine Psychologie, die sich wieder auf Werte besinnt, die das Echte wieder zuläßt, die wieder glaubt an die sinnvolle Möglichkeit des Menschseins, welche immer bereitliegt.

Als mit Freud die moderne Psychologie begann, war für ihn, so könnte man bildlich sagen, jede Oase eine Fata Morgana. Er schrieb: „Im Moment, da man nach Sinn und Wert des Lebens fragt, ist man krank, denn beides gibt es ja in objektiver Weise nicht. Sie werden mich nach meinem Tode in Ihrer freundlichen Erinnerung fortleben lassen – die einzige Art der Unsterblichkeit, die ich anerkenne. Den Himmel überlassen wir den Engeln und den Spatzen.“ Nun, Freud ist uns tatsächlich in Erinnerung geblieben als der Begründer der Psychoanalyse, der, wie F. W. Foerster einmal gesagt hat, zu danken ist, daß in der Gegenwirkung gegen ihre Einseitigkeiten und Übertreibungen ein Seelenarzt wie Viktor E. Frankl das Wort ergriffen hat.

Für Frankl, so könnte man wiederum bildlich sagen, ist selbst dort noch eine Oase denkbar, wo das Auge sie nicht mehr sieht. Er schreibt: „Den Himmel können wir nicht sehen – auch wenn wir ihn mit dem stärksten Scheinwerfer ableuchten. Sehen wir dann etwas, etwa eine Wolke, so beweist dies nur, daß es eben nicht der Himmel ist, den wir da sehen. Und doch sind gerade die – sichtbaren – Wolken das Symbol des – unsichtbaren – Himmels.“ [14] Während also Freud das subjektiv Unechte im Menschen zu entlarven trachtete und vor lauter Entlarven auch noch manch Echtes mitentwertete, sucht Frankl das Echte, das „spezifisch Humane“ im Menschen zu finden und auf objektive Werte auszurichten. Ja, für ihn beginnt menschliche Existenz überhaupt erst dort, wo sie auf einen Logos hin orientiert ist, also auf etwas eigenständig Vorgegebenes, das nicht wieder in ihr selbst begründet ist.

Im folgenden möchte ich drei Heilungsansätze aus der konzeptionellen Vielfalt der Logotherapie herausgreifen, die alle drei mit dem Wertbegriff zu tun haben und sich problemlos umsetzen lassen in die angewandte Psychotherapie. Den ersten Ansatz könnte man nennen: „Das Aufzeigen des Wertes an sich“, den zweiten: „Die Anhebung des Lebenswertgefühls“, und den dritten: „Den Umgang mit Wertkonflikten und Wertverlust“. Wir werden an Hand der Ausführungen sehen, daß man diesen drei therapeutischen Richtlinien auch drei Sammelbegriffe zur Seite stellen kann, die das zu erreichende Ziel schlagwortartig umschreiben, nämlich *Vernunft, Vertrauen* und *Versöhnung*. Wo es gelingt, das Leitmotiv eines Patientenlebens auf diese drei Grundpfeiler zu stellen, dort ist Psychotherapie gelungen.

Wenden wir uns also gleich dem ersterwähnten Heilungsansatz zu, dem *„Aufzeigen des Wertes an sich“*. In der Logotherapie gehen wir davon aus, daß sowohl dem lebendigen als auch dem nicht-lebendigen Sein ein Eigenwert innewohnt. Pflanzen, Tiere und Menschen, aber auch Dinge haben ihren „Wert an sich“, und nicht nur einen Wert für einen utilitaristischen Zweck aus menschlicher Sicht. Darüberhinaus gibt es abstrakte Werte, die der Erhaltung und Förderung des Seins dienen wie positive Gedanken, sinnvolle Handlungen, geistige Errungenschaften und dgl., was schlechthin als „das Gute" bezeichnet wird. Und auch dieses „Gute", so wenig es sich konkret fassen läßt, trägt seinen Wertcharakter in sich und ist nicht bloß immer nur „gut" aus einer bestimmten Perspektive. Ohne einem Wertabsolutismus verfallen zu wollen, müssen wir doch jenem Wertrelativismus eine Absage erteilen, der jedweden objektiven Wert verneint mit dem Hinweis, es handle sich dabei um die subjektiven Wertvorstellungen einer durch ihre eigene Überlieferung vorgeprägten Menschheit.

Wenn wir es nun mit psychisch gestörten, labilen, fehlgeleiteten oder verzweifelten Personen zu tun haben, dann fällt eine einzige große Gemeinsamkeit unter ihnen auf, die gewissermaßen allen anhaftet, was auch das individuelle Problem sein mag. Und das ist die Fixierung auf sich selbst bzw. die Unterjochung unter die eigene Gestimmtheit. Nahezu alle Menschen, die mit sich und dem Leben nicht zurechtkommen, stellen ihr eigenes Unglück ins Zentrum ihrer Aufmerksamkeit und sind ständig damit beschäftigt, sich darüber zu beschweren, sich davor zu fürchten, sich dafür zu rächen, sich dagegen zu wehren, sich darunter zu begraben; kurz, sie selbst sind quasi ihr eigener Lebensinhalt.

Sie nehmen die Werte, die *unabhängig* von ihrem eigenen Zustand rings um sie existieren, kaum mehr wahr, und das macht ihr Leben so wertarm und leer. Je ärmer und leerer ihr Leben jedoch zu sein scheint, umso unglücklicher fühlen sie sich natürlich, was sie gedanklich nur noch stärker an ihr Unglück fesselt. Um dieses Wechselgeschehen unterbinden zu können, genügt es nicht, einfach Strategien zur Linderung der negativen Gestimmtheit oder zur Lösung des vorliegenden Problems einzuleiten. Man kann als Außenstehender zwar hin und wieder ein Unglück aus der Welt schaffen, aber man kann keine Werte in ein Leben hineinschaffen, wenn der Betreffende nicht selbst die Fähigkeit entwickelt, derjenigen Werte wieder ansichtig zu werden, die sowieso die ganze Zeit schon innerhalb und außerhalb seines Lebens existieren.

Wenn zum Beispiel ein depressiver Mensch in einer blühenden Landschaft spazieren geht, ist es sehr wahrscheinlich, daß er nichts von der Schönheit dieser Landschaft wahrnimmt, weil er total in seine Traurigkeit versponnen ist. Nun läßt sich die Traurigkeit mit entsprechend starken Medikamenten möglicherweise reduzieren, aber damit ist die Schönheit der Umgebung im Herzen des Spaziergängers noch lange nicht aufgegangen. Oder ein anderes Beispiel: Ein Jugendlicher, der Liebeskummer hat, mag seine ganze Enttäuschung über die mißglückte Beziehung an seiner Familie auslassen, wobei er blind ist für die Nachsicht und Geduld, die ihm von seiten seiner Angehörigen entgegengebracht wird. Man kann ihn darauf trainieren, seine überschüssige Aggression lieber im sportlichen Wettkampf als beim häuslichen Abendessen abzureagieren, aber damit ist ihm das Geschenk der Geborgenheit in der Familie noch nicht unbedingt zu Bewußtsein gekommen.

Fehlverhalten ist mit therapeutischen Mitteln bis zu einem gewissen Grad korrigierbar, aber solange der Betreffende auf sich selbst fixiert bleibt, weil er die „Werte an sich“ nicht erkennt, die das Leben für ihn bereithält, solange wird die Kette von Fehlreaktionen nicht abreißen. Und sie wird es deswegen nicht, weil er ständig der „Reagierende“ bleiben wird, derjenige, der auf das, was ihn betrifft, reagiert, nämlich mit Trauer, Enttäuschung usw. Er wird überhaupt nicht zum „Agieren“ heranreifen, zum selbständigen und verantwortungsbewußten Handeln, zum Setzen eines *Aktes geistiger Intentionalität,* wie Frankl sagt, eines Aktes nämlich, der stattfindet um der Verwirklichung eines objektiven Wertes willen.

Erst in dem Augenblick, da die Welt weitgehend unabhängig vom jeweiligen Zustandsbild des Betrachters wahrgenommen wird, kann sie auch geistig aufgeschlüsselt werden nach denjenigen Sinnelementen in ihr, die der Erfüllung harren. Die einem menschlichen Leben Inhalt geben und den Betrachter dadurch befähigen, den Fragen des Lebens auch Antwort zu geben. Ein depressiver Mensch, der trotz seiner Deprimiertheit noch fähig ist, etwa Harmonie und Lieblichkeit der ihn umgebenden Natur zu erkennen, muß neben seiner Schwermut auch Gnade zulassen, und vielleicht kann er sogar seine Schwermut in diese Gnade einbetten, was ihn mehr stärken würde, das Leben zu ertragen, als eine einseitige medikamentöse Therapie, die künstlich aufputscht, aber letztendlich schwächt. Ähnlich mag es dem Jugendlichen in seinem Liebeskummer gehen, wenn er imstande ist, über seinen persönlichen Ärger hinaus die Zuwendung und Opferbereitschaft derjenigen Menschen zu begreifen, die nach wie vor für ihn da sind. Nicht, daß eine Liebe eine andere ersetzen würde, aber Trost spenden kann sie, und Trost läßt Enttäuschung verblassen.

Es ist also ein sehr elementarer Heilungsansatz der Logotherapie, bei ihren Patienten die Fähigkeit zur Wertwahrnehmung zu stärken, indem ihnen objektive Werte im Gespräch aufgezeigt und nahegebracht werden. Dieser Vorgang erleichtert zugleich die Suche nach Sinn, die nach Ansicht der Logotherapie ein ebenso elementares Anliegen des Menschen ist, und speziell ein Anliegen des problembeladenen oder existentiell frustrierten Menschen, der sich nicht selten die Frage beantworten muß, warum und wozu er überhaupt auf der Welt ist. Die Existenzphilosophen haben uns mit dem Kernsatz „Existenz kommt vor Essenz" darauf hingewiesen, daß sich der Mensch als ein ins Leben Geworfener betrachten muß, der sein Dasein erfährt, bevor er um seine Wesenheit weiß. An ihm ist es dann, seine Wesenheit zu finden.

Wenn man diese philosophischen Erwägungen übersetzt in den psychotherapeutischen Alltag, so könnte man den seelisch kranken Menschen auch definieren als einen, der seine eigentliche Wesenheit noch nicht gefunden hat. Der noch dasteht in „nackter" Existenz und um den Sinn dieser seiner Existenz ringt. Nun kann kein Therapeut, kein Berater und kein Seelsorger einem Ratsuchenden sagen, *was* der Sinn seiner Existenz ist. Er kann ihm lediglich an vielen Beispielen beschreiben, *daß* jede menschliche Existenz ihren Sinn hat; einen Sinn, der sich dem Suchenden erschließt, sobald dieser seine Fixierung auf sich selbst überwindet in einer geistigen Öffnung gegenüber der Welt und ihren Aufgaben darin.

Eine der seuchenartig verbreiteten Krankheiten der Gegenwart, die überhaupt keine Heilungschancen hat, wenn eine solche geistige Öffnung gegenüber der Welt nicht erfolgt, ist die *Sucht*. Sie wird üblicherweise als „Abhängigkeit" definiert, aber im Grunde ist sie nicht so sehr eine Abhängigkeit vom Suchtmittel, als vielmehr eine Abhängigkeit des Süchtigen von seinem eigenen Befinden. Daneben ist sie der allmähliche Verlust aller „Werte an sich“: die gesamte Außenwelt schrumpft auf zwei Kategorien zusammen, nämlich auf dasjenige, was dem Suchtbedürfnis dient, und dasjenige, was ihm entgegensteht. Das Suchtmittel selbst aber wird zum Regulator der jeweiligen Stimmung, es baut das Joch auf, unter das der Suchtkranke sich beugt. Es hebt die Stimmung, aber es verbietet zunehmend, eine schlechte Stimmung auszuhalten. Es gaukelt illusionäre Werte vor, etwa im Rausch oder in den Wahnbildern der Drogen, aber es läßt den Betreffenden in einer reellen Wertarmut aufwachen, die unerträglich ist und erneut ins Joch zwingt. Wenn neben all den notwendigen Maßnahmen wie körperlichem Entzug, sozialer Rehabilitation, familienstützenden Gesprächen usw. nicht auch noch jener Heilungsansatz der Logotherapie hinzukommt, der im Aufzeigen objektiver Werte sowohl einen hohen Grad an Unabhängigkeit vom jeweiligen subjektiven Befinden als auch eine geistige Zentrierung auf die echten Wertgehalte des Lebens in Gang setzt, bleibt der Therapieerfolg stets gefährdet.

Ich kann mich zum Beispiel an eine Jugendliche erinnern, die ich in Behandlung hatte wegen Magersucht, was ja sozusagen eine Sucht im Negativen ist, und mit der ich kaum über das Thema „Essen“ gesprochen habe. Wir verwendeten gut 20 Therapiestunden damit, das Positive ihres persönlichen Erfahrungsbereiches gemeinsam zu erkunden. Sie liebte es, sich anmutig zu bewegen, und besaß auch eine natürliche Grazie, die nie geschult worden war. Tanz bedeutete für sie lediglich Diskothekenvergnügen. Da griff ich das Thema auf und führte sie gedanklich zu dem, was Tanz sein kann: ein rhythmisches Kunstwerk, ein Medium, um sich auszudrücken, ein Werkzeug, um andere zu erfreuen, ein Streben nach Vollendung.

Sie begeisterte sich an diesen Ideen und begann, sich einer Körperschulung zu unterziehen. Das kostete sie natürlich viel Kraft wegen ihres Untergewichtes, aber es machte sie auf der anderen Seite müde und hungrig und ließ ihren Widerstand gegen das Essen erlahmen. Zugleich brachte es sie in eine nette Gruppe junger Leute, die einen wesentlich besseren Einfluß auf sie hatten als die früheren Diskotheken-Besucher.

Heute ist sie eine glänzende Schifahrerin und eine wagemutige Eiskunstläuferin, und obwohl sie immer noch ein zierliches Persönchen ist, kann von Magersucht keine Rede mehr sein. An diesem Mädchen haben Jahre zuvor eine Reihe von Ärzten herumgedoktert, die allesamt Konflikte innerhalb seiner Familie suchten und fanden und darin die Ursache der Krankheit sahen, womit sie gar nicht unrecht gehabt haben mögen. Allein, mit dem Aufzeigen der Konflikte ist nicht ein Zehntel von dem erreicht worden, was im Endeffekt mit dem Aufzeigen eines einzigen Wertes zu erreichen gewesen war!

Erst jüngst diskutierten Fachärzte in Deutschland über das Vorrücken einer neuen Krankheit, die eine Kombination von Magersucht und Freßsucht darstellt und erschreckend zunimmt: die *Bulimarexie*. Patientinnen, die darunter leiden – zumeist sind es Frauen –, essen riesige Portionen, gehen danach auf die Toilette und bringen sich absichtlich zum Erbrechen, wobei sie alles wieder von sich geben. Dies wiederholt sich bis zu vier-, fünfmal am Tag, was Mangelerscheinungen, Magenbeschwerden, Herzrhythmusstörungen und alle möglichen sonstigen organischen Beschwerden bewirkt.

Im Zuge der Diskussion darüber wurden die verschiedenartigsten Interpretationsversuche unternommen, und zwar wiederum in der Richtung, daß wohl tiefsitzende innere Konflikte vorliegen müßten, die es den Frauen nicht erlaubten, sich etwas Gutes zu gönnen, und die sie zu abnormen „Strafhandlungen" stimulierten. Übersteigerte Schuldgefühle, Verlassenheitsgefühle, Selbsthaßgefühle usw. wurden als Erklärungsmodell herangezogen. Niemand aber warf die Frage auf, ob es denn wirklich selbstverständlich sei, daß solchen Gefühlen automatenhaft gehorcht werde? Niemand wunderte sich, wie der Mensch, der doch ein vernunftbegabtes Wesen ist, zu einem so willenlosen Untertan seiner Gefühle werden könne!

Solange die Fragestellung nach wie vor lautet: „Welches *emotionale* Potential erzeugt diese oder jene Fehlhandlung?", sind wir zur wichtigsten Fragestellung in der Psychotherapie noch gar nicht vorgedrungen, die da lautet: „Wie kommt es, daß das *geistige* Potential eines Menschen einer eventuellen emotionalen Fehlsteuerung überhaupt Folge leistet oder sogar unterliegt?"

In unserem Beispiel mit der Bulimarexie bedeutet dies, daß es bei weitem nicht so interessant ist, zu erforschen, welches negative Selbstbefinden jemanden zu derart unkontrolliertem und unnatürlichem Eßverhalten verführen kann, als vielmehr zu erkennen, in welcher geistigen Unreife oder Blockade die Verführbarkeit des Betreffenden gründet, dessen Vernunft offenbar nicht einschreitet gegen eine „Handlung wider die Vernunft". Die Logotherapie jedenfalls fragt nicht vorrangig danach, warum das Krankhafte in einem Menschen stark geworden ist, sondern eher danach, wieso das Gesunde, das Vernünftige, das Einsichtige in einem Menschen nicht stark genug ist. Und als Antwort erhält sie statt Konflikttheorien, die das Krankhafte erläutern, die Motivationstheorie vom „Willen zum Sinn", den jeder Mensch besitzt, und der seinen Gesundungsprozeß trägt, wenn er nur eines „Wertes an sich" gewahr wird, dem er sich in geistiger Intentionalität hingeben kann.

Es scheint das Schicksal unserer Spezies zu sein, andauernd zwischen zwei Extremen hin- und herzupendeln, ohne die gesunde Mitte zu finden. Das gilt auch für die vorherrschenden psychologischen Richtungen, die sich in Opposition gegen ein früheres Rationalisieren und Intellektualisieren heute fast nur mehr um die Gefühlsebene des Menschen drehen. Zweifellos kommt dem Affektivum mit all seinem gefühlsmäßigen und stimmungsmäßigen Nachhall große Bedeutung zu, und doch ist das nicht „die ganze Geschichte" über den Menschen. Es wird höchste Zeit, daß wir dazu übergehen, den *geistigen Kräften* des Menschen mehr Beachtung zu schenken und sie zur Überwindung seelischer Probleme heranzuziehen, ansonsten werden unsere therapeutischen Bemühungen letztlich in einer Sackgasse enden. Und nicht nur sie, sondern auch die großen Weltprobleme der Menschheit, wie z.B. die Probleme der 3. Welt und der Überbevölkerung, die schon gar nicht mit emotionalen Strukturanalysen zu lösen sind, sondern nur in einer gewaltigen Anstrengung der menschlichen Vernunft unter Berücksichtigung der gegebenen ethischen, ökologischen und kulturellen Werte.

Die Logotherapie appelliert also wieder an die Vernunft des Menschen, und sie hegt die Überzeugung, daß diese geistige Kraft zum Einsatz kommen kann, wenn nur um einen Sinn gewußt wird, dessen Erfüllung es eben wert ist, dafür gesund zu werden. Manchmal frage ich meine Patienten, nachdem sie mir ihre vielfältigen Beschwerden geschildert haben, was sie eigentlich mit ihrem Leben anfangen würden, wenn sie diese ihre Beschwerden nicht hätten. Die wenigsten können darauf spontan eine Antwort geben, und das ist zugleich der zentrale Punkt ihres Leidens: *sie wissen keinen Grund zum Gesundwerden!* Das ist aber auch der Punkt, an dem wir logotherapeutisch ansetzen: über jegliche Eliminierung von Beschwerden hinaus versuchen wir, einen solchen Grund transparent zu machen im Aufzeigen eines „Wertes an sich". Ob und wie sehr der Patient dann bereit ist, sich dafür zu engagieren, muß seiner Entscheidung überlassen bleiben; aber er soll sich bewußt werden, daß da Aufgaben in der Welt sind, die auf ihn warten, die in gewisser Weise nur von ihm erfüllt werden können, und die seiner Gesundheit bedürfen bzw. des Einsatzes seiner ganzen Persönlichkeit. Er soll sie *sehen* und dann hingehen und sein

„Ich male genau das,
was ich sehe, klar"

(Diese Karikatur symbolisiert sehr schön die Wertblindheit, in der manche unserer heutigen Patienten befangen sind, sowie die Aufgabe des Logotherapeuten, ihr „Sehvermögen" wiederherzustellen!)

Leben aus eigenem Gewissen gestalten – wir Logotherapeuten malen ihm nicht die Welt auf eine Leinwand, so wie wir sie uns vorstellen, wir wollen, daß er die Welt mit offenen Augen sieht, so wie sie ist[15], und dann sein eigenes Lebensbild malt mit den schönsten Farben, die er darin finden kann. Wir ziehen ihm quasi nur den Schleier von den Augen und lösen damit die unheilvolle Fixierung auf sich selbst.

Betrachten wir nun den zweiten Heilungsansatz der Logotherapie, den ich mit den Worten *„Die Anhebung des Lebenswertgefühls"* gekennzeichnet habe. Das Wort „Lebenswertgefühl" beweist, daß die Logotherapie die Gefühlsebene des Menschen keinesfalls vernachlässigt, wenn sie ihr auch nicht dieselbe übergeordnete Bedeutung zuschreibt, wie es die Tiefenpsychologie tut. Aber das Wort weist noch auf etwas anderes hin: es ist eine Erweiterung des Begriffs „Selbstwertgefühl", und als eine solche ein Analogon für die erweiternde und ergänzende Funktion der Logotherapie in der Psychotherapie schlechthin.

Alle Psychotherapie zielt darauf ab, das Selbstwertgefühl psychisch kranker Menschen zu verbessern und im Gleichgewicht zu halten. Dagegen ist überhaupt nichts einzuwenden, denn Selbstachtung und Selbstbewußtsein sind in der Tat gewichtige Stabilisatoren der seelischen und körperlichen Gesundheit. Und dem Selbst wohnt ja wirklich ein „Wert an sich" inne, der geistig entsprechend wahrgenommen werden soll, weil sich das Selbstvertrauen eines Menschen darauf stützt. Dennoch läßt sich auch hier wiederum sagen: es ist noch nicht die „ganze Geschichte" vom Menschen. Selbstbewußtsein allein macht das Humanum nicht aus. Ein hohes Selbstwertgefühl ist noch keine Garantie für ein gutes Leben. Das Selbstwertgefühl spiegelt lediglich die Menge und Intensität der Werke wider, hinsichtlich derer sich jemand als erfolgreich einschätzt, aber es macht keine Aussage über die *Sinnhaftigkeit* dieser Werke. Eine solche Aussage kondensiert sich erst im Lebenswertgefühl, also in dem allen menschlichen Äußerungen vorausgehenden Gefühl, das Leben sei es wert, gelebt zu werden, es sei schlichtweg „sinnvoll".

Da das Lebenswertgefühl sehr eng mit der Grundmotivation eines Menschen verknüpft ist, kann vielleicht ein kleiner Vergleich ein und derselben Handlung aus zwei verschiedenen Motiven heraus dazu beitragen, die Abgrenzung zum Selbstwertgefühl darzulegen. Nehmen wir an, ein Junge begegnet einer alten Frau, die einen schweren Korb Äpfel trägt. Der Junge sieht die einladend frischen Äpfel und verspürt große Lust, einen davon zu verspeisen. Da überlegt er sich, daß ihm die Frau gewiß ein paar Äpfel schenken werde, wenn er sich bereit erklärte, ihr den Korb nach Hause zu tragen. Und so geschieht es auch: er nimmt ihr die schwere Last ab, und sie zeigt sich dafür erkenntlich. So weit ist alles in Ordnung. Wenn das Motiv des Jungen auch nicht ganz selbstlos war, hat er doch immerhin eine gute Tat getan, und das ist wesentlich besser, als wenn er der alten Frau nicht geholfen hätte. Sein Gewinn wird außer den paar Äpfeln auch eine Steigerung seines Selbstwertgefühls sein: er war klug, und seine Rechnung ist aufgegangen.

Stellen wir uns nun im Unterschied dazu einen anderen Jungen vor, der ebenfalls der alten Frau mit dem schweren Korb begegnet, aber nicht die Äpfel, sondern die Frau sieht. Sieht, wie sie sich gebeugt dahinschleppt, wie sie sich abplagt. Da geht dem Jungen der „Sinn des Augenblicks" auf, der darin besteht, seine brachliegenden jugendlichen Kräfte dort zur Verfügung zu stellen, wo sie gebraucht werden. Auch er bietet sich also an, den Korb nach Hause zu tragen, tut es und bekommt dafür ein paar Äpfel geschenkt. Was wird der Gewinn dieses zweiten Jungen sein? Er hatte Berührung mit dem „Wert an sich", mit dem Guten, dem Sinnvollen, das in seiner Hilfsbereitschaft lag, unabhängig davon, was es ihm im Effekt bringen würde, und deswegen wird nicht nur sein Selbstwertgefühl, sondern vor allem sein Lebenswertgefühl steigen im Wissen um die Sinnhaftigkeit seiner Existenz. Während sich der eine händereibend sagen kann: „Das habe ich gut gemacht!", darf der andere Erfüllung empfangen im Gedanken: „Es ist gut, daß ich da war!"

Aus dem Beispiel können wir entnehmen, daß ein positives Selbstwertgefühl das Beiprodukt eines erfolgreichen Handelns, und ein positives Lebenswertgefühl das Beiprodukt einer Sinnerfahrung ist. Natürlich freuen wir uns auch in der Logotherapie, wenn es gelingt, unsere Patienten zum erfolgreichen Handeln zu bringen, dennoch sehen wir eine gewisse Gefahr darin, dies zum Ziel der Therapie zu machen. Denn was geschieht, wenn unsere Patienten nach ihrer Wiederherstellung irgendwann einmal keinen Erfolg mehr haben und ihr Selbstwertgefühl plötzlich wieder absinkt? Bekommen wir sie dann nicht alsbald als „Rückfällige" präsentiert? Uns dünkt es wesentlich sicherer, sie aufzuschließen für Sinnerfahrungen, die ihr Lebenswertgefühl anheben, denn Sinn läßt sich immer und überall finden, selbst noch im Mißerfolg.

Greifen wir zum näheren Verständnis noch einmal auf unser Beispiel von den äpfeltragenden Jungen zurück und fragen wir nach den Konsequenzen, falls sich die alte Frau nach erfolgter Hilfeleistung keineswegs dankbar zeigt und auch kein Obst herschenkt. Muß sich der erstbeschriebene Junge dann nicht maßlos ärgern, weil er sich „umsonst" bemüht hat, und wird sein Selbstbewußtsein davon nicht betroffen sein? Der zweite Junge jedoch hat eine Chance, auch dieser unbefriedigenden Situation noch einen Sinn abzuringen, denn die Tatsache, daß er einer sich mühsam abplagenden Frau geholfen hat, nimmt ihm niemand mehr weg, ganz gleichgültig, ob ihm dafür gedankt worden ist oder nicht, seine Tat ist „ihr eigenes Denkmal" [16]. Ja, er kann sogar die Güte seiner Tat noch aufwerten, indem er ihr das Verzeihen der Undankbarkeit folgen läßt. Was er getan hat, wird niemals „umsonst" sein, deswegen bleibt sein Lebenswertgefühl unangetastet von der Reaktion der Frau.

Ein Störungsbild, das die geistige und personale Entwicklung eines Menschen radikal unterbindet und besonders in Hinblick auf das Gesagte sehr ernst zu nehmen ist, ist die *Verwahrlosung*. Sie tritt nicht selten Hand in Hand mit Psychopathie, Straffälligkeit, Prostitution und einem entwürdigenden Lebensstil auf. Bei diesem Störungsbild finden wir gewöhnlich eine erstaunliche Disharmonie zwischen Selbstwertgefühl und Lebenswertgefühl: während nämlich ersteres stark ausgeprägt sein kann und manchmal sogar unangemessen hoch ist, sinkt letzteres bis zum Nullpunkt. Diese Diskrepanz bildet sich ab in einem aggressiv gefärbten Egoismus nach dem Motto: „Was ich brauche, das nehme ich mir!", gepaart mit einem fatalistischen Nihilismus nach dem Motto: „Mich braucht ohnehin keiner!" Aus der Kombination von beiden Einstellungen entspringt ein sorgloser, achtloser Umgang mit Werten, die nicht als solche identifiziert werden, seien es Dinge, seien es Menschen, sei es sogar die eigene Person. Hohe Risiken werden eingegangen, die in keinem Verhältnis stehen zum kurzfristig erhofften Gewinn. Wegen einer lächerlichen Auseinandersetzung werden Mord und Totschlag riskiert, wegen eines flüchtigen Reichtums Unterschlagungen oder Einbrüche, für eine wahllose Liebesbeziehung der Verkauf von Leib und Seele. Das Leben ist eben unter dem Aspekt der Verwahrlosung kein hoher Wert, den man hüten, bewahren, schützen, überdenken und mitformen müßte, es ist keine Kostbarkeit, für die man die Verantwortung trägt, sondern ein Spielball des Glücks, den man auswirft, um einen Treffer zu erzielen oder alles zu verlieren. Die Risikofreudigkeit drückt nicht minder Selbstbewußtsein aus, als die Gleichgültigkeit Wertbewußtsein vermissen läßt.

Nun hat bekanntlich bisher jedwede Psychotherapie kapituliert vor dem Problem der Verwahrlosung. Der Slogan „Therapie statt Strafe“, der verschiedenenorts in der Kriminalpsychologie immer wieder aufflackert, fußt leider auf keinem realistischen Konzept und ist daher bislang ziemlich ineffektiv geblieben. Ich bin überzeugt, daß dies damit zusammenhängt, daß die herkömmliche Psychotherapie, wie bereits erwähnt, daraufhin ausgelegt ist, das Selbstwertgefühl von Patienten zu stärken und zu stabilisieren, was bei Neurotikern und Melancholikern durchaus angebracht sein kann, aber gerade *nicht* das Problem von Verwahrlosten und Psychopathen ist. Hier brauchen wir einen Heilungsansatz, der imstande ist, stattdessen das Lebenswertgefühl anzuheben, und ich wüßte keinen außer dem logotherapeutischen, der zumindest die Richtung andeutet, in der die Arbeit mit dieser Klientel erfolgen müßte.

Wir haben besprochen, daß beide Gefühle im eigentlichen Beiprodukte sind, also gar nicht direkt intendiert werden können, sondern eines Umweges bedürfen; und der Umweg, über den Lebenswertgefühl forcierbar ist, ist die Sinnfindung. Weil aber zum einen verwahrloste Menschen in so hohem Maße wertblind sind, daß das Aufzeigen eines Wertes mittels Worten oder Beispielen wenig Transferwirkung auf sie hat, und zum anderen ihr selbstsicheres Ego so dominiert, daß sie auch gar nicht bereit sind, Ratschläge und Anregungen auf sich wirken zu lassen, bleibt nur eine Möglichkeit mehr übrig: sie müssen zu sinnvollen Aufgaben herangezogen werden in der Hoffnung, daß der Funke der Sinnfindung allmählich doch noch, wenigstens im nachhinein, zündet.

Konkret heißt dies, daß zum Beispiel Jugendliche, die öffentliche Gebäude zu beschmieren und zu zerkratzen pflegen, bei Verschönerungsarbeiten aller Art eingesetzt werden sollten, oder daß, wie es zur Zeit in Österreich im Gespräch ist, Autofahrer, die wegen Trunkenheit am Steuer festgenommen werden, einige Wochen Spitalsdienst auf Unfallstationen ableisten müßten. Es bedeutet auch, daß sich der pädagogische Akzent in Heimen und Erziehungsanstalten nicht auf die Bewältigung des Alltäglichen bzw. auf die Kontrolle des unabdingbar Notwendigen beschränken dürfte, sondern daß der Mut zur geistigen Herausforderung der Heiminsassen gefunden werden sollte, indem diese unermüdlich mit sinnvollen Aufgaben konfrontiert werden, denen sie äußerlich gewachsen sind, und an denen sie innerlich wachsen können.

Natürlich gibt es bei solchen Konfrontationen auch Kollisionen, nämlich mit der Freiwilligkeit der Klientel, welche nicht vorausgesetzt werden kann. Und alles, was mit Zwang zu tun hat, auch wenn es „heilsamer Zwang" ist, hat einen bitteren Beigeschmack. Doch kann ich aus meiner Erfahrung als psychologische Supervisorin von mehreren Kinder- und Jugendheimen bestätigen, daß beides mithilft, die Verwahrlosung siegreich zu bekämpfen: sowohl das „Muß" als auch die „Aufgabe" als solche. Denn das „Muß" dämpft das übersteigerte Selbstwertgefühl und damit den aggressiven Egoismus, der dazu verleitet, bloß noch zu tun, worauf man Lust hat, und die „Aufgabe" hebt das niedrige Lebenswertgefühl und überwindet damit den fatalistischen Nihilismus, der verhindert, zu tun, was Sinn hat.

Befragt man erwachsene Menschen, die einen Teil ihrer Jugend wegen Erziehungsproblemen in Heimen verbracht haben, nach ihren schönsten Erinnerungen an diese Zeit, dann hört man immer wieder Berichte über irgendwelche gemeinsame Aktionen, die damals gestartet worden sind, etwa ein lang-eintrainiertes Weihnachtssingen in einem Altersheim, oder die lang-vorbereitete Besteigung eines Berges in den Ferien. Das Interessante dabei ist, daß fast ausnahmslos geschildert wird, wie sehr der Vorbereitungs- und Kräfteaufwand, der damals geleistet werden mußte, zunächst negativ erlebt und oft wirklich nur durch die Gemeinschaft „erzwungen“ worden war, daß aber während der Ausführung selbst oder auch später das Herz aufging für die Begeisterung an der Sache. Daran sieht man, daß die Heranziehung zu sinnvollen Aufgaben, notfalls sogar gegen den Widerstand eines fehlentwickelten Kindes oder Erwachsenen, ein Weg ist, der letztlich menschenwürdiger sein mag als die Toleranz des „Laissez-faire-Verhaltens“ gegenüber verwahrlosten Kindern, die ergänzt wird von der Intoleranz der gesellschaftlichen Verachtung gegenüber gestrauchelten und inhaftierten Erwachsenen.

Wir haben also das Lebenswertgefühl kennengelernt als ein Korrektiv jenes fatalistischen Nihilismus, der besagt, daß sowieso alles keinen Sinn habe. Positiv ausgedrückt könnte man es auch als den Pegel des „Urvertrauens“ bezeichnen, jenes Vertrauens zum Leben, das dem Selbst allein nie entsteigen kann. Gewiß wird eine große Selbstsicherheit Vertrauen zur eigenen Leistungskraft einflößen, aber mit dem Nachlassen der eigenen Leistungskraft würde auch die Selbstsicherheit wieder verebben, wenn nicht ein zusätzlicher Faktor ins Spiel käme, der einen bedingungslosen Vertrauensvorschuß gewährt. Und das ist eben das Wissen oder Glauben, daß das Leben kostbar ist bis zum letzten Atemzug.

Ich sage absichtlich „Wissen oder Glauben“, denn so scharf die Trennlinie zwischen beidem normalerweise zu ziehen ist, so stark überlappt sich beides im Begriff des Vertrauens, den man sowohl als ein „Wissen des Herzens“ als auch als ein „Glauben des Verstandes“ definieren kann. Es handelt sich dabei um ein präreflexives Vertrauen darauf, daß alles, so wie es ist, irgendwie gut ist, daß schon alles seine Richtigkeit hat, auch wenn man selbst es nicht verstehen kann. Für den religiösen Menschen ist es einfach das Vertrauen auf Gott[17], auf einen „Übersinn“ über allem Irdischen.

Dieses Vertrauen, das vom Lebenswertgefühl eines Menschen getragen wird, unterscheidet sich grundlegend von jedwedem Fatalismus, der alles Geschehen als unausweichlich vorherbestimmt deklariert mit der Folge, daß seine Anhänger die Hände in den Schoß legen und in passiver Daseinserwartung gelähmt verharren. Vertrauen macht im Unterschied zum Fatalismus durchaus aktiv, es ist keine Entmutigung, sondern im Gegenteil eine Ermutigung zum Handeln, weil der Handelnde auf einer Grundlage steht, auf der nichts schiefgehen kann: er kann zwar fehlen, er kann auch fallen, aber sein Leben wird seinen Wert behalten. Er kann wiedergutmachen, er kann wieder aufstehen – und selbst wenn er nichts mehr wiedergutmachen und nicht mehr aufstehen kann, dann bleibt ihm immer noch die Chance einer inneren Wandlung, die alles, was geschehen ist, rückwirkend noch mit Sinn durchflutet.

Ich habe bei der Besprechung des ersten Heilungsansatzes der Logotherapie darauf hingewiesen, daß viele unserer Patienten heute keinen *Grund* zum Gesundwerden haben, was ihren Gesundungsprozeß blockiert. Dem möchte ich hinzufügen, daß viele von ihnen auch einfach keine *Kraft* zum Gesundwerden haben. Einen *Grund* finden sie nur, wenn sie sich wieder leiten lassen von ihrer Vernunft, die im „Willen zum Sinn“ zu ihrer höchstmöglichen Entfaltung kommt. Und die *Kraft* finden sie nur in einem unerschütterlichen Vertrauen zum Leben, das im Wissen um und im Glauben an seine Werthaftigkeit ruht. So sind es die beiden vorrangigen Therapieziele im Heilungskonzept der Logotherapie, dem seelisch kranken Menschen zu helfen, sowohl einen *Grund* als auch die *Kraft* zum Gesundwerden zu finden, wobei eingestanden werden muß, daß beides wirklich nur gefunden und nicht therapeutisch gegeben werden kann. Das Beste ist nicht von Menschenhand machbar, und was von Menschenhand machbar ist, ist das Beste noch nicht gewesen – das gilt auch für alle Psychotherapie.

Wenden wir uns jetzt dem dritten Heilungsansatz zu, den ich angekündigt habe, und der sich folgerichtig aus den beiden vorgenannten ableitet. Zu dieser Dreiteilung muß allerdings vermerkt werden, daß die anthropologischen Grundlagen der Logotherapie derart reichhaltig an methodischen Fingerzeigen sind, daß sich in der Praxis stets auf den individuellen Fall zugeschnittene Anregungspunkte ergeben. Aber da wir uns nun einmal gedanklich mit der logotherapeutischen Wiederbesin-

nung auf Werte beschäftigen, müssen wir auch der Tatsache ins Auge blicken, daß Werte miteinander in Konflikt geraten können, und daß Werte verloren gehen können. Beides verlangt Versöhnung. Versöhnung mit einer Realität, in der manches nicht gleichzeitig zu verwirklichen ist, und in der nichts unbegrenzt zur Verfügung steht. Deshalb brauchen wir bei unseren Klienten neben der Vernunft auch den Verzicht, neben dem Vertrauen zur Zukunft auch die Versöhnung mit der Vergangenheit, und neben der Lebensfähigkeit auch die Leidensfähigkeit*. Wenn wir sie dazu nicht aufrufen können, können wir sie nicht beruhigt aus der Behandlung entlassen, weil Anhalt zur weiteren Sorge um sie besteht. Ja, ich gehe sogar so weit, zu behaupten, daß die Bereitschaft zur Versöhnung mit sich und seinem Leben bei einem seelisch Kranken ein recht sicheres Kriterium für die Erstellung einer günstigen Krankheitsprognose ist. Und umgekehrt bleibt kein Zweifel daran, daß Unversöhnlichkeit das Krankhafte am Brennen hält. Wahrscheinlich gibt es sogar sehr viel seelische Not, die aus keinem anderen Stoff besteht als aus diesem.
Beginnen wir mit unseren Überlegungen zunächst beim therapeutischen *Umgang mit einem Wertkonflikt*[18]. Gemeint ist damit nicht ein Konflikt zwischen einem Wert und einer persönlichen Schwäche, die der Erfüllung dieses Wertes entgegensteht. Solch ein Konflikt ist lösbar durch das „Aufzeigen des Wertes an sich", der, sobald bloß die geistige Konzentration voll auf ihn gelenkt ist, auch schon befähigt zur Überwindung der persönlichen Schwäche. Nein, mit einem Wertkonflikt ist wahrhaftig ein Konflikt zwischen zwei (oder mehreren) Werten gemeint, die sich dem gleichzeitigen Dienst an ihnen entziehen. Also etwa der Konflikt zwischen Beruf und Familie, zwischen künstlerischer Neigung und Arbeitsverpflichtung oder zwischen einem gegebenen Versprechen und einer geänderten Situation.

Nun geht die Logotherapie davon aus, daß dasjenige, was das persönliche Gewissen uns sagt, *eindeutig* ist. Frankl unterscheidet da sehr genau zwischen dem in der Psychologie soge-

---

* Frankl erachtet die „Leidensfähigkeit" neben den von Freud postulierten Zielen der Psychoanalyse: „Arbeitsfähigkeit" und „Genußfähigkeit", für ein weiteres und nicht weniger wesentliches Psychotherapieziel!

nannten „Überich“, das mehr oder weniger die gespeicherte Summe aller tradierten sittlichen Werte und Normen darstellt, die uns von Kindheit an eingeimpft worden sind, und jener innersten Stimme in uns, die angeboren ist, und die man übertönen, ignorieren oder verspotten, aber nicht bestechen kann, weil sie unbeirrbar aufzeigt, was im gegebenen Moment am sinnvollsten und verantwortungsvollsten zu tun ist. „Das Gewissen ist der einzige Spiegel, der weder betrügt noch schmeichelt!“, hat Christine von Schweden einmal so treffend gesagt. Vielleicht wäre es zuviel, das Gewissen als die „Stimme der Wahrheit“ zu bezeichnen, denn alles Menschliche kann irren, aber wenn etwas Menschliches der Wahrheit sehr nahe kommt, dann ist es dieses „Sinn-Organ“ (Frankl) in uns, das selbst die Werte noch zu be-werten vermag, indem es ihnen Vorrang und Nachrang zuteilt, gemessen am Sinn einer aktuellen Situation.

Sehr ähnliche Überlegungen veranlaßten Carl Friedrich von Weizsäcker, folgenden Gedanken Ausdruck zu geben:

> An die Stelle der instinktiven Führung, die beim Tier, auch beim sozialen Tier dominiert, tritt beim Menschen die gesellschaftliche Verhaltensnorm. Sie gibt der Freiheit vom Instinkt den ersten und im Durchschnitt menschlichen Verhaltens dominierenden Inhalt. Freiheit ist in erster Näherung die Freiheit, gesellschaftlichen Normen zu folgen.
>
> Aber wie sind denn die Sitten entstanden? Man wird nicht glauben, daß, wenigstens in den höheren Kulturen, das blinde Verfahren von Versuch und Irrtum dafür ausgereicht habe. Für diese reichen harmonischen Gefüge war Einsicht nötig, die Einsicht derer, die später als Stammväter, Gesetzgeber, Weise des Altertums historisch oder mythisch gefeiert werden. Was aber aus Einsicht entstanden ist, kann nur mit Einsicht bewahrt werden. Nur *die Einsicht in den Sinn* der Sitte bewahrt die Elastizität der Anpassung, schützt vor dem Abgleiten in einen sinnwidrigen Leerlauf. So lebt jede Gesellschaft in der Spannung zwischen dem blinden Erfüllen der sittlichen Norm, das manche Menschenleben fast ganz und jedes in weitem Umfang bestimmt, und der freien, zur Umkonstruktion und Spontaneität bereiten einsichtigen Haltung. Auf einer neuen Stufe wiederholt sich das Verhältnis von Automatismus und Freiheit: Ist normgemäßes Verhalten Freiheit gegenüber dem Trieb, so ist einsichtiges Verhalten Freiheit gegenüber der Norm.
>
> Der einsichtige Freie kann auch zur Sitte nein sagen.

Insofern als mit „Einsicht“ die Einsicht in die Sinnhaftigkeit eines Handelns gemeint ist, und sich die „Sinnhaftigkeit“ wiederum an objektiven Maßstäben mißt, könnte man den gesamten Handlungskodex der Menschheit in dem einen Satz zusammenfassen:

Lebe sinnvoll
und mach, was du willst –
dein Handeln
wird sittlich vertretbar
und moralisch
gerechtfertigt sein!

Es geht daher in der Logotherapie beim Umgang mit Wertkonflikten nicht darum, dem Patienten die Entscheidung zu erleichtern oder gar abzunehmen, sondern darum, ihn zum Lauschen auf die „einsichtige“ Stimme seines Gewissens und damit zum eigenen Verantwortungsbewußtsein hinzuführen. In den Beratungsgesprächen ergibt es sich oft, daß ein Ratsuchender direkt fragt, welche Wahl er in einer bestimmten Konfliktsituation treffen soll, was noch nicht heißt, daß er die Antwort unbedingt befolgen würde. Trotzdem glauben wir Logotherapeuten, daß wir einer an uns gerichteten Frage Antwort schulden, und verschanzen uns daher nicht hinter einem undurchschaubaren Therapeutengehaben.

Eine Möglichkeit, Antwort zu geben und dennoch Verantwortung nicht abzunehmen, ist die logotherapeutische Technik des „Gemeinsamen Nenners“, die in den Büchern von Frankl beschrieben ist, und von der ich im folgenden ein Beispiel bringen möchte. Der Konflikt, um den es sich dabei drehte, war die Frage einer verheirateten Frau, ob sie sich von ihrem Mann trennen oder ihren Liebhaber aufgeben sollte. So banal diese Fragestellung klingt, und so tausendfach dieses Thema schon in Romanen und Filmen abgehandelt worden ist, müssen wir uns doch heutzutage mehr denn je damit befassen, weil es an der Schnittstelle zwischen Ehe und Scheidung steht mit einem Verhältnis von 1:1, was ungefähr den wahren Proportionen in den westlichen Industriestaaten entspricht: auf jede noch intakte Ehe kommt mindestens eine zerrüttete oder geschiedene.

Bemerkenswert an dem Beratungsgespräch, das ich mit dieser Frau führte, war zweierlei. Erstens handelte es sich um eine anonyme Telefonberatung, weil die Klientin sich weigerte, persönlich in die Beratungsstelle zu kommen, und zweitens hatte sie, kurz bevor sie mich anrief, mit einer Telefonseelsorgestelle gesprochen, doch war die Beratung dort offenbar ins Stocken geraten. Ihren Andeutungen entnahm ich, daß der Telefonseelsorger klientenzentriert vorgegangen war, das heißt, der Ratsuchenden bloß die von ihr geäußerten Gesprächsinhalte neuformuliert rückgespiegelt hatte in der Hoffnung, sie werde durch Klärung der Sachlage selbständig zu einer Lösung finden. Die Klärung war auch erfolgt, und das war zugleich der Moment, in dem die klientenzentrierte Beratung zum Stillstand gekommen war. Geklärt worden war nämlich, daß die Frau einerseits die Geborgenheit bei ihrem Mann und dessen Treue zu ihr sowie die finanzielle Sicherheit, die er ihr bot, sehr schätzte, sich also „verstandesmäßig" zu ihm hingezogen fühlte, während sie andererseits die Zärtlichkeit und erotische Ausstrahlung des Freundes genoß sowie von seiner abenteuerlich-legeren Lebensart fasziniert war, sich also „gefühlsmäßig" zu diesem hingezogen fühlte. Der Ehemann drängte auf eine Entscheidung und wollte das Dreieck nicht länger dulden, war aber bereit zu einem Neuanfang mit seiner Frau. Der Freund wiederum hatte seinerseits eine andere Freundin, war aber durchaus gewillt, das Dreieck bzw. Viereck aufrechtzuerhalten, und lehnte es ab, sich auf gemeinsame Zukunftspläne mit der Frau festzulegen, selbst wenn sie sich scheiden ließe.

Dies war, wie gesagt, die Sachlage: hier Verstand – dort Gefühl, hier solide Beziehung – dort attraktive Unverbindlichkeit, und dazwischen ein hin- und hergerissener Mensch. Was jetzt? Da bot ich der Frau eine Bilanzziehung besonderer Art an. Ich fragte sie: „Wenn ich Sie richtig verstehe, haben Sie nur zwei Wahlmöglichkeiten. Oder gibt es noch eine dritte für Sie?" Sie verneinte. Sie könne nur ganz zum Ehemann zurückkehren oder sich von ihm trennen und beim Freund bleiben. Die dritte Möglichkeit, eine Kombination von beidem, entspräche dem gegenwärtigen Arrangement, könne aber nicht mehr weitergeführt werden. „Somit", antwortete ich, „stehen

Sie vor einer schweren Entscheidung. Bitte sagen Sie mir, für wieviele Menschen hängt etwas von Ihrer Entscheidung ab?" Die Frau überlegte, dann zählte sie ihren Mann, sich selbst, ihren Freund und dessen Freundin auf. „Also", faßte ich zusammen, „das Schicksal von vier Menschen wird sich ändern, je nachdem, wie Sie sich entscheiden. Halten wir doch einmal fest, auf welche Weise es sich für jeden dieser vier Menschen ändern wird. Wen es voraussichtlich glücklich machen wird, der bekommt ein Pluszeichen, wen es voraussichtlich unglücklich machen wird, der bekommt ein Minuszeichen." Die Frau holte sich Bleistift und Papier zum Telefon, um mitzuschreiben.

Als erstes erwogen wir die Entscheidung „pro Ehemann", danach die Entscheidung „pro Freund". Jede Entscheidung erhielt vier Spalten für die vier beteiligten Personen. In der Rubrik „pro Ehemann" erhielt der Ehemann ein Plus, weil er seiner Frau wohl immer noch sehr zugetan war, der Freund ein Plus und ein Minus, weil er der Entscheidung ziemlich indifferent gegenüberzustehen schien, dessen Freundin ein Plus, da diese natürlich froh wäre, wenn die Frau zu ihrem Mann zurückkehren würde, und die Ratsuchende selbst ein Plus und ein Minus, was ihrem Hin- und Hergerissensein entsprach. Bilanz: 4 Plus und 2 Minus. Dieselbe Rechnung wurde nun in der Rubrik „pro Freund" aufgestellt. Beim Ehemann wurde ein Minus verzeichnet, da er traurig sein würde, seine Frau zu verlieren, der Freund bekam wegen seiner Indifferenz wiederum ein Plus und ein Minus, bei dessen Freundin wurde ein Minus notiert, weil sie in diesem Fall Angst haben mußte um ihre eigene Beziehung, und die Ratsuchende gab sich ihr Plus und Minus, das ihre Ambivalenz kennzeichnete. Bilanz: 2 Plus und 4 Minus.

Jetzt bedurfte es nur noch eines einzigen Hinweises. Ich sagte zu der Frau: „Sie haben mit Ihrem Anruf nach einer Entscheidungshilfe gesucht, und wir haben eine gemeinsame Bilanz Ihrer beiden Wahlmöglichkeiten gezogen. Die letzte Frage aber, die noch offen ist, müssen Sie selbst beantworten, nämlich die Frage: Wieviel Glück oder Unglück wollen Sie, das Ihren Handlungen entspringt?" Die Frau war eine Zeitlang still. Dann erwiderte sie leise: „Ich verstehe. Sie haben mir etwas gezeigt,

Schema nach der logotherapeutischen Methode des „Gemeinsamen Nenners“

Was bedeutet die Entscheidung der Frau	„pro Ehemann“	„pro Freund“	Begründung
für ihren Mann?	+	–	Ihr Mann liebt sie immer noch.
für ihren Freund?	+/–	+/–	Ihr Freund ist gerne mit ihr zusammen, will sich aber nicht an sie binden.
für dessen Freundin?	+	–	Diese fürchtet um ihre Beziehung zum Freund.
für sie selbst?	+/–	+/–	Sie steht beiden Männern ambivalent gegenüber.
Summe	4+/2–	2+/4–	

das ich fast vergessen habe: die Verantwortung. Ich weiß nicht, ob ich dafür reif bin, aber ich werde mich damit auseinandersetzen. Ich danke Ihnen, Sie haben mir sehr geholfen.“

Gewiß ist eine solche „Hochrechnung“ nicht immer möglich, aber im Prinzip muß sich bei jedem Wertkonflikt einer der zu wählenden Werte als der ethisch am höchsten zu be-wertende herausstellen, wenn wir die Eindeutigkeit des Gewissens bejahen. Die Logotherapie als ein medizinisch-therapeutisches System versteht sich dabei nicht als moralisierende Instanz, die über Gut und Böse befindet; ihre Aufgabe sieht sie lediglich darin, den Blick der Patienten sozusagen auf jenen „Höhenmesser“ zu richten, den diese als inneres Organ in sich tragen, und der eben imstande ist, die jeweils sinnvollste Entscheidung aufzuspüren, das *eine, das nottut,* hier und jetzt.

Das Gleichnis vom „Höhenmesser“ können wir noch in einem weiteren Zusammenhang verwenden, in dem es auch um so etwas wie ein „Höhenmaß“ geht, nämlich angesichts eines *unwiederbringlichen Wertverlustes.* Es gibt einfach Schicksalsschläge, die keine Entscheidung mehr offenlassen, die dem Menschen das Handeln aus der Hand nehmen, indem sie ihm ein unabänderliches Leid zufügen. Unheilbare Krankheiten gehören dazu, Amputationen, der Verlust von Angehörigen, aber auch Notsituationen aller Schattierungen wie Armut, Elend, Hunger und Pein, die keinerlei Aussicht auf baldige Besserung haben. Hier, wo die „Priorität" des Ändern- und Verbessernkönnens zu Ende ist, beginnt, um ein Begriffspaar von Frankl aufzugreifen, die „Superiorität" eines heldenhaften Ertragens in Würde[19]. Wo die äußeren Umstände einen Menschen niederwerfen und in die Knie zwingen, dort vermag er sich innerlich zu seiner vollen Größe aufzurichten. In der Logotherapie sprechen wir diesbezüglich von „Einstellungswerten", das heißt, wir sehen in der Art, wie jemand sich geistig zu den unverrückbaren Gegebenheiten seines Lebens einstellt, noch eine letzte Möglichkeit der Wertverwirklichung, eine, die vielleicht in einer höheren Dimension den erlittenen Wertverlust wieder ausgleicht.

Bevor man allerdings solche Gedanken an einen Klienten heranträgt, muß sichergestellt sein, daß nicht doch noch Heilungschancen für sein Leid existieren, die ergriffen werden könnten. Ein überflüssiges Leid wäre ein sinnloses Leid und ganz und gar nicht im Sinne therapeutischer Intention. Wo immer wir es im Bereich seelischer Not mit Änderbarem zu tun haben, müssen wir den Mut zur *Aktion* stärken, um die Not zu lindern. Nur dort, wo wir auf Unveränderbares stoßen, ist der Mut zur *Passion* aufzurufen, der Mut zum Annehmen dessen, was ohne Sinnperspektive unannehmbar bliebe.

Der Umgang mit Wertverlusten läuft deswegen ebenfalls auf eine Art Bilanzziehung hinaus, aber nicht auf eine, die den höchsten Wert von vielen offenbart, sondern eine, die den tieferen Sinn eines Unwertes bzw. Leides erahnen läßt. Und in der Tat kann selbst den schwersten Stunden des Lebens fast immer noch irgendein Sinn abgerungen werden, wenn der Betroffene bloß nicht in der Phase des Revoltierens oder Resignierens steckenbleibt und dadurch der Verzweiflung anheimfällt. In Wahrheit verzweifelt man nicht am Leid, sondern an der Sinnlosigkeit eines Leides![20]

Sobald die ganze Not, die einen bewegt, zum Opfer dargebracht werden kann für irgendetwas Gutes, das in Verbindung damit am Erkenntnishorizont aufleuchtet, ist das tödliche Gift der Verzweiflung bereits neutralisiert.

Um einer meiner Patientinnen zu helfen, diesen Gedankenansatz besser nachvollziehen zu können, erzählte ich ihr einmal von der Muschel, die am Meeresgrund wohnt und sich wohlfühlt bis zu dem Tag, an dem ein scharfes Sandkorn in ihre Weichteile gerät und dort Schmerz verursacht. Zweifellos bemüht sich das Tier, den Fremdkörper wieder abzustoßen, aber das erweist sich als aussichtslos. Der Schmerz sitzt fest. Was macht die Muschel in dieser unabänderlichen Lage? Sie arbeitet an sich, mobilisiert Kräfte, hüllt das Sandkorn ein und verwandelt es in – eine Perle. „Das", sagte ich zu meiner Patientin, „können auch Sie. Verwandeln Sie Ihr Leid in eine menschliche Leistung, und es war nicht umsonst!" Die Patientin, die an einer schweren spastischen Schüttellähmung leidet, hat sich auf Grund unseres Gesprächs sogar eine Perlenkette gekauft, die sie täglich anlegt. Wann immer sie der Schmerz über ihre Körperbehinderung übermannt, tastet sie mit ihren zittrigen Händen nach den Perlen und ruft sich den Gedanken in Erinnerung, daß auch sie frei ist, aus ihrem Leiden etwas Großartiges zu gestalten: den Triumph des Geistes über das Schicksal. Und jedesmal liegt ein stilles Lächeln auf ihren Zügen, wenn sie die Hände wieder senkt. Menschen wie sie legen Zeugnis dafür ab, daß Versöhnung gelingt, und deswegen haben wir Hoffnung, daß auch die schwierigste Versöhnung gelingen kann, die es gibt – die Versöhnung der Menschen untereinander.

Vom logotherapeutischen Standpunkt aus ist eines der Hemmnisse, die jedweder Versöhnung entgegenstehen, die Tendenz, zu viel über Negatives zu reden. Hierin unterscheidet sich das Heilungskonzept der Logotherapie sehr deutlich von dem anderer psychotherapeutischer Richtungen, die teilweise allein im Aussprechen von allem Negativen das Heil sehen. Freilich erleichtert es, wenn sich jemand bei einem verständnisvollen Zuhörer seinen ganzen Kummer „von der Seele reden" kann. Dagegen haben auch wir Logotherapeuten keine Bedenken, nur meinen wir, daß dem Aussprechen und Aus-

weinen lediglich „Vorbedingungscharakter“ zukommt, insofern, als das geistige Potential eines Menschen durch den emotionalen Streß einer gegebenen Problematik überlagert und blockiert sein kann, und dann eben wieder frei wird, wenn dieser emotionale Streß über Worte oder Tränen abfließt. Uns geht es jedoch in erster Linie darum, jenes *geistige Potential* im Menschen anzusprechen, und so hat jede „Freischaufelung“, erfolge sie durch Aussprache, Tränenflut, Entspannungsübungen oder medikamentöse Sedierung, bloß den Sinn, diejenigen Bedingungen zu schaffen, unter denen unsere eigentliche therapeutische Arbeit aufgenommen werden kann.
Wir halten es allerdings für eine große Gefahr, wenn dieses „Aussprechenlassen“ seinen Vorbedingungscharakter verliert und zur therapeutischen Hauptrolle erkoren wird. Denn ein Patient, der nicht aufhört, nachdem er sich den ganzen Kummer „von der Seele geredet“ hat, und immer weiter und weiter in seinen Problemen schwelgt, der redet sich noch zusätzlichen Kummer „wieder in die Seele hinein“! Das heißt, es kommt zu Hineinsteigerungseffekten, die emotional aufheizen und auch jene vergangene Tragik wieder aufwühlen, die schon geistig

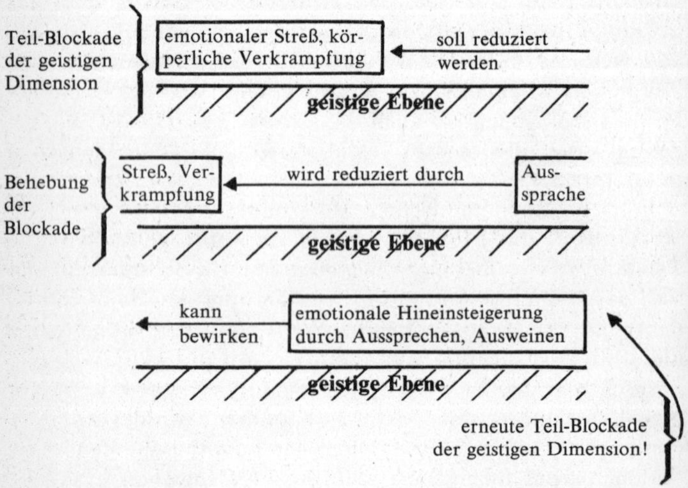

verarbeitet war, wodurch neuerlicher Zündstoff für Gefühlserschütterungen geliefert wird, die am Ende die geistige Dimension eines Menschen stärker überdecken und lahmlegen, als dies zuvor der Fall gewesen ist.
Bereits im Jahr 1931 hat Bumke das Wort geprägt: „Es wird mit psychotherapeutischen Absichten zu viel geredet, besonders seitens der Patienten."[21] Das gilt heute, über 50 Jahre später, unvermindert, was unter anderem auch B. Horányi von der Neurologischen Universitätsklinik in Budapest dargelegt hat, der sogar vom „Heilmittel Schweigen" spricht und darauf hinweist, daß Affekte und Emotionen den allgemeingültigen Regeln der Inaktivitätstheorie genauso unterworfen sind, wie alle anderen Lebenserscheinungen auch. Er folgert daraus, daß das Immer-wieder-darüber-Sprechen einen seelischen Kummer just aktiv hält, ja stets aufs Neue erzeugt, während das Nicht-darüber-Sprechen ihn unvermeidlich schrumpfen läßt wie alles am menschlichen Organismus, das längere Zeit hindurch nicht in Funktion gesetzt wird[22].

Nun macht es sich die Logotherapie nicht so einfach, ihren Patienten zu verbieten, über Negatives zu sprechen. Aber weil sie die Gefahr der affektiven Hineinsteigerung kennt, hat sie Methoden entwickelt, um das pure „sich Ausweinen" in gesunden Grenzen zu halten und ihre Patienten behutsam zur Beachtung des Positiven zu erziehen[23].

Damit soll nicht gesagt sein, daß alle Ratsuchenden zu Optimisten getrimmt werden, keineswegs, aber um aus ihnen auch nur halbwegs Realisten zu machen, bedarf es vielfach positiver Gegengewichte gegen eine irreale Verzerrung ins Negative. Man würde es nicht glauben, wie sehr sich ein Mensch täuschen kann hinsichtlich der Fülle von negativen und positiven Ereignissen in seinem Leben, wenn er ganz in seinem Kummer befangen ist, seine ganze Beachtung also dem Negativen widmet.

Ich habe einmal einem interessanten Experiment mit Kindern in unserer Beratungsstelle beigewohnt. Und zwar war Erdbeerzeit, und wir hatten eine Menge reifer Früchte besorgt, von denen ungefähr ein Sechstel schadhaft war. Als die Kinder zur Therapiestunde kamen, bildete unsere Heilpädagogin zwei Gruppen aus ihnen und teilte auch die Früchte in zwei Hälften. Die eine Kindergruppe erhielt die Aufgabe, alle guten Erdbeeren auszusortieren, die andere Kindergruppe mußte die schlechten Erdbeeren aussortieren. Danach wurden die Früchte außer Sichtweite geräumt, und dann sollte jede Gruppe unabhängig von der anderen erraten, wie hoch der Anteil der guten Erdbeeren in der Gesamtmenge ungefähr gewesen sei. Das Ergebnis war verblüffend: Diejenige Gruppe, die sich zuvor mit den guten Früchten beschäftigt hatte, einigte sich ziemlich genau auf die wahren Proportionen, diejenige Gruppe aber, die die schlechten Früchte hatte aussuchen müssen, schätzte den Anteil der guten um ein Vielfaches zu niedrig ein, war also unangebracht „pessimistisch".

Müssen wir daraus nicht den Schluß ziehen, daß die geistige Konzentration auf seelische Probleme in ähnlicher Weise den Blick verstellt auf die wahren Reichtümer der Seele, auf die unantastbaren Werte der menschlichen Existenz und auf die Sinnstrukturen, die sogar das unabänderliche Leiden noch durchziehen? Lassen wir unsere Patienten auf die guten Früchte ihres Leben schauen, und sie werden aus dem Positiven, das sie wahrnehmen, die Kraft schöpfen zur Versöhnung mit dem Negativen!

Keine Wissenschaft kann den Sinn von Krankheit, Schuld und Schmerz in der Welt erklären, auch die Psychologie nicht. Aber *daß* der Mensch grundsätzlich befähigt ist, auch aus Krankheit, Schuld und Schmerz noch einen Sinn herauszuholen, indem er sich geistig darüber hinweghebt und auf diesem Wege vielleicht zu seiner ureigentlichsten Bestimmung findet, dafür wird eingestanden in der Logotherapie. Das Kreuzzeichen, das im christlichen Abendland seit Jahrhunderten als das Symbol des Leidens gilt, ist in einer anderen Symbolik eben auch ein Pluszeichen. Wer wollte bei dieser Parallelität nicht nachdenklich werden?

† ≈ +

Quellenangaben

[1] Mt 10,38–39.
[2] Näher beschrieben als Fall Nr. 22 im Buch „Auch dein Leiden hat Sinn“ von Elisabeth Lukas, Herderbücherei Nr. 905.
[3] Viktor E. Frankl, „Die Psychotherapie in der Praxis“, Verlag Deuticke Wien.
[4] Viktor E. Frankl, „Theorie und Therapie der Neurosen“, Verlag Reinhardt München, UTB 457.
[5] Viktor E. Frankl, „Der Wille zum Sinn“, Verlag Huber Bern.
[6] Viktor E. Frankl, „Die Sinnfrage in der Psychotherapie“, Serie Piper 214 München.
[7] Viktor E. Frankl, „Das Leiden am sinnlosen Leben“, Herderbücherei Nr. 615.
[8] Viktor E. Frankl, „Psychotherapie für den Laien“, Herderbücherei Nr. 387.
[9] Viktor E. Frankl, „Ärztliche Seelsorge“, Verlag Deuticke Wien.
[10] Viktor E. Frankl, „Der leidende Mensch: Anthropologische Grundlagen der Psychotherapie“, Verlag Huber Bern.
[11] Elisabeth Lukas, „Auch dein Leben hat Sinn“, Herderbücherei Nr. 825.
[12] Viktor E. Frankl, „Zur geistigen Problematik der Psychotherapie“, Zentralblatt für Psychotherapie 1938, und Elisabeth Lukas, „Von der Tiefen- zur Höhenpsychologie“, Herderbücherei Nr. 1020.
[13] Viktor E. Frankl, „Der Wille zum Sinn“, Verlag Huber Bern.
[14] Viktor E. Frankl, „Anthropologische Grundlagen der Psychotherapie“, Verlag Huber Bern (Seite 371).
[15] Viktor E. Frankl, „Man's Search for Meaning“, Verlag Simon und Schuster New York (Zitat: „The role played by a logotherapist is rather that of an eye specialist than that of a painter. A painter tries to convey to us a picture of the world as he sees it; an ophthalmologist tries to enable us to see the world as it really is.“).
[16] Viktor E. Frankl, „Der leidende Mensch: Anthropologische Grundlagen der Psychotherapie“, Verlag Huber Bern.
[17] Viktor E. Frankl, „Der unbewußte Gott“, Verlag Kösel München.
[18] Viktor E. Frankl, „Der unbewußte Gott“, Verlag Kösel München (Seite 87).
[19] Viktor E. Frankl, „Argumente für einen tragischen Optimismus“ in: „Sinnvoll heilen“, Herderbücherei Nr. 1156.
[20] Viktor E. Frankl, „... trotzdem Ja zum Leben sagen“, dtv Nr. 10023.
[21] Bumke, Münchner medizinische Wochenschrift, Nov. 1931, Seite 2003–2004.
[22] Béla Horányi, Zeitschrift „Psychotherapie“, 9. Jg.
[23] Elisabeth Lukas, „Von der Tiefen- zur Höhenpsychologie“ (Teil II, 9. u. 10. Kapitel), Herderbücherei Nr. 1020.

B
Das Dasein für etwas oder für jemanden

1. Drei Grundsatzregeln für die Familie

Über die Familie ist vieles gesprochen worden in den letzten Jahrzehnten, Gutes und weniger Gutes. In einem Punkt aber waren sich die meisten Fachleute einig, nämlich daß die Familie in einer Krise steckt. Nicht umsonst ist die sogenannte „Familientherapie" entstanden, die davon abgehen will, den einzelnen Menschen als Individuum zu sehen und zu behandeln, und die vielmehr sein engeres Interaktionsgefüge in den Vordergrund der Aufmerksamkeit schiebt. Die alte Hypothese, daß seelisch gestörte Menschen auch in ihren Sozialkontakten gehandikapt seien, ist umgewandelt worden in die neue Hypothese, daß die im Sozialkontakt gestörten Menschen auch seelisch gehandikapt seien – und siehe da, die neue Hypothese ist so brauchbar oder unbrauchbar wie die alte, denn beide liefern ausreichend Gründe zur Krisenerklärung und nur bescheidene Hilfen zur Krisenüberwindung. Jedes erklärende Modell hat eben den Nachteil, daß Zusammenhänge aufgedeckt werden, die sich zum Teil nicht oder nicht mehr ändern lassen, was einen Hauch von Hilflosigkeit hinterläßt; wenn man weiß, warum so vieles schief gegangen ist, hat man mit dem Geradebiegen noch nicht unbedingt begonnen.

Mein Anliegen ist es nun nicht, über die familiären Krisen zu erzählen, die uns landauf- und landabwärts erschüttern – vom Pessimismus haben wir allseits genug gehört und gelesen. Was ich vorbringen möchte, das sind Argumente für einen „tragischen Optimismus", wie Frankl ihn nennt. Für ein „trotzdem Ja-sagen" zum Leben, zur Zukunft, zur Familie. Dazu aber müssen wir uns lösen von den psychologisch-soziologischen Erklärungsmodellen und der zwangsläufigen Hilflosigkeit in ihrem Sog und Ausschau halten nach einem Denkmodell anderer Art, einem, das sich nicht mit der Dokumentation einer Fülle von Krisenursachen zufrieden gibt, sondern vorzudringen versucht zu jenen Kraftquellen, mit denen Krisen zu meistern sind. Wenn wir in diese Richtung Ausschau halten, wird die Auswahl an Theorien und Methoden jedoch erschrekkend gering, ja meines Erachtens bleibt nur die Logotherapie übrig, die es sich zum Ziel gesetzt hat, nicht bloß „Argumente für einen tragischen Optimismus“ [1] zu sammeln, sondern überhaupt das Menschenbild der Medizin und Psychologie zu überarbeiten und zu erneuern.

Daß durchaus ein Zusammenhang besteht zwischen der Funktionsfähigkeit der Familie und dem Menschenbild der Medizin, beschreibt Hans Schäfer, Professor an der Universität Heidelberg, im Büchlein „Im Blickpunkt: der Mensch“, wo er sagt: „Der Mensch, der heute aus der Sicherheit der Familie, der Verläßlichkeit einer sozialen Ordnung, der Einbettung in ein religiöses System herausgefallen, ins Bodenlose gefallen ist, dieser Mensch stellt der Medizin eine neue Aufgabe, eben weil er in seiner so gewandelten Welt neue Leiden entwickelt. Medizin wird nicht mehr unter dem Aspekt einer ärztlichen Obrigkeit, nicht einmal mehr unter dem einer Hilfe für Leibesnot allein gesehen. Medizin wird mehr, der gesellschaftliche Auftrag an sie umfassender.“ [2]

Zu den neuen Leiden, von denen Hans Schäfer spricht, zählt vor allem das *Leiden am sinnlosen Leben*[3], von dem ich ausgeführt habe, daß es den modernen Menschen in hohem Maße befallen hat, und ihn seelisch und körperlich krank macht, weil es ihm den Boden seiner geistigen Existenz unter den Füssen wegzieht. Wer an einem vermeintlich sinnlosen Leben leidet, der leidet auch an einem sinnlosen Berufsleben, an einem sinnlosen Familienleben usw., der fällt wirklich ins Bodenlose, wobei dann das psychische Wohlbefinden genauso gestört wird, wie die soziale Kontaktfähigkeit oder die organische Gesundheit, was alles in einer einzigen Einheit und Ganzheit zusammenhängt.

Wenn wir also darüber nachdenken wollen, wie Krisen zu meistern sind, ohne uns lange damit aufzuhalten, ihre Herkunft zu rekonstruieren, dann können wir von einer Kurzformel ausgehen, die schlichtweg lautet: Wo Sinn gesehen wird, ist das Leben erträglich – wo kein Sinn gesehen wird, ist das Leben unerträglich; und zwar unabhängig davon, wie alle übrigen Umstände dieses Lebens sein mögen. Ich will dazu ein Beispiel bringen, das einer gewissen Komik nicht entbehrt, aber unsere Kurzformel veranschaulichen soll. Und zwar habe ich vor kurzem gelesen, was Berufspsychologen auf einer Arbeitstagung in Hennef/Sieg zum Problem seelischer Krisen bei Arbeitslosigkeit festgestellt haben: daß nämlich nur die Faulenzer und Drückeberger diese Lebenskrise gesund und glücklich überstehen, also diejenigen Leute, die „willentlich" arbeitslos werden und sich im Extremfall auf die Arbeitslosenhilfe gestützt ein zweites Leben unter südlicher Sonne aufbauen. Was bedeutet dies? Wer willentlich arbeitslos wird, sieht irgendeinen Sinn in seiner Arbeitslosigkeit, und wenn dieser Sinn auch fraglich sein mag, so ist er doch für den Betreffenden ein tragendes Motiv, die Nachteile der Arbeitslosigkeit in Kauf zu nehmen für einen persönlichen Gewinn, der ihm vorschwebt; dieser Sinngehalt seiner Arbeitslosigkeit aber schützt ihn vor seelischer Not. Im Unterschied dazu ist derjenige, der gegen seinen Willen arbeitslos wird, in der Gefahr, dieser seiner Arbeitslosigkeit keinen Sinn abringen zu können und folglich an der Sinnlosigkeit seines Zustandes seelisch zu erkranken, auch wenn ihm die staatliche Hilfe sicher ist. Der Mensch lebt eben nicht nur von der Arbeitslosenunterstützung allein, wie Viktor Frankl es ausdrückt.

Wollte man somit ein Patentrezept suchen, um kritische Folgeerscheinungen von unverschuldeter Arbeitslosigkeit wie Selbstzweifel, Mutlosigkeit und Apathie zu dämpfen oder am besten gar zu verhindern, müßte man nach Sinnmöglichkeiten suchen, die trotz dem fehlenden Arbeitsplatz gegeben sind – also nicht, wie bei den Drückebergern *wegen* der Arbeitslosigkeit, sondern bei den arbeitswilligen Menschen *trotz* der Arbeitslosigkeit –, zum Beispiel eine ehrenamtliche Tätigkeit oder ein freiwilliger Einsatz im sozialen Bereich. Dazu weiß ich von einem Fall aus meiner Praxis zu berichten, der auch gleich überleitet zum Thema „Familie", denn es handelte sich um einen arbeitslosen Familienvater, der von seiner Frau auf die Beratungsstelle gebracht wurde, weil es mit ihm zu Hause nicht mehr auszuhalten war. Ständig beklagte er sich über Langeweile und Hoffnungslosigkeit, was für seine Angehörigen verständlicherweise deprimierend war.

Als er bei mir saß, fragte ich ihn, wie hoch er seine Chance einschätze, auf ein beliebiges Bewerbungsschreiben hin Erfolg zu haben. Er lachte und antwortete spöttisch: „Ein Viertel Prozent Wahrscheinlichkeit und nicht mehr!" „Gut", sagte ich, „dann müssen Sie wohl 400 Bewerbungsschreiben losschicken, damit eines Erfolg hat." Der Mann sah mich etwas verblüfft an, aber das Rechenexempel stimmte offensichtlich. „400 Bewerbungsschreiben ...", brummte er vor sich hin, „das ist ein Haufen Arbeit ..." „Oh", unterbrach ich ihn, „das ist nicht nur ein Haufen Arbeit, das ist auch ein Zeugnis Ihrer Ausdauer, Ihrer Belastbarkeit und Ihrer Fähigkeit, dem Schicksal die Stirn zu bieten. Im übrigen haben Sie sich gerade bitter über Ihre tägliche Langeweile beklagt, und 400 Briefe wären ein blendendes Mittel dagegen!" Einige Monate später lag eine Postkarte von diesem Mann auf meinem Schreibtisch. „Ich habe mich geirrt", stand darauf zu lesen, „es reichten 93 ..."

Wir sehen, allein die Vorstellung, daß auch die große Menge der umsonst geschriebenen Bewerbungen einen Sinn habe, weil sie insgesamt die Chance, doch einmal Erfolg zu haben, vergrößere, hatte ausgereicht, um ihn aus der passiven Phase der Depression herauszuführen in ein aktives Stadium, in welchem er die Situation alsbald in den Griff bekam.

Vielleicht wird der Leser sich denken: Na schön, der Mann hatte ja tatsächlich noch berufliche Chancen, wenn auch wenige, aber was ist, wenn jemand absolut keine Chancen mehr hat? Gibt es auch dann noch eine „sinnvolle Sinnsuche", besteht auch dann noch Hoffnung, Sinn in der Situation zu finden und zu erfüllen? Dazu möchte ich kurz erwähnen, was ich einem Familienvater einmal sagte, der nach einer schweren Operation in Frührente gehen mußte und sich daraufhin völlig unnütz vorkam. Er hatte zwei halbwüchsige Söhne, die mit mittelmäßigem Erfolg die Schule besuchten und in ihrer Freizeit gerne auf den Straßen herumlungerten. Auf diese bezogen erklärte ich dem Vater, daß er zwar jetzt keine große Chance mehr habe, sich beruflich zu profilieren, daß er aber die einmalige Chance habe, seinen Söhnen am eigenen Leben zu beweisen, daß freie Zeit auch durchaus sinnvoll verwendet werden kann, und zwar nicht nur mit Rauchen, Zeitung lesen und Kneipen besuchen, sondern mit Interessen, Hobbies und freiwilligen Aufgaben. Sein gutes Beispiel in dieser Sache werde vielleicht sogar wichtiger gebraucht, als seine Arbeitskraft, denn jene Verhaltensweisen, die er in der kritischen Situation beruflichen Leerlaufs zeigen werde, würden ihm seine Söhne möglicherweise eines Tages abschauen, wenn sie selber in eine Krise kommen sollten, was niemand weiß. Und dann werde nicht entscheiden, wieviel Geld der Vater einst verdient habe, sondern wie tapfer und aufrecht er sein Leiden getragen und was er unter den gegebenen Umständen daraus gemacht habe.

Auch dieser Vater hat meine Worte sehr gut verstanden und inzwischen einen Art Maler- und Tapeziererfreundschaftsdienst in seiner Bekanntschaft eingerichtet, wobei er gegen kleine Dankesgaben mithilft, Wohnungen zu verschönern. Das Erfreulichste aber ist, daß einer seiner beiden Söhne Geschmack daran gefunden hat, dem Vater mit an die Hand zu gehen, und beschloß, nach Schulabschluß eine Tapeziererlehre zu absolvieren.

Nach logotherapeutischer Auffassung gibt es keine Situation, die nicht zumindest *eine* Sinnmöglichkeit in sich birgt, und wenn es gelingt, diese eine wahrzunehmen, kann es zu einer „kopernikanischen Wandlung" im Befinden eines Menschen kommen, sei es im geistig/seelischen oder körperlichen Bereich. Mensch-sein beginnt mit der Sinnsuche und kommt zur Vollendung in der Sinnerfüllung, und solange diese Weichen nicht gestellt sind, fährt der Zug unseres Daseins nicht weiter, weil die Signale auf „Stop" stehen. Erst das Ansichtigwerden einer Sinnmöglichkeit im *Dasein für etwas oder für jemanden* löst die Bremsen, die uns blockieren, und läßt uns Hindernisse überwinden, die zwar mächtig scheinen, aber schrumpfen vor der Größe eines noch mächtigeren Zieles. Selbst das Hindernis „Vergangenheit", das nach fast allen psychologischen Interpretationen des Menschen die unbezwingbarste Hürde persönlicher Entfaltung darstellt, verliert an Bedeutung im Angesicht einer sinnerfüllten Gegenwart.

Ich habe immer wieder in der Beratungsarbeit festgestellt,

daß ausnahmslos *dann* die traurigen Kindheitserinnerungen, die erlebten Schocks oder erlittenen Demütigungen hochkommen und als seelische Störfaktoren lebendig werden, wenn die Gegenwart unbefriedigend und die Zukunft leer ist. Geht man dann auch noch daran, diese hochgekommene Vergangenheit therapeutisch „aufzuarbeiten", wie es so schön heißt, nämlich zu durchleuchten und zu sezieren, dann wird die Vergangenheit immer bedeutsamer, die Gegenwart immer unbefriedigender, und die Zukunft immer leerer, was eine gefährliche Entwicklung ist. Geht man hingegen daran, an der unglückseligen Vergangenheit vorbei den Sinngehalt der Gegenwart zu erforschen, um die Zukunft inhaltlich zu füllen, so klingen die bitteren Erinnerungen bald wieder ab und mischen sich mit dem Positiven der Vergangenheit, das ja auch existiert, zu einem relativ neutralen Lebenshintergrund. Das erinnert mich an einen jungen Mann, mit dem ich einmal zu tun gehabt habe, der wirklich aus schrecklichen Familienverhältnissen stammt, und dessen Kindheit eine einzige Tragödie gewesen ist. Sein brutaler Vater hat ihn gequält und mißhandelt, aber noch schlimmer waren die hysterischen Szenen seiner Mutter gewesen, die ihm einen Nervenzusammenbruch nach dem anderen vorgelebt hat – ich darf dieses Urteil fällen, denn ich kenne die Eltern persönlich.

Nun hat sich der junge Mann in Anbetracht dessen erstaunlich gut entwickelt, er hat das Abitur bestanden und danach den Ersatzdienst in einer sozialen Einrichtung problemlos abgeleistet. Aber einmal geriet er in ein gefährliches seelisches Tief, und zwar hatte er eine harte Auseinandersetzung mit seiner Freundin, und zugleich plagte ihn die Unsicherheit, was er nach dem Ersatzdienst mit seinem Leben anfangen solle. In dieser Krise tauchten plötzlich massive Ängste und Haßgefühle gegen sich selbst auf, und fast reagierte er ähnlich hysterisch wie seine Mutter, indem er mit dem Gedanken, sich etwas anzutun, spielte. Man sieht, in die Unzufriedenheit mit der Gegenwart und in die Sinnleere der Zukunft hinein wuchsen die Schatten aus der Vergangenheit. Ich verzichtete allerdings darauf, ihm zur Erklärung alle elterlichen Greueltaten in Erinnerung zu rufen, die ja doch nicht aus der Welt zu schaffen sind, und die nur das Selbstverständnis des jungen Mannes belastet hätten. Denn als vermeintliches Opfer seiner Erziehung hätte er sich unfähig gefühlt, ein normales und gesundes Leben zu führen, und dieses „Gefühl" erst hätte ihn wirklich lebensunfähig gemacht. Stattdessen fragte ich ihn, ob er sich – vielleicht mehr noch als andere Kinder – nicht oft gewünscht habe, seine Eltern seien freundlich und nett zueinander und würden Liebe verstehen als ein Füreinanderdasein und nicht als ständige gegenseitige Machtprobe. Sogleich bejahte er meine Frage. Jetzt blieb mir nur noch, ihm aufzuzeigen, daß er zwar nicht dafür verantwortlich sei, was seine Eltern getan haben, daß er aber sehr wohl dafür mitverantwortlich sei, was zwischen ihm und seiner Freundin hier und heute passiere, und daß er in dieser gegenwärtigen Liebesbeziehung entscheidend mitbestimme, ob sie besser und harmonischer ausgehen werde als diejenige seiner Eltern. Plötzlich wurde das erlebte Familienleid für ihn irgendwie sinnvoll: es konnte ihn warnen und vor Nachahmung schützen. Zugleich begriff er, daß er keineswegs bloß ein Produkt seiner Kindheit, sondern ein Produzent seines gegenwärtigen Schicksals ist, und als ein solcher Verantwortung trägt; diese Erkenntnis aber genügte, um jegliche hysterische Krankheitsanbahnung im Keim zu ersticken.

Das Interessante an dem Fall jedoch ist, daß es dem jungen Mann endgültig gelang, die Bande seiner unglücklichen Vergangenheit zu lösen, als er nach seinem Ersatzdienst eine Ausbildung zum Sozialarbeiter aufnahm, bei der er sich voll engagierte. Wenn ich heute gefragt würde, welche Prognose ich bezüglich seiner weiteren Karriere wagen könnte, würde ich sagen, er wird in seinem späteren Beruf sein Bestes geben, und das gerade deshalb, weil ihn das Leid seiner Kindheit sensibilisiert hat für die Leiden seiner Mitmenschen.

Glauben wir nicht, was die Psychologie uns immer wieder einzureden versucht, nämlich daß sich alles Negative aus der persönlichen Vergangenheit als ständige Belastung durchs ganze Leben hindurchziehe; das Lehrbuch der Wirklichkeit spricht eine ganz andere Sprache. Es gibt genügend Menschen, die eine glückliche und behütete Kindheit hatten und dennoch im Leben gescheitert sind, und es gibt auch das Gegenteil: daß sehr viel Güte und Weisheit aus schmerzlichen Erfahrungen entsprungen ist. Natürlich sind die ersten Jahre des Lebens von Bedeutung, das läßt sich nicht abstreiten, und sie haben auch prägende Auswirkung auf die Jugendjahre, aber im Erwachsenenalter trägt jeder Mensch die Kraft zur Weiterentwicklung in sich und kann seine Erziehung ergänzen durch *Selbsterziehung*. Wenn man ihm allerdings von fachlicher Seite her suggeriert, daß seine Kindheit schuld sei an allen seinen gegenwärtigen Fehlern, dann erlischt der Impuls zur Selbsterziehung, denn es ist ja viel bequemer, jedwede Schuld auf die Eltern abzuwälzen, als die Mühe auf sich zu nehmen, an sich zu arbeiten. So hat die Tiefenpsychologie, ohne es zu wollen, sehr viel dazu beigetragen, Eltern als Sündenböcke abzustempeln, und labilen Menschen Ausreden für ihre Labilität in die Hand zu drücken, was keine guten Früchte gezeitigt hat.

Welch absurde Früchte dabei entstehen können, hat Elisabeth Höfl-Hielscher in einem couragierten Artikel in der Süddeutschen Zeitung zum Muttertag 1984 geschildert, wofür ich ihr meinen besonderen Dank aussprechen möchte.

Mutter ist die beste ... Ausrede

Immer wieder, besonders im Mai, wird behauptet, daß unsere Gesellschaft die Mütter nicht genug beachtet. Wer sich aber aufmerksam umhört, der kann da nicht zustimmen. Wann und wo immer bei uns Menschen anfangen, aus ihrem Leben zu erzählen, kommen sie früher oder später auf die Mütter zu sprechen. Nur hat die Öffentlichkeit diese Tatsache bislang noch nicht in ihrer vollen Bedeutung erkannt!

Der 22jährige Gelegenheitsarbeiter Helmut zum Beispiel erzählt: „Eigentlich wollte ich Testpilot werden. Aber für die Schule hatte ich keinen Nerv. Und außerdem war's daheim echt nicht auszuhalten. Meine Mutter hat ja bloß mich, da hat sie den ganzen Tag für mich 'rumgemacht, gewaschen, geputzt, gekocht und so. Irgendwie hab' ich mich da dauernd schuldig gefühlt. Wie ich 18 war, bin ich natürlich abgehauen!" Und er fügt hinzu: „Wenn sie da anders gewesen wär', dann hätt' ich bestimmt den Abschluß hingekriegt. Dann stünd' ich jetzt besser da!"

Die 30jährige Psychologie-Studentin Ilsebill sehnt sich seit langem nach einer dauerhaften Beziehung. „Aber alle meine Partnerschaften gehen in die Brüche", erzählt sie. Auch eine Reise nach Oregon zu Baghwan konnte da nichts ändern. Seit zwei Jahren macht sie eine Analyse. „Und da habe ich erkannt, daß hinter meinen Schwierigkeiten mit Männern ein unbewältigter Konflikt mit meiner Mutter liegt. Ich habe im Grunde einen unheimlichen Haß auf sie, weil sie immer meinen jüngeren Bruder vorgezogen hat." Seit Ilsebill ihrer Mutter das endlich sagen konnte, geht es ihr viel besser. „Leider zeigt meine Mutter trotzdem keinerlei Einsicht. Vor zwei Wochen hat sie sogar meinem Bruder zum 18. Geburtstag einen Pullover gestrickt! Das hat mich innerlich so unheimlich zurückgeworfen, daß ich mit meinem Freund Schluß machen mußte!“

Drei Monate lang hatte der 24 Jahre alte Michael nach seiner Ausbildung zum Kommunikations-Designer in einem Werbe-Studio gearbeitet. Vor einem Jahr jedoch mußte er seine Karriere jäh unterbrechen. „Da hat meine Freundin unser Baby bekommen“, erzählt er. „Zuerst ist alles prima gelaufen. Wenn die Gabi in der Schule war, hat sich ihre Mutter um den Kleinen gekümmert. Aber dann hat die Gabi das Fachabi gemacht und da wollte die Mutter plötzlich wieder in ihre Bank zurück zum Jobben, und die Gabi sollte selber zu Hause bleiben!“ Bei der Erinnerung daran ist Michael heute noch empört. „Aber das wär' für uns natürlich das Letzte gewesen! Wo die Gabi doch die Zulassung zur Akademie für Heilpädagogik praktisch in der Tasche hatte! Also, da waren wir uns dann echt einig, daß eben ich das Kind versorge und so!“ Die Rolle als Hausmann macht Michael inzwischen auch großen Spaß: „Ich kann meinem Sohn ein partnerschaftlicher Vater sein und seine Entwicklung in allen Phasen mitbekommen!“ Das Verhältnis zu Gabis Mutter freilich hat sich noch nicht so recht normalisiert, sagt er. „Sie will uns einfach nur das Minimum zahlen, Miete, Taschengeld, Schluß! Und das, obwohl sie uns doch direkt in die Abhängigkeit hineinmanipuliert hat!“

Soweit Helmut, Ilsebill und Michael. Aber bestimmt kennen viele SZ-Leser aus eigener Erfahrung noch eine Fülle ähnlicher Beispiele, die die wichtige Rolle der Mutter in unserer Gesellschaft aufzeigen!

Elisabeth Höfl-Hielscher

Entwicklungspsychologisch wissen wir, daß es während der Reifezeit von Natur aus zwei Phasen gibt, in denen der junge Mensch seinen Eltern äußerst kritisch gegenübersteht, und zwar einmal beim Eintritt in die Pubertät, wenn sein Kinderglaube an die Unfehlbarkeit und Allwissenheit der Eltern dahinschwindet und er entdeckt, daß die Eltern auch nur Menschen mit menschlichen Schwächen sind, und einmal beim Eintritt ins Erwachsenendasein rund um die beginnenden 20er Jahre, wenn er im Ringen um seine eigene Identität entdeckt, daß auch er selber Schwächen hat. Besonders in dieser 2. Phase der Enttäuschung über die eigene Unvollkommenheit, die nach der Sturm- und Drangperiode langsam aufdämmert und in eine konstruktive Selbsterziehung einmünden müßte, besteht eine starke Anfälligkeit für Schuldabwälzungstendenzen gegenüber Eltern, politischen Systemen usw. Wenn dann noch zusätzlich die Thesen einer mißverständlichen Tiefenpsychologie in dieselbe Kerbe schlagen, dann wird der Ast der Eigenverantwortlichkeit leicht abgesägt, auf dem das zukünftige Leben wachsen sollte. Der eigentliche Infantilismus ist das Verneinen der konstruktiven Selbsterziehung und das Abschieben der Verantwortung auf andere Menschen.

Ich bin ausgegangen von der Kurzformel, daß die Ertragbarkeit menschlichen Lebens an die Wahrnehmung von Sinn gebunden ist. Ich habe ferner anzudeuten versucht, daß eine solche „Wahrnehmung von Sinn“ weder an günstige äußere Lebensbedingungen noch an eine harmonische Lebensvergangenheit geknüpft ist, ja daß selbst bei Not wie etwa Arbeitslosigkeit oder bei unglückseligen Kindheitsereignissen Sinn zu jedem Augenblick erlebbar und erfahrbar ist. Wie sieht dies aber für die Familie aus, also für jene kleinste Einheit von Menschen unterschiedlichen Alters und Geschlechts, die einander nahestehen? Gelten da die gleichen Regeln?

Drei logotherapeutische Grundsatzregeln:

1. Regel: Die Ertragbarkeit des Lebens ist an die Wahrnehmung von Sinn gebunden.

2. Regel: Die Wahrnehmung von Sinn ist nicht an günstige äußere Lebensbedingungen gebunden.

3. Regel: Die Wahrnehmung von Sinn ist nicht an eine harmonische Lebensvergangenheit gebunden.

Manchmal denke ich, die Quintessenz meiner 12jährigen Erfahrung in der Erziehungs- und Familienberatung ist einfach die Erkenntnis, daß tatsächlich genau die gleichen Regeln, die in Bezug auf die Sinnfrage für den einzelnen gelten, auch für die gesamte Familie gültig sind. Das beginnt damit, daß auch die Familie nur erträglich ist, wenn sie für ihre Mitglieder einen gewissen Sinngehalt bietet. Das geht weiter damit, daß Familienglück erstaunlich unabhängig ist von der Güte äußerer Lebensbedingungen, so sehr stets das Gegenteil behauptet wird. Und das endet damit, daß die Geschichte, die eine Familie hat – und jede Familie hat ihre eigene Familiengeschichte –, nicht vollkommen vorherbestimmen kann, wie sich die Familie weiterhin entwickeln wird. Auch in der Familie gibt es so etwas wie Selbsterziehung und Eigenverantwortlichkeit, die diversen unguten Einflüssen zu trotzen vermag. Gehen wir diese einfachen Grundsatzregeln der Reihe nach durch.

Da ist zunächst einmal die *Ertragbarkeit* der Familie, die jeweils über den weiteren Zusammenhalt der Familie entscheidet. Wie gut dieser Zusammenhalt gegenwärtig durchschnittlich ist, brauche ich nicht zu diskutieren; abgesehen von den Scheidungsziffern ist auch die Zahl der alten Leute, die aus den Familien ausgelagert werden, enorm, die Zahl der jungen Menschen, die zu früh das Elternhaus verlassen, macht ihr dabei Konkurrenz, und, wenn man so will, kann man auch noch die beachtlichen Abtreibungsziffern dazuaddieren. Alles in allem bricht nicht nur die Großfamilie, es bröckelt auch die Kleinfamilie ab. Wenn aber das Familienleben für so viele Menschen heute unerträglich geworden ist, dann heißt dies, daß es für sie seinen Sinn verloren hat, und dieser verlorengegangene Sinn muß etwas Gemeinsames betroffen haben, etwas, das eben dem Auseinandergehen entgegengestanden wäre. Ich glaube, es ist die Dimension des *einander Brauchens und voneinander Gebrauchtwerdens*.

Wir modernen Menschen haben uns ein gewisses Selbstbewußtsein erkämpft, worauf wir stolz sind; wir lassen uns nicht so schnell mehr etwas sagen, weder vom Vater Staat noch von Mutter Kirche, weder vom Lehrer in der Schule, noch vom Vorgesetzten im Betrieb. Wir haben uns emanzipiert, wir kennen unsere Rechte und Ansprüche und wissen sie durchzusetzen. Niemand muß mehr seine Bedürfnisse verdrängen, der wirtschaftliche Markt versorgt uns mit Konsumgütern aller Art, die Rechtsprechung sorgt für Gleichberechtigung, das soziale Netz fängt uns auf, jedermann ist frei, sich selbst zu verwirklichen. Jetzt fragt sich nur, wo das Glück geblieben ist, das mit diesen vielen Fortschritten und Vergünstigungen in unser Gemüt hätte einziehen müssen.

In meine Beratungsstelle kam vor ca. 4 Jahren eine junge Mutter mit ihrem Mann, weil sie sich nicht darüber einigen konnten, ob die Frau wieder ihre Berufstätigkeit als Zahnarzthelferin aufnehmen solle oder nicht. Die beiden Kinder waren damals 2 und 3 Jahre alt, und der Vater war dafür, daß seine Frau zu Hause bei den Kindern blieb, die junge Mutter wollte aber gerne arbeiten gehen. Zu Hause war es ihr zu eintönig, und sie meinte, die Kinder könnten schließlich tagsüber den Kindergarten besuchen. Ich habe ihr geraten, mit der Berufstätigkeit wenigstens noch ein Jahr zu warten, und habe ihr Vorschläge gemacht, um auch das Hausfrauendasein ein wenig aufzuwerten, aber diese junge Frau entschied sich dagegen und begann zu arbeiten. Nach einem dreiviertel Jahr war sie wieder auf der Beratungsstelle, weil sie mit den Kindern Schwierigkeiten hatte: diese würden abends, wenn sie müde heimkomme, noch herumtoben, nicht folgen, nicht ins Bett gehen und sie nervlich fertigmachen. Ich versuchte zu erklären, daß die Kinder ja den ganzen Tag lang die Mutter entbehren mußten und daher zumindest abends intensive Zuwendung und Aufmerksamkeit von ihr benötigen würden, die sie sich wohl auch mit allen Mitteln erzwangen. Wieder riet ich wenigstens zu einer Halbtagsarbeit der Mutter, und wieder stieß ich auf taube Ohren. Ein weiteres halbes Jahr später kam der Vater auf unsere Beratungsstelle, weil er sich um den Gesundheitszustand seiner Frau sorgte. Sie sei nervös und reizbar geworden und weine wegen jeder Kleinigkeit, so daß er sich nicht mehr zu helfen wisse. Ich riet zu einem Kuraufenthalt der Mutter, den unsere Ärztin auch einleitete, und kümmerte mich um eine Familienpflegerin für die Zeit der Abwesenheit der Mutter; aber so gut gemeint dies war, war es dennoch falsch. In der Kur lernte die junge Frau einen Freund kennen und verließ Hals über Kopf die Familie. Der Vater konnte nichts anderes tun, als die beiden Kleinkinder in ein Heim zu geben, wo er sie seither alle 14 Tage besucht. Inzwischen ist auch die Scheidung längst ausgesprochen. Ich habe die junge Frau nicht mehr gesehen, aber zufällig kam ich vor einiger Zeit mit einer Bekannten von ihr ins Gespräch, welche mir erzählte, daß die Liäson der Mutter mit dem Kur-Freund nur von kurzer Dauer gewesen sei, daß sie danach in ihrer Einsamkeit zu trinken begonnen und deswegen auch ihren Arbeitsplatz verloren habe, und daß sie jetzt in einem Untermietzimmer hause und von der Fürsorge lebe.

Dieses Drama ist meinen Mitarbeitern und mir sehr nahe gegangen, und wir haben uns gefragt, ob wir es irgendwie hätten aufhalten können, aber letztlich sind wir zu dem Schluß gekommen, daß weder die Berufstätigkeit noch der Kuraufenthalt der Mutter der tiefste Grund für den Zerfall der Familie gewesen war, sondern vielmehr die innere Einstellung der Frau zu ihrer Familie, die sich nicht am Sinn der Situation orientierte, sondern am Ich und seinen momentanen Wünschen. Moderne Menschen, darauf getrimmt, ihre Wünsche durchzusetzen und ihre Ansprüche ans Leben geltend zu machen, übersehen leicht ihre Mitmenschen und das Band, das sie mit ihnen verbindet im Brauchen und Gebrauchtwerden. Sie rutschen vom Selbstbewußtsein über die Selbstverwirklichung in die Selbstliebe, und vor lauter Selbstbeachtung verlieren sie die Mitmenschlichkeit und deren Sinn aus den Augen. Das Selbstbewußtsein flüstert ihnen ein, niemanden brauchen zu dürfen, um bloß von niemandem abhängig zu sein, was ja das höchste Ziel jeder Emanzipation ist, und die Selbstliebe ergänzt die These dahingehend, daß auch nicht einzusehen ist, wieso andere Menschen einen brauchen sollten, wenn man doch selber niemanden braucht. Am Ende steht die Einsamkeit und die Leere, das existentielle Vakuum. Ein Mensch, der niemanden braucht und von niemandem gebraucht wird, ist familienunfähig, wenn nicht gar lebensunfähig.

Wir müssen also von unserem Selbstbewußtsein wieder ein Stückchen zurücknehmen und das Zugeständnis machen, daß Menschen einander brauchen und auf einander angewiesen sind, aber wir können guten Gewissens hinzufügen, daß darin auch eine der schönsten und tragendsten Sinnmöglichkeiten des menschlichen Daseins verborgen liegt: in der Liebe zu einem Du entfaltet sich das Ich viel echter und natürlicher als bei jeder krampfhaften Jagd nach einer illusionären Selbstverwirklichung.

Hätte die geschilderte junge Frau den Sinn ihrer gegenwärtigen Situation darin gesehen, von ihren hilflosen Kindern und von ihrem liebevollen Partner tagtäglich gebraucht zu werden, aber auch ihrerseits die Familie als einen Ort der Geborgenheit und Heimat zu benötigen, wäre ihr niemals dieses entsetzliche Leid widerfahren, das ihre ganze Familie mitgerissen hat. Vielleicht hätte sie sich manchmal nach Selbstbestätigung im Beruf oder nach kleinen Abenteuern gesehnt, das mag durchaus sein, aber der Sinngehalt ihres Lebens und Wirkens in der Verflechtung mit dem Wohlergehen ihrer Angehörigen hätte ihr die Familie zumindest erträglich erscheinen lassen, wenn nicht sogar ein kleines, stilles Glück dazugeschenkt.

Wenn wir in der Logotherapie von der Ertragbarkeit dessen, was einen Sinnzusammenhang ergibt, sprechen, dann meinen wir damit die allerbescheidenste Basis unserer Existenz, sozusagen das Argument für's bloße Überleben und Weiterleben. Darüberhinaus jedoch glauben wir in unserem Optimismus daran, daß das Sinnerlebnis unvergleichlich mehr geistigen Gewinn erbringt als nur die Erträglichkeit des Daseins, nämlich die letzte und höchste Erfüllung des Daseins im beglükkenden Gefühl, nicht umsonst gelebt zu haben.

Und damit kommen wir zur zweiten Regel, die besagt, daß Familienglück erstaunlich *unabhängig ist von der Güte äußerer Lebensbedingungen.*

Wir haben uns vorhin gefragt, wo bei aller „Befreiung" und allem materiellen Wohlstand der letzten Jahrzehnte eigentlich die Zufriedenheit geblieben ist, und sind dabei dem allgemeinen psychologischen Denkfehler gefolgt, daß positive äußere Umstände auch einen positiven inneren Nachhall erzeugen und umgekehrt, sozusagen nach dem Modell: wem's gut geht, der ist zufrieden. Daß dem nicht so ist, haben wir mittlerweile in einer bitteren Lektion gelernt, denn die Zufriedenheit unserer Wohlstandsgeneration sucht man vergeblich. Die Logotherapie hat diesen psychologischen Denkfehler schon vor langer Zeit erkannt und ihm ein wirklichkeitsgetreueres Modell gegenübergestellt, wonach nicht das äußere Gutgehen automatisch die innere Zufriedenheit nach sich zieht, sondern die *innere Einstellung zu äußeren Gegebenheiten,* seien sie positiv oder negativ, zum entscheidenden Kriterium für die innere Zufriedenheit des Menschen wird. Sehen wir uns dies wieder an einem Beispiel aus der Praxis an.

Ein Ehepaar kam auf unsere Beratungsstelle mit einer eher medizinischen Frage, nämlich wie groß das Risiko sei, daß ein gemeinsames Kind von ihnen die angeborene Blindheit des Mannes erben könne, und inwieweit ein solches Risiko zu verantworten sei. Während unsere Ärztin die Vermittlung zu entsprechenden Fachärzten herstellte und deren Urteil zur Sachlage erläuterte, führte ich ein paar allgemeine Gespräche mit den Eheleuten, um abzutasten, wie gut sie mit der Behinderung des Mannes zurecht kämen. Aber ich erlebte eine Überraschung nach der anderen, denn selten bin ich einer so gelungenen Partnerschaft begegnet wie dieser. Besonders gerührt war ich, als mir beide schilderten, wie sie die Abende miteinander verbringen. Wie leicht hätte ihre gemeinsame Freizeit zu Zwiespalt und Hader führen können, wenn man bedenkt, daß dem blinden Mann Tätigkeiten wie Fernsehen, Basteln, Tanzen udgl. mehr verschlossen waren. Doch die beiden machten aus der Not eine Tugend, indem sie abendliche Vorlesestunden einführten, die beide beglückten. Die Frau las aktuelle Nachrichten oder einzelne Buchkapitel vor und genoß dabei die räumliche Nähe und Verbundenheit mit ihrem Mann, der oft zärtlich seinen Kopf in ihren Schoß legte, um ihren Worten zu lauschen. Ihn wiederum freuten diese Feierstunden des Abends, weil seine Frau ihm das Tor zur Welt öffnete, wie er sagte, und es in seinem Inneren hell werden ließ. Beide wollten die abendlichen Vorlesestunden nicht missen und waren durchaus zufrieden mit ihrem Schicksal, obwohl die äußeren Umstände der Blindheit des Mannes sicherlich eine hohe Belastung darstellten. Wenn man im Vergleich dazu manch anderes Ehepaar betrachtet, das im Vollbesitz seiner gesundheitlichen Kräfte die Abende dazu nützt, sich in sinnlosen Streitereien gegenseitig zu quälen, dann versteht man, was Viktor Frankl mit der Hervorhebung der sogenannten Einstellungswerte meint, nämlich daß es Werte gibt, die nur auf einer anderen, einer „höheren" Ebene zu verwirklichen sind, als in der Ebene von Bedürfnis und Befriedigung. Eine tapfere Einstellung zu negativen äußeren Umständen, die man nicht ändern kann, wie die Haltung dieses Mannes zu seiner Behinderung; oder auch eine ebenso vorbildliche Einstellung zu positiven äußeren Umständen, die man in den Dienst einer sinnvollen Aufgabe stellt, wie etwa die Haltung dieser Frau, die ihr Sehenkönnen zum Vorlesen benützt und damit Freude schafft, sind Werte, deren Maß nicht mit den üblichen Maßstäben triebhafter Wunschbefriedigung gemessen werden können, sie sind Glanzlichter des menschlichen Geistes.

Einstellungswerte haben immer etwas zu tun mit Kompromißbereitschaft, also mit der Bereitschaft, einen persönlichen Verzicht und einen persönlichen Gewinn auszutarieren um eines größeren Wertes willen, der jenseits von Verzicht und Gewinn steht. Deshalb ist ein sinnvoller Kompromiß mehr als nur „halbe/halbe" bei der Durchsetzung des eigenen Willens, er ist zugleich die Einschaltung eines *übergreifenden* Willens, der ein höheres Ziel über die Eigeninteressen stellt.

Treffen zum Beispiel zwei Familienmitglieder, von denen eines einen Ausflug machen und eines zu Hause bleiben möchte, die Vereinbarung wenigstens einen kurzen gemeinsamen Rundgang zu machen, dann hat zwar jeder etwas durchgesetzt und etwas nachgegeben, und man könnte sagen, auf jeden fällt ein halber Verlust und ein halber Gewinn, insgesamt aber haben beide an dem Kompromiß gewonnen, denn sie haben sich nicht getrennt und nicht zerstritten, sondern eine gemeinsame Aktivität gefunden, die sie trotz bestehender differenter Wünsche bejahen können. Der Wille zur Gemeinsamkeit und zum einander Entgegenkommen war dem individuellen Willen, einen Ausflug zu machen oder zu Hause zu bleiben, übergeordnet, und hinsichtlich diesem Willen haben beide gesiegt, sodaß in der Kompromißbilanz der Gewinn über den Verlust dominiert.

Nicht anders ist es in der großen Weltpolitik, in der zum Beispiel ein Kompromiß in der Abrüstungsfrage zwar ein Nachgeben beider Supermächte voraussetzen würde, zugleich aber ein Dokument des übergeordneten Willens zum Frieden wäre, welches einen wesentlich höheren Gewinn für beide Seiten erbringen würde, als den durch das Nachgeben bedingten Verlust an Macht und Prestige.

In der Logotherapie setzen wir diesen übergeordneten Willen zur Gemeinsamkeit, zum Frieden usw. dem „Willen zum Sinn" gleich; es ist jener Wille im Menschen, der über den eigenen Privatwünschen steht und mit ihnen Kompromisse einzugehen vermag, ja, der sogar persönliche Verzichte miteinschließt, die aber das erträgliche Maß niemals überschreiten, weil sie eben im Sinnzusammenhang akzeptiert werden können.

Für die Familie bedeutet dies, daß mit allen äußeren Gegebenheiten, und seien sie noch so bedrückend und schwer, Kompromisse geschlossen werden können, wenn sich die innere Einstellung der Familienmitglieder an einem Sinn orientiert, der über diese Gegebenheiten hinausreicht. Andererseits nützen die besten äußeren Verhältnisse nichts, wenn sie nicht auf eine positive und sinnorientierte innere Einstellung treffen.

Betrachten wir zum Schluß noch die dritte Regel, die der zweiten ähnlich ist, aber dennoch gesondert erörtert werden muß, weil sich weitverbreitet die fixe Idee festgesetzt hat, daß die Lebensvergangenheit des einzelnen und auch der Familie übermächtig sei in der Vorherbestimmung gegenwärtiger und zukünftiger Strukturen. Fast jede Beratung und Psychotherapie besteht heute zum überwiegenden Teil aus der Erhellung und Zurückverfolgung vergangener Ereignisse, aus denen dann Schlußfolgerungen für die Jetztzeit gezogen werden. Dies wäre nicht einmal so falsch, wenn es in Relation gebracht würde zu den Möglichkeiten der Zukunft, aber sehr oft passiert gerade das Umgekehrte, nämlich die Untergrabung der Möglichkeiten der Zukunft, weil der Eindruck erweckt wird, daß in der Zukunft auf Grund der Vergangenheit gar keine Wahlmöglichkeiten mehr offenstehen, daß sozusagen schon alles gelaufen ist. Das aber ist ein riskanter und unheilvoller Trugschluß, der jeglichen Kräfteeinsatz zur Verbesserung der gegenwärtigen Situation zum Erlahmen bringt.

Ich habe einmal zufällig mitangehört, wie einer Pflegemutter von einer psychologisch vorgebildeten Lehrerin des langen und breiten erklärt wurde, daß der Junge, den die Pflegemutter als Vierjährigen bei sich aufgenommen hatte, durch frühe Bezugspersonenwechsel hospitalisiert sei und sich kaum mehr normal entwickeln werde, daß sie durch seine Entwicklungsrückstände bereits in der Schule die größten Schwierigkeiten mit ihm haben werde, und daß sie, wenn er einmal 14 Jahre alt sei, ihren Entschluß, ihn in Pflege aufgenommen zu haben, wahrscheinlich schwer bereuen werde, weil dann in der Pubertät seine Störungen im Sozialverhalten erst so richtig zum Durchbruch kommen werden. Als die Pflegemutter nach dem Gespräch den kleinen Kerl liebevoll an der Hand nahm und mit feuchten Augen den Raum verließ, konnte ich – obwohl ich nur unbeteiligter Zuhörer gewesen war – nicht anders als ihr nachzulaufen, um ihr zu sagen, daß die Wissenschaft bei weitem nicht imstande ist, eine solche über Jahre vorgreifende Prognose zu erstellen, und daß sie, die Mutter, sich nicht ängstigen möge, weil Kinder viel flexibler und anpassungsfähiger sind, als wir Erwachsene oft denken, bzw. in einem guten Milieu durchaus aufzublühen vermögen, auch wenn ihre frühere Erziehung nicht ideal gewesen ist.

Natürlich gibt es Schädigungen in der Vergangenheit, die weiterwirken können, im körperlichen wie im seelischen Bereich, aber daraus darf man niemals die fatalistische Haltung ableiten, daß gegenwärtige Bemühungen keinen Sinn mehr hätten, weil nichts mehr gutzumachen sei. *Immer ist etwas gutzumachen,* bis zum letzten Atemzug, den ein Mensch tut, immer hat es einen Sinn, an einer Gutmachung zu arbeiten, sei es, Schäden aus der Vergangenheit zu überwinden, sei es, eine Schuld abzutragen, sei es, über einen schweren Verlust hinwegzukommen, sei es, ein vertanes Leben rückwirkend mit Sinn zu erfüllen. Solange ein Mensch denken kann, solange er geistige Kräfte hat, solange er noch weiß, was gut ist, ist Gutmachung und Wiedergutmachung möglich, und nicht nur möglich, sondern notwendig und sinnvoll – auch das ist eines der Argumente unseres logotherapeutischen Optimismus. Man glaube deswegen nicht, daß die Lebensvergangenheit in der Logotherapie vernachlässigt werde, keineswegs, die Vorgeschichte hat ihren Platz im menschlichen Leben, aber sie hat nicht die alleinige Macht über das menschliche Leben, *das* ist der Unterschied in der Betrachtungsweise.

Leider jedoch hat sich die vergangenheitsbezogene Denkweise durch die überreiche psychologische Aufklärungsliteratur sehr stark im Volk verbreitet, und oft kommen Ratsuchende zu mir, die sich beim ersten Gespräch hinsetzen und groteskerweise anfangen, über ihre Kindheit zu erzählen, ohne mit einem einzigen Wort zu erwähnen, welche aktuellen Probleme sie überhaupt haben. Sie erwarten geradezu, vor dem Psychologen beim Punkt Null, am besten schon bei ihren Gefühlen im Mutterleib, anfangen zu müssen, damit er ihnen aus ihren Erinnerungen heraus das Versagen der Gegenwart deute. Ich spiele dabei nie mit, sondern verlange, daß wir zuerst eine

Bestandsaufnahme der Gegenwart machen, sozusagen eine Lagebesprechung, bei der die denkbaren Verbesserungen und Ziele in der Zukunft grob umrissen werden, die den gegenwärtigen Bemühungen Sinn geben. Danach können wir aus einer gewissen Distanz heraus die etwaigen Hindernisse betrachten, die solchen Zielen im Wege stehen, und dabei können selbstverständlich auch vergangene Vorkommnisse zur Sprache kommen, aber eben unter dem Blickwinkel eines optimalen Umgangs mit ihnen und nicht als zwingender Hemmschuh des Lebens.

Ich will nicht leugnen, daß es Zeiten gegeben hat, in denen die Menschen dazu neigten, ihre Probleme hinunterzuschlukken und ihre Leiderfahrungen unausgesprochen zu lassen, also, wenn man so will, sie zu verdrängen. Damals war es der heilende Ausgleich, die Patienten zur Aussprache zu ermutigen, um ihr Leid verstehbarer und überschaubarer zu machen. Die Zeiten haben sich aber mittlerweile geändert. Mit dem gewachsenen Selbstbewußtsein und der psychologischen Aufklärung ist das Verdrängen von Problemen in das Gegenteil, in ein *Hyperreflektieren* von Problemen umgeschlagen, genauso wie die autoritäre Erziehung in eine eher antiautoritäre Erziehung umgeschlagen ist.

Heute neigen die Menschen dazu, ihre vergangenen Erlebnisse übermäßig wichtig zu nehmen und sich nach Herzenslust zu bemitleiden, bzw. alles gegenwärtige Unbehagen nur ihrer Erziehung und den Umwelteinflüssen der Vergangenheit zuzuschreiben, und deshalb ist es heute der heilende Ausgleich, die Menschen zur Eigenverantwortlichkeit zu ermutigen und ihnen vor Augen zu führen, daß ihr Handeln hier und jetzt über die Zukunft bestimmt, und nicht die vergossenen Tränen von gestern. Verdrängung und Hyperreflexion sind die beiden ungesunden Extreme ein und desselben Kontinuums, zwischen denen die gesunde Aussöhnung mit dem Schicksal und mit der Vergangenheit liegt, aus der allein der Mensch frei wird für ein menschenwürdiges Dasein.

Auf das Familienleben bezogen kann man also sagen: so wichtig es ist, das Brauchen und Gebrauchtwerden zu erspüren und anzunehmen, und so wichtig es ist, Kompromisse miteinander und mit den bestehenden, unveränderbaren Gegebenheiten einzugehen, so wichtig ist es, die Vergangenheit bis zu einem gewissen Grad ruhen zu lassen, und die tägliche Bereitschaft für einen neuen Anfang aufzubringen. Wer ständig die Vergangenheit wieder aufwühlt, und das geschieht meist im Zuge von gegenseitigen Vorwürfen, zerstört die Familie sukzessive, weil er ihrer Zukunft keine Wahl mehr läßt. Wer hingegen imstande ist, Schlußstriche zu ziehen, ist auch imstande, neue Türen zu öffnen. Dazu möchte ich ein Beratungsgespräch erwähnen, das ich einmal mit einem Ehepaar geführt habe, welches in der Anfangszeit seiner Ehe bei den Schwiegereltern der Frau gewohnt hatte, was große Konflikte mit sich gebracht hatte, und das dann später ein eigenes Haus baute und darin einzog. Während des anstrengenden Hausbaus hielten die Eheleute fest zusammen, aber als das Haus fertig war und sie ihr trautes Heim nun genießen hätten können, begannen die gegenseitigen Sticheleien und Vorwürfe, die stets in einem Aufrollen der alten Auseinandersetzungen mit den Schwiegereltern endeten. Schließlich meinte die Frau, ihr Mann habe sie nur als Arbeitskraft ausgenützt, und der Mann schimpfte, er hätte auf seine Eltern hören und nie heiraten sollen. Auch dieses Beispiel zeigt wiederum, wie wenig gute äußere Lebensumstände, wie etwa ein Hausbesitz, und innere Zufriedenheit miteinander korrelieren.

Jedenfalls schien es so, als wäre das ganze Problem der Eheleute ihre unbewältigte Vergangenheit, aber das ist eine trügerische Hypothese, denn, wie ich schon sagte, die Schatten der Vergangenheit schleichen sich in eine sinnentleerte Gegenwart ein; dort wo die Sonne nicht hinscheint, dort macht sich die Dunkelheit breit. Mir ging es deswegen nicht darum, die Schatten ins Bewußtsein zu heben, sondern die Sonne wieder scheinen zu lassen, und dazu mußte die gegenwärtige Beziehung der beiden mit Sinn aufgefüllt werden. Wir überlegten in der Eheberatung gemeinsam, ob es etwas gab, das sowohl die Frau als auch der Mann mit dem anderen zusammen gerne erleben würde, und es stellte sich heraus, daß vor vielen Jahren, knapp nach ihrer Hochzeit, eine Reise nach Kanada geplant gewesen war, wo die Frau eine gute Freundin aus der Schulzeit besaß, die sie und ihr Mann besuchen wollten. Natürlich hatte damals das Geld nicht gereicht, und später war alles in den

Hausbau investiert worden, jetzt jedoch fühlten sich die beiden mit ihren längst vergessenen Englischkenntnissen unsicher, eine so weite Reise anzutreten. Daraufhin machte ich ihnen folgenden Vorschlag:

1. Sie schreiben sich zu einem gemeinsamen Englischkurs in einer Sprachschule ein.
2. Sie besorgen sich Prospekte und Informationsmaterial über Kanada und studieren es abends miteinander durch.
3. Sie treffen eine Vereinbarung, wonach immer dann, wenn einer von der unglücklichen Zeit bei den Schwiegereltern zu sprechen anfängt, der andere stillschweigend eine Landkarte von Kanada holt und dem Partner unter die Nase hält, was soviel bedeutet wie: Denke an die Zukunft und nicht an die Vergangenheit!

Die beiden waren damit einverstanden und haben ein Jahr später ihre Überseereise wirklich durchgeführt. Sie kamen danach sogar noch einmal zu mir, um mir die Photos, die der Mann mit sehr viel Geschick geknipst hatte, zu zeigen. Als sie an die hundert Bilder auf meinem Tisch ausgebreitet hatten und mir wortreich von den Sehenswürdigkeiten ihrer einzelnen Reiseetappen berichteten, ließ die Frau eine Bemerkung fallen, über die ich innerlich schmunzeln mußte, und zwar erwähnte sie ganz nebenbei, daß auch ihre Schwiegereltern von den Photos hellauf begeistert gewesen wären, als sie sie gesehen hätten. Ich hütete mich, an diesem Thema tiefer zu rühren, aber ich freute mich, daß offenbar auch die alte Feindseligkeit in der Familie ein wenig abgeklungen war.

Zusammenfassend können wir somit die logotherapeutischen Grundsatzregeln für die Familie erweitern und ergänzen:

1. Regel: Die Ertragbarkeit des Lebens ist an die Wahrnehmung von Sinn gebunden.
Gültigkeit für die Familie:
Die Wahrnehmung von Sinn in der Familie ist die Erkenntnis, einander zu brauchen und voneinander gebraucht zu werden. Ohne diese Erkenntnis wird die Familie sinnlos und damit unerträglich.

2. Regel: Die Wahrnehmung von Sinn ist nicht an günstige äußere Lebensbedingungen gebunden.

Gültigkeit für die Familie:
Familienglück ist unabhängig von günstigen äußeren Lebensbedingungen. Nur die Sinnorientiertheit der inneren Einstellung zu äußeren Lebensbedingungen entscheidet über die Zufriedenheit in der Familie.

3. Regel: Die Wahrnehmung von Sinn ist nicht an eine harmonische Lebensvergangenheit gebunden.
Gültigkeit für die Familie:
Die Entwicklung einer Familie wird nicht vorherbestimmt durch ihre Geschichte. Nur die Sinnorientiertheit des gegenwärtigen Handelns der Familienmitglieder entscheidet über die Zukunft der Familie.

Jede Familie hat zu jedem Zeitpunkt eine Fülle von Sinnverwirklichungsmöglichkeiten, wenn sie sich nur dessen bewußt ist. Viel zu viel ist in den vergangenen Jahren die Sexualität in der Familie überbewertet worden, nämlich wiederum als Gegenbewegung zu einer Zeit, in der die Sexualität ein Tabu war. Die Sexualität ist ein wichtiger Bestandteil der Ehe, aber sie ist weder eine notwendige, noch eine hinreichende Bedingung, sie ist einfach Ausdruck einer Liebesbeziehung. Die Sinnorientierung hingeben *ist* eine notwendige und hinreichende Bedingung glücklichen Familienlebens, denn sie umgreift und überhöht die Liebesbeziehung und macht sie erst zu dem, was eben mehr ist als Sex.

Ausdrücken kann man nicht etwas, das nicht da ist, das heißt, Sexualität ohne Liebesbeziehung ist nichts. Die echte Liebesbeziehung jedoch kann sich auf hunderterlei Arten ausdrücken, sie braucht nicht unbedingt eine gut funktionierende Potenz dazu.

Die Reize der Sinne
sterben mit ihrer Befriedigung.

Das ist keine neue, psychologische Weisheit, das hat schon Friedrich von Schiller gesagt. Hingegen gilt:

Die Möglichkeiten eines Sinns
leben mit ihrer Verwirklichung.

Das sagt die Logotherapie. Jede Sinnmöglichkeit besitzt „ein-für-allemal-Charakter“, denn wenn sie verwirklicht worden ist, dann ist sie es ein für allemal, und wenn sie versäumt worden ist, dann ist sie auch ein für allemal versäumt worden.[4] Die junge Mutter zum Beispiel, von der ich erzählt habe, daß sie ihre Familie verlassen hat, hat zugleich damit die Sinnmöglichkeit, ihre beiden Kinder zu erziehen, verspielt. Vielleicht wird sie einmal andere Kinder haben und erziehen, aber diese *eine* Sinnmöglichkeit ist ihr verloren gegangen, und das wird sie bis an ihr Lebensende mit sich tragen müssen. Im Gegensatz dazu hat das Ehepaar, von dem ich zuletzt berichtete, die gemeinsame Reise nach Kanada als eine Sinnmöglichkeit seines gegenwärtigen Daseins geborgen, und selbst wenn wieder Differenzen auftauchen sollten, ja, selbst wenn die Ehe dennoch brechen sollte, so ist diese *eine* Sinnmöglichkeit verwirklicht worden und in der Vergangenheit verankert als ein schönes und verbindendes Erlebnis, das es bis ans Lebensende der beiden Leute bleiben wird.

Abschließend möchte ich deshalb zur Gegenwartsproblematik der „Familie in der Krise" behaupten: Es gibt keine Familie, die nicht noch ihre positiven Möglichkeiten hätte, aber, um mit Hermann Hesse zu sprechen, damit das Mögliche entsteht, muß immer wieder das Unmögliche versucht werden. Oder, logotherapeutisch formuliert, damit das Ich es selbst wird, muß es aufgehen in einem Du.

2. ... trotzdem Ja zu Sorgenkindern sagen

Eines der „zehn Gebote" befaßt sich mit der Beziehung zwischen Eltern und Kindern. Für diejenigen Leser, denen dieses Gebot nicht mehr ganz geläufig ist, möchte ich es wortwörtlich zitieren: „Du sollst Vater und Mutter ehren, auf daß du lange lebest und es dir wohlergehe auf Erden". Nun möchte ich mich keineswegs auf ein Gebiet vorwagen, für das ich nicht zuständig bin: auf das Gebiet der Religion. Ich betrachte dieses Gebot, oder wir könnten auch sagen, diese uralte Lebensweisheit, lediglich vom psychologischen Standpunkt aus; und ich wundere mich, daß die allgemeine Psychologie das bislang noch nicht getan hat. Das Gebot enthält nämlich die Aussage über eine merkwürdige Korrelation zwischen zwei Fakten, die augenscheinlich gar nichts miteinander zu tun haben. Wie sehr jemand seine Eltern achtet und schätzt, und wie gut es ihm andererseits später in seinem eigenen Leben ergeht, bzw. wie lang er gar zu leben hat, sind doch zwei sehr verschiedene Dinge und rational gar nicht so leicht miteinander in Verbindung zu bringen*.

Dennoch können wir die Tatsache nicht ableugnen, daß die Wertschätzung der Eltern durch ihre Kinder kaum je so gering war, wie in der 2. Hälfte unseres Jahrhunderts, in der die westliche Kultur den Begriff der Autorität so gut wie aufgegeben hat; und daß es unserer Jugend auch kaum je so wenig „wohlerging", sie so wenig „wirklich lebte" wie in unserer Zeit der materiellen Versorgung bei geistigem Verfall. Sollte der uralte Spruch also nicht nur eine moralische Warnung sein, sondern ein Körnchen Wahrheit enthalten, die heute ihren bitteren Tribut fordert?

Aber selbst wenn dem so wäre, könnten wir überhaupt zurückkehren zu einem Eltern-Kind-Verhältnis, bei dem Begriffe wie Ehrfurcht oder Respekt der Jüngeren vor den Älteren noch eine Rolle spielen? Auf daß es den Jüngeren wohlergehe auf Erden ...? Die meisten von uns werden stillschweigend den Kopf schütteln. Es gibt kein Zurück, das Rad der Entwicklung dreht sich immer schneller, die Kluft zwischen den Generationen wird immer breiter, das Einander-Verstehen immer schwerer. Die Pädagogen kommen längst nicht mehr dazu, selber die Welt zu verändern, sie laufen vielmehr atemlos dem hinterher, wie sich die Welt verändert hat. Was also dann? Müssen wir auch das Wohlergehen unseres Nachwuchses aufgeben?

Ja, vielleicht müssen wir das. Nämlich aufgeben die Idee, wir Eltern oder Erzieher seien allein verantwortlich für das Geschick unserer Schützlinge, wir hätten für ihr Wohlergehen zu sorgen, und zwar um jeden Preis, und wenn sie sich dennoch fehlentwickeln, dann könne auch niemand anderer schuld daran sein als wiederum wir; und wir müßten uns dann aus dem schlechten Gewissen heraus erst recht verstärkt um ihr Wohlergehen bekümmern. Von dem alten Gebot sollten wir eines lernen, das zeitlos gilt: Wohlergehen – soferne es nicht am

---

* Unserem Denken ist eher die Umkehrung geläufig, nämlich daß, wenn die Eltern ihre Kinder lieben und schätzen, es diesen wohlergehen werde!

Band des Schicksals hängt – ist stets die Folge *eigenen* Verhaltens und nicht das Produkt elterlicher Fürsorge. Im Gegenteil, je fürsorglicher eine Erziehung sich gestaltet, desto mehr kann sie die Entscheidungskraft von Kindern hemmen, wie auch das andere Extrem, die Vernachlässigung, negative Konsequenzen nach sich ziehen kann.

Was die Erziehung im eigentlichen zu geben hat, ist das *vorgelebte Beispiel,* und dieses Beispiel sollte im wahrsten Sinne des Wortes „ehrenwert" sein, das ist alles. Ob es von der heranreifenden Generation tatsächlich geehrt wird oder nicht, braucht den Erzieher letztlich nicht zu kümmern, das fällt in den Entscheidungsbereich der jungen Leute und damit unter deren Verantwortung für ihr eigenes Leben. Seine Aufgabe ist es einfach nicht, Wohlergehen zu erzeugen, sondern bloß jenes Beispiel zu setzen, das der Würdigung und Nachahmung wert ist. Das heißt, man könnte den heutigen Erziehern etwas polemisch aber gutgemeint zurufen: „Verhalten Sie sich so, daß Sie die Achtung Ihrer Kinder verdienen würden, wenn diese noch Achtung vor Ihnen hätten!" Der Rat wird nie fehlgehen.

Ich habe erwähnt, daß sowohl der überfürsorgliche, verwöhnende Erziehungsstil, als auch der vernachlässigende, gleichgültige Erziehungsstil Gefahren in sich birgt. Die beste Kombination scheint „Liebe – gepaart mit Festigkeit" zu sein, eine pädagogische Richtschnur, die bereits hinlänglich bekannt sein dürfte. Weniger bekannt hingegen ist die Tatsache, daß es auch psychische Störungen bei Kindern und Jugendlichen gibt, deren Erziehungsmilieu im großen und ganzen als durchaus gut bezeichnet werden muß. Natürlich, wenn man die Fehler mit der Lupe sucht, wird man sie bei jedem Vater, bei jeder Mutter, bei jedem Lehrer finden. Allein, ein gewisses Minimum an Erziehungsfehlern rechtfertigt noch immer nicht jedes massive Fehlverhalten bei den Erzogenen. Alles Menschliche ist notwendigerweise Stückwerk, und Eltern würden auf der Stelle ihre „Menschlichkeit" verlieren, wären sie perfekt. Nein, es gibt nichts Tragischeres als perfekt sein wollende Pädagogen, sie büßen nicht nur ihre „Menschlichkeit", sondern auch ihre Natürlichkeit ein, und das ist ein schwerer Verlust, wovon wir noch sprechen werden. Eltern dürfen also auch ihre schwachen Seiten haben, solange sich diese in tragbaren Gren-

Zeichnung von Barbara und Jim Dale, USA, 1984

zen halten, ohne deshalb gleich Schäden bei ihren Kindern befürchten zu müssen. Wie kommt es aber dann, daß die Zahl der psychisch fehlentwickelten Kinder gegenwärtig so erschreckend hoch ist, obwohl sich die Erwachsenen seit Jahren zunehmend Gedanken über Erziehungsfragen machen, obwohl an jeder Volkshochschule und in jeder Beratungsstelle brauchbare Tips zur Erziehung abgegeben werden, obwohl der Büchermarkt eine unübersehbare Menge an pädagogischer Literatur anbietet, und auch der Rundfunk dem Thema nicht abhold ist? *Wieso haben wir bei steigenden pädagogischen Kenntnissen sinkende Zahlen unproblematischer Kinder?*

Die Frage ist unschwer zu beantworten: weil das Erziehungsmilieu eben nur einen Teil beiträgt zur Gesamtentwicklung eines Menschen, und weil daneben andere entscheidende Einflüsse geistiger Art vorhanden sind wie der Sog des „Zeitgeistes“ und vor allem die Individualität der Persönlichkeit. Werfen wir nur einen kurzen Blick auf diese beiden mächtigen Einflußfaktoren, die der Erzieher überhaupt nicht in seiner Hand hat, und wir werden verstehen, daß psychische Fehlentwicklungen von Jugendlichen ohne weiteres denkbar sind in Familien oder Wohngemeinschaften, in denen alle Voraussetzungen für eine vorbildliche Erziehung „in Liebe und mit Festigkeit" existieren.

Um den *Sog des „Zeitgeistes"* zu charakterisieren, möchte ich einen von vielen Aspekten herausgreifen, der im Frühjahr 1984 in einer sehr bewegenden Sendung des deutschen Fernsehens diskutiert worden ist, nämlich die Brutalität unter den Schulkindern. Jeder 3. Schulunfall entsteht, weil Schüler aufeinander losgehen, sich schlagen, kratzen, beißen oder mit Fahrradketten „fertigmachen"; insgesamt werden in Deutschland ca. 400000 solch üble Zwischenfälle pro Jahr registriert. Der Fernsehkommentar dazu lautete folgendermaßen: „Gewalt tobt an den Schulen – und die Eltern sind besorgt. Die Lehrer, häufig ebenso erschüttert wie ratlos, schlagen Alarm. Einer schiebt dem anderen die Schuld zu. Die Lehrer müßten ihr Handwerk verstehen und die Wutausbrüche stoppen, argumentieren die Eltern. Die Lehrer geben den „Schwarzen Peter" zurück: Die Kinder müßten im Elternhaus richtiges Verhalten lernen – aber manche Eltern lebten ihnen die Aggressionen ja geradezu vor!"

Nun, bei den Interviews der Beteiligten zeigte sich ziemlich deutlich, daß der „Schwarze Peter" nirgends ganz am Platz war: die Lehrer tun im allgemeinen ihr Bestes, und die Eltern sind durchschnittlich weit weniger aggressiv als ihre Kinder. Aber zwei Experten, die in der Sendung befragt wurden, legten den Finger an die richtige Stelle, indem sie auf Zeitumstände hinwiesen. Dieter Wunder, der Vorsitzende der Gewerkschaft Erziehung und Wissenschaft, sagte: „In den letzten Jahren ist die Freiheit gewachsen. Das begrüßen alle. Mit der Freiheit wuchs aber auch – die Frechheit der Kinder." Und Wilhelm Ebert, Vorsitzender des Verbandes Bildung und Erziehung und früher Präsident des Welt-Lehrerverbandes, fügte hinzu: „Die Kinder haben es heute nur scheinbar leichter als frühere Generationen. Sorgen um die Grundbedürfnisse des Menschen wie Nahrung, Kleidung, Wohnen müssen sie sich nicht machen. Aber viele Erwachsene können Kindern und Jugendlichen keinen Lebenssinn mehr vermitteln. So entstehen Langeweile und Leere. Die können umschlagen in Aggression".

Damit griff Wilhelm Ebert eine These auf, die Viktor Frankl bereits zu einer Zeit formuliert hat, als die Schulkinder noch brav in ihren Bänken saßen, nämlich in den 20er und 30er Jahren, als er das weltweite Sinnlosigkeitsgefühl als pathologisierenden Gesellschaftsfaktor des neuen „Zeitgeistes" heraufdämmern sah und in Gegenreaktion dazu die Logotherapie entwickelte. Wie mehrfach angedeutet hat sich dieses Sinnlosigkeitsgefühl heute zu einer ausgesprochenen Krise des modernen Menschen ausgewachsen, und wieder wäre es unfair, es bloß den Eltern in die Schuhe zu schieben, die ihren Kindern nicht genug Lebenssinn „vermitteln" würden, denn gerade die Erfahrung von Sinn ist eben überhaupt nicht vermittelbar, sie ist höchstens aufzeigbar – aufzeigbar am Beispiel, und da sind wir wiederum beim pädagogischen Beispiel angelangt, dem einzigen wirklich persönlichkeitsfördernden Instrument, das wir im Erziehungsgeschehen besitzen. Sinnerfüllung kann nur vorgelebt werden, aber wenn Eltern selber am Sinn ihres Lebens zweifeln, und darunter leiden heute viele (und sie leiden noch mehr darunter, wenn sie Kummer mit ihren Kindern haben!), dann sind sie außerstande, Sinnerfüllung vorzuleben, womit sich der Teufelskreis schließt.

Ob allerdings die Sinnkrise in sinn*lose* Aggression umschlagen muß oder vielleicht auch in eine konstruktive Frustration einmünden kann, die dazu motiviert, sich sinn*volle* Beschäftigungen zu suchen, das hängt vom einzelnen ab, vom einzelnen Kind und vom einzelnen Erwachsenen, von der Individualität der jeweiligen Person. Natürlich ist es klar, daß ein Kind nicht dieselben Möglichkeiten hat wie ein Erwachsener, aber auch Kinder haben kein „verbrieftes Recht auf Abreaktion" ihrer Ärgernisse oder Langeweile, auch sie können auf verschiedene Weise damit umgehen und müssen daher je nach Alter und Einsicht für ihr Verhalten bis zu einem gewissen Grad selbst einstehen.

Hier kommen wir zu dem zweiten großen Einfluß geistiger Art, den der Erzieher nicht in seiner Hand hat, und der mit dem Heranwachsen des jungen Menschen immer bedeutsamer wird, sogar noch bedeutsamer als der Sog des Zeitgeistes: die *Individualität*. Oder, um mit Frankl zu sprechen, die Einmaligkeit und Einzigartigkeit eines jeden Menschen, die sich schon in seiner Jugend herauszukristallisieren beginnt und sich immer weiterformt nach eigenem Willen und in Auseinandersetzung mit dem eigenen Charakter. Der Mensch ist kein Teig, dessen Zutaten aus seinen Erbanlagen gerührt werden, den die Hand des Erziehers zur gewünschten Figur knetet, und der im Backrohr der Zeit fertigbrät, so einfach ist Menschwerdung nicht!

Da kommt schon noch etwas ganz und gar Eigenständiges, etwas Unberechenbares hinzu, etwas, das sich weder aus der Genforschung, noch aus der Psychologie, noch aus der Soziologie gänzlich ableiten läßt, und das ist das Geistige im Menschen. Frankl schreibt dazu in seinem Buch „Die Anthropologischen Grundlagen der Psychotherapie" den bemerkenswerten Satz: „Die Eltern geben bei der Zeugung eines Kindes die Chromosomen her – aber sie hauchen nicht den Geist ein." Diesen Ausspruch können wir auch auf den Erziehungsprozeß erweitern: der Erzieher übt, lobt, straft, gibt sein Beispiel her, aber auch er – kann nicht den Geist einhauchen. Das Nicht-Erzeugbare im Menschen bestimmt in letzter Instanz über das, was ihm bei seiner Zeugung mitgegeben worden ist, und das Nicht-Meßbare im Menschen entscheidet über das, was sich psychologisch messen läßt. Dieser Gedanke hat etwas Beängstigendes und etwas Tröstliches zugleich. Beängstigend ist er, weil er uns vor Augen führt, daß wir uns bei der Entstehung eines jeden neuen Menschen auf ein Wagnis einlassen müssen, für das es keine Garantien gibt, auch nicht im besten Elternhaus, und auch nicht in paradiesischer Zeit. Tröstend aber ist das Wissen, daß auf unserer pädagogischen Arbeit nicht die volle Last der Verantwortung für ein junges Menschenleben ruht; wohl müssen wir das Beispiel verantworten, das wir geben, nicht aber seine Wirksamkeit.

Wahrscheinlich wundert sich der Leser, warum ich, wenn ich doch etwas zum Umgang mit „Sorgenkindern" sagen möchte, damit beginne, aufzuzählen, was sich alles dem erzieherischen Zugriff entzieht. Der Grund dafür ist schnell erklärt: Wer nicht weiß um seine pädagogischen Chancen, wird sie nicht nutzen, wer jedoch nicht weiß um seine pädagogischen Grenzen, wird niemals „trotzdem Ja zum Kinde" sagen können, wenn die genutzten Chancen nicht den erwarteten Erfolg erbringen. Nicht nur seelisch labile Eltern bedingen Störungen bei ihren Kindern, auch umgekehrt rufen seelisch labile Kinder leicht Störungen bei ihren Eltern hervor, indem sich diese als in ihrer Erziehung gescheitert erleben, Versagensängste erleiden, sich gegenseitig beschuldigen und bekriegen oder sonst inadäquat heftig reagieren. Um ein Kind zu stabilisieren, müssen daher auf jeden Fall zunächst die Erziehungspersonen stabilisiert werden, und das gelingt nicht auf dem Wege der Kritik, indem ihnen ihre Fehler vorgehalten werden, sondern einzig auf dem Wege der Ermutigung, indem ihnen geholfen wird, das Kind, so wie es ist, in Liebe anzunehmen, ohne andauernd bei sich selbst nach den Ursachen seiner Fehler zu suchen und daran herumreparieren zu wollen. Erst wenn dieses „trotzdem Ja zum Kinde" gesprochen worden ist, auf der Basis der Zulassung seiner spezifischen Individualität, seiner Stärken und Schwächen, seiner angeborenen oder erworbenen Neigungen und Störungen, der ganzen Vielfalt seiner angehenden Persönlichkeit unter dem Einfluß des „Zeitgeistes", dann erst kann in Ruhe miteinander überlegt werden, wie man sich didaktisch am günstigsten verhält, um die anstehenden Probleme so weit wie möglich zu verringern.

Leider haben wir heute ein zu mechanistisches Bild vom Menschen, ein Computermodell, bei dem eben manchmal vermeintlicherweise „eine Schraube locker ist", die vom Fachmann angezogen werden soll, damit die Einheit „Mensch" wieder funktioniert. Aber wie der Pädagoge nicht Wachstum erzeugt, erzeugt der Arzt nicht körperliche, und der Psychologe nicht seelische Gesundheit. Der Mensch wächst von allein, und er gesundet auch von allein, seine Schrauben drehen sich sozusagen von selbst, wir können dazu von außen nur hemmende oder fördernde Impulse beisteuern in der Hoffnung, daß sie ihr Ziel erreichen. Und so ist es auch beim psychisch gestörten Kind: als seine Störung zustandekam, war das Selbst irgendwie mitbeteiligt, und wenn seine Störung ausheilt, dann heilt sie auch von selbst aus – der Erzieher kann nur einen kleinen Teil dazu beitragen, und das Beste, das er beitragen kann, ist über alles pädagogisch-psychologische Geschick hinaus sein grundsätzliches Ja zum Kind, jene Liebe, die immer zugleich ein „trotzdem" in sich birgt, was auch geschehen mag.

Wenn ich deswegen im folgenden ein paar Anhaltspunkte

zur Sprache bringe, die es Eltern erleichtern mögen, mit verhaltensgestörten Kindern oder Jugendlichen zusammenzuleben, so geschieht dies nicht in dem Glauben, ein Lösungspatent für alle auftretenden Schwierigkeiten anbieten zu können, sondern eher in der Überzeugung, daß allen Schwierigkeiten zutiefst sogar noch eine Sinnmöglichkeit innewohnt, indem sie zu einer Liebe heranreifen lassen, die in Not und Leid gewogen und für tragfähig befunden worden ist.

Der erste Anhaltspunkt, auf den ich eingehen möchte, ist bereits angeklungen, es ist das *Bewahren der Natürlichkeit* des erzieherischen Verhaltens. Diesbezüglich können wir sehr viel von der Franklschen Logotherapie lernen, die nicht einmal in der psychotherapeutischen Praxis auf Natürlichkeit verzichtet, obwohl sie ihre Methoden sehr gezielt bei den Patienten einsetzt. Natürlichkeit in der Psychologie und Pädagogik bedeutet nämlich nicht „unüberlegte Spontaneität", sondern vielmehr das „Einbinden methodischer Ansätze in das natürliche Umfeld". Das heißt, so hohe therapeutische Effizienz, wie nur erreichbar, bei so wenig künstlich geschaffener Therapiesituation, wie nur machbar. Ein wunderbares Beispiel für eine solche „methodenorientierte Natürlichkeit" im medizinischen Bereich stand in der Zeitschrift „Medical Tribune" vom 23. März 1984 zu lesen, in der über eine Idee des Pädiaters Edgar Rey vom Krankenhaus San Juan de Dios in Bogota/Kolumbien berichtet wurde. Da hieß es:

Neugeborene, die weniger als 1000 Gramm wiegen, überleben in Entwicklungsländern allein oft deswegen nicht, weil es an Inkubatoren und intensivmedizinischer Versorgung mangelt. Die Idee des südamerikanischen Kinderarztes besteht nun darin, die Frühgeborenen fest und warm an die mütterliche Brust einzupacken. Damit wird ein Hauptproblem mangelentwickelter Kinder nach der Geburt, nämlich der *Temperaturausgleich,* ganz von allein gelöst. Durch die natürliche Ernährung mit Muttermilch kann zudem eine Reihe immunologischer und ernährungsphysiologischer Komplikationen vermieden werden. So leiden diese Kinder sehr viel seltener an Durchfall oder Verstopfung, ganz abgesehen von dem positiven psychologischen Effekt einer verstärkten Mutter-Kind-Bindung. Das Kinderhilfswerk der Vereinten Nationen (Unicef) hat die Ergebnisse dieser Betreuungsform als im positiven Sinne „dramatisch" bezeichnet: Drei von vier Babys mit einem Geburtsgewicht von etwa 1200 Gramm überleben mit der neuen Methode. Bisher starben weltweit jedes Jahr rund 20 Millionen untergewichtige Neugeborene. Die Überlebensrate von Kindern, die bei der Geburt zwischen 1200 und 1800 Gramm wiegen, steigt sogar von 30 auf 90 Prozent.

Obwohl das Problem der Frühgeburt nur indirekt mit unserem Thema zu tun hat, können wir diesem Bericht einen sehr wichtigen Hinweis entnehmen. Da ist auf der einen Seite die *Methode,* die für frühgeborene Babys Temperaturausgleich, Ernährung, Schutz gegen Infektion usw. gewährleisten soll. Gewiß geschieht dies alles im Inkubator bestens, aber um den Preis der Sterilität, der Künstlichkeit, des Kontaktverlustes zur Mutter. Auf der anderen Seite steht das ganz *natürliche* Verhalten einer jeden gesunden Frau, die ihr Baby gern an die Brust drückt, ihm Körperkontakt, Zärtlichkeit und so etwas wie „seelische Verbundenheit" vermittelt. Aber dieses instinktive mütterliche Verhalten allein würde bei den Frühgeborenen nicht ausreichen. Die *Kombination von beidem* jedoch, vom methodischen Ansatz mit dem natürlichen Umfeld, liefert optimale Resultate. Lernen wir daraus, daß die Methode für sich nicht alles ist, weder in der Psychologie, noch in der Psychotherapie, und schon gar nicht im erzieherischen Alltag.

Welche Methoden wir bei unseren Kindern auch anwenden, ob sorgsame Verteilung von Lob und Strafe, ob eiserne Konsequenz oder partnerschaftliches Aufeinanderzugehen, ob Förderung der Kreativität oder ausgleichendes Training, nie sollte etwas Gekünsteltes ins Spiel kommen, etwas Unechtes, Unnatürliches. Deshalb dürfen diese Methoden nicht extrem und verbissen verfolgt werden, sondern müssen spielerisch und flexibel gehandhabt werden, sonst verfinstert sich das ganze Erziehungsmilieu. Normale Eltern können Lob und Strafe nicht ununterbrochen sorgsam verteilen, sie müssen auch einmal „grundlos" ein freundliches Wort sagen oder „irrtümlich" darauf losschimpfen dürfen. Sie können auch nicht eisern konsequent sein, weil das Nachgeben, das sich Überreden-lassen, das Verzeihen und Friedenschließen ebenfalls natürliche Verhaltensweisen sind, die irgendwie dazugehören. Sie können sich außerdem nicht immer partnerschaftlich geben, weil es eben Dinge gibt, hinsichtlich derer Eltern und Kinder keine Partner sind. Und sie dürfen schon gar nicht stets Programme zur Kreativitätsförderung oder zum Ausgleichstraining ihrer

Kinder erstellen, weil sie damit die natürliche Entwicklung der Phantasie ihrer Kinder unterbinden würden, die nur anläuft, wenn Kinder gelegentlich selber nachdenken müssen. Umgekehrt aber kann sich der Erzieher auch nicht von jeder Bevormundung seiner Schützlinge zurückziehen, sonst ergeht es ihm wie den Kindergärtnerinnen eines extrem antiautoritär und non-direktiv geleiteten Kindergartens in Berlin, in dem die Kinder täglich jammernd fragen: „Tante, müssen wir heute schon wieder spielen, was wir wollen?"

Was ich mit all dem sagen möchte, ist, daß wir die Natürlichkeit im Umgang mit Kindern nicht opfern sollen für eine bestimmte Erziehungstaktik, die wir gelernt oder gelesen haben, und von der wir uns Erfolg versprechen – ein solches Opfer würde den Erfolg bereits zunichte machen, bevor er überhaupt eingetreten ist. (Eine Beobachtung, die leider sehr oft bei Kindern von Lehrern, Ärzten, Psychologen udgl. zu machen ist!)

Was wir als weiteren wichtigen Anhaltspunkt ebenfalls niemals opfern sollten, das ist neben der Natürlichkeit des Verhaltens die *Selbstverständlichkeit von Leben und Hoffnung*. Hier wird die Sache noch ernster, denn wenn die Selbstverständlichkeit gewisser Grundwerte einmal verspielt ist, ist sie für immer verspielt. Eltern zum Beispiel, die mit Selbstmord drohen, wissen gar nicht, was sie ihren Kindern antun, denn sie bringen die Selbstverständlichkeit, mit der man lebt – so gut oder schlecht, als es einem auch gehen mag –, ins Wanken und produzieren praktisch erst die Idee, man könnte sich ja in den Tod flüchten. Oder Eltern, die ihren erziehungsschwierigen Kindern wiederholt ankündigen, sie werden sie eines Tages ins Heim tun, zerstören genauso sukzessive die Selbstverständlichkeit eines Zuhauses, in das man fraglos hingehört. Es sei unbestritten, daß es familiäre Situationen gibt, in denen ein Heim- oder Internatsaufenthalt die bessere Alternative für ein Kind bedeutet als das Elternhaus; aber wenn dem so ist, soll es als sinnvolle temporäre Lösung für alle Beteiligten und nicht als verhängte Strafmaßnahme im Sinne einer „Verstoßung von daheim" dargelegt werden. Denn das eigene Zuhause ist genauso wie das Leben schlechthin ein Grundwert, der niemals vollkommen in Frage stehen soll; und gerade der psychisch labile Mensch ist sehr gefährdet in Hinblick auf solche Evidenzerlebnisse: wenn nichts mehr für ihn sicher ist, nicht die Fortsetzung seiner Existenz, nicht die Sinnhaftigkeit seiner Existenz und nicht die Geborgenheit seiner Existenz, dann verlischt die Hoffnung, verlöscht sein Lebenswille.

Wir haben über den derzeitig hohen Aggressionspegel von Schulkindern gesprochen, dabei aber nicht erwähnt, daß es auch eine „stumme Aggression“ gibt, die von den Pädagogen fast noch mehr gefürchtet wird, als die aktive. Es handelt sich dabei um Kinder, die innerlich abschalten nach dem Motto: „Ich mag nicht, rutscht mir den Buckel hinunter. Mich interessiert nichts, ich mach' einfach nichts.“ Keine Belohnung, keine Bestrafung wirkt bei ihnen, kein Versprechen lockt, keine Drohung greift, keine wie immer geartete Zukunftsaussicht kann sie in Bewegung setzen. Hier ist Hoffnung verloren worden, man könnte sagen, die Selbstverständlichkeit von Hoffnung, und das ist sehr schlimm.

Wir neigen heute dazu, auch wir Erwachsenen, manches buchstäblich zu zerreden. Wir reden zum Beispiel so viel vom Frieden, daß er plötzlich nicht mehr selbstverständlich ist; wenn aber die Selbstverständlichkeit des Friedens einmal verspielt ist, ist die Möglichkeit eines Krieges geboren. Es wird auch in den Familien so viel vom Auseinandergehen, vom Einanderverlassen geredet und damit die Selbstverständlichkeit des Friedens in der Familie unterhöhlt. Es gibt Probleme, die überhaupt erst durch die Beachtung, die man ihnen schenkt, zu Problemen werden, und die sich erst mit dem Namen, den man ihnen gibt, zu jenen unüberwindbaren Hindernissen auftürmen, die uns im Wege liegen. Niemand unterstelle mir, daß ich wahre Probleme unterdrücken oder totschweigen will – seit mehr als einem Jahrzehnt schlage ich mich tagtäglich mit den Problemen fremder Leute herum, aber gerade diese Arbeit hat mich gelehrt, daß Schwierigkeiten und Sorgen zu einem ganz und gar normalen Leben dazugehören und eigentlich eher eine Herausforderung an den menschlichen Geist darstellen, als eine Beeinträchtigung der seelischen Gesundheit. Die Aufbauschung von Problemen allerdings blockiert ihre Lösung, und das gilt auch für den Umgang mit verhaltensgestörten Kindern: je mehr man mit ihnen oder anderen über ihre Verhaltensstörungen redet, desto massiver werden diese.

Überhaupt ist es nicht empfehlenswert, zuviel auf einander einzureden, was schon Gottfried Keller wußte, der einmal schrieb: „Ich habe bemerkt, daß viele Menschen, welche immer das große Wort führen, aus denen nie klug werden, welche ihretwegen nie zu Wort kommen“ [5] Ein sehr weiser Ausspruch, der bei dem heutigen Trend, nur ja alles offen mit den Kindern zu besprechen, berücksichtigt werden sollte. Auch hier gilt eben wieder die Regel, daß eine Methode nicht bis zum bitteren Ende durchgezogen werden darf, wenn sie der simplen Natürlichkeit widerspricht.

Wir können den uns anvertrauten jungen Menschen die Selbstverständlichkeit unseres „für sie da Seins“ auch ohne Worte spüren lassen: im geduldigen Zuhören, im Anteilnehmen, im Verstehenversuchen, im Respektieren ihrer Individualität. „Güte entwaffnet“, daran mögen wir uns festhalten, wenn wir mit Aggressivität konfrontiert sind, was aber wiederum nicht heißt, daß der Erzieher ständig nachgeben sollte. Vom gravierenden Fehlverhalten muß er sich distanzieren, aber selbst die Distanzierung ist noch kein Fallenlassen; man kann auf Abstand gehen und dennoch gütig bleiben, man kann zum kindlichen Tun Nein und trotzdem Ja zum Kinde sagen, wie ich bereits ausgeführt habe.

Nun, bisher haben wir das „Bewahren“ im Blickfeld gehabt, das Bewahren von Natürlichkeit und Selbstverständlichkeit. Danach haben wir uns dem Sprechen zugewandt und festgestellt, daß es neben dem Zuwenig, das sicher pädagogisch ungünstig ist, auch ein Zuviel gibt, das Kinder nicht selten in die Verweigerung hineintreibt. Dem Thema „Sprechen“ möchte ich noch einen zweiten Gesichtspunkt anfügen, der mir wesentlich erscheint, und den ich ebenfalls der Franklschen Logotherapie abgeschaut habe. Dabei geht es nicht mehr um die Quantität, sondern um die Qualität des Gesagten. Was und wie redet man am besten mit Sorgenkindern? Um es kurz zu machen, meiner Ansicht nach kann man ihnen alles sagen, so, wie man es sagen will, und geradeheraus, wie einem die Worte einfallen, bloß eines darf nicht passieren: eine *iatrogene Schädigung*.

Dazu muß ich erläutern, was in der Logotherapie unter Iatrogenese verstanden wird, um anschließend aufzeigen zu können, daß es etwas sehr Ähnliches auch im pädagogischen Geschehen gibt, das dort nicht minder unerwünschte Folgen zeitigt.

Das Wort „iatrogen" leitet sich vom griechischen Wort „iatros" ab, das „Arzt" bedeutet, und die Nachsilbe „gen" hat immer etwas mit der Herkunft und Entstehung zu tun; „iatrogen" heißt also: „durch den Arzt verursacht". Und tatsächlich kennen wir in der Psychotherapie Neurosen und Depressionen, die, wie Viktor Frankl nachweisen konnte, durch nichts anderes entstanden sind, als durch unbedachte, negative Äußerungen eines Arztes oder Psychotherapeuten, der – ohne es zu wollen und zu wissen – seinen Patienten dadurch Schaden zugefügt hat. Das Schrecklichste, was ich diesbezüglich je gehört habe, war der Bericht einer total verunsicherten Frau über einen Ausspruch ihres Psychoanalytikers, bei dem sie über vier Jahre lang in Behandlung gestanden war, ohne daß irgendeine Besserung erzielt worden ist. Der Arzt erklärte ihr dies auf seine Art. Er sagte: „Die Schwalben, die früh genug geboren werden, haben Zeit zum Wachsen und bekommen kräftige Flügel bis zum Herbst, deshalb ist es ihnen ein Leichtes, über die Alpen zu fliegen, wenn der Wintereinbruch naht. Diejenigen Schwalben jedoch, die spät im Frühjahr geboren werden, sind noch nicht genügend stark entwickelt, wenn es kalt wird; sie versuchen zwar auch über die Alpen zu gelangen, aber in der eisigen Höhe verlassen sie bald ihre Kräfte, und sie gehen zugrunde." Und dann fügte der Arzt freundlichst hinzu: „Sehen Sie, Sie gleichen jenen spätgeborenen Schwalben. Sie sind zu spät in meine Analyse gekommen, und ich kann Sie nicht mehr stark genug machen für die Anforderungen des Lebens. Sie werden nie mehr gesund werden." Man kann sich gewiß vorstellen, welche Wirkung diese Worte des Arztes auf die sensible und ohnehin sehr deprimierte Frau hatten. Sie schloß sich in ihrer Wohnung ein, ließ Tag und Nacht die Jalousien herunter, weil sie das Gezwitscher der Schwalben vor ihrem Fenster nicht mehr hören konnte, und wäre dort schier zugrunde gegangen, wenn nicht eine sehr resolute Freundin sie herausgeholt und zu mir in die Beratung gebracht hätte, wobei ich Mühe und Not hatte, die iatrogene Schädigung wiedergutzumachen.

Natürlich war das ein Extremfall, aber man muß in der Psychologie und auch in der Pädagogik sehr aufpassen, denn solche Schäden entstehen mitunter auch auf recht subtile Weise. Zum Beispiel erzählte mir einmal eine ratsuchende Mutter so nebenbei, daß sie selbst das zweitgeborene Kind ihrer Eltern sei, das erstgeborene sei 1 Jahr vor ihr zur Welt gekommen und unmittelbar danach gestorben. Sie sagte, sie hätte dies früher immer als positiv erlebt, weil sie gedacht hätte, sie sei – nach dem Verlust, den die Eltern erlitten hatten – erst recht ein Wunschkind gewesen. Doch als sie die Sache mit dem vor ihrer Geburt gestorbenen Geschwisterkind ihrem Hausarzt erzählt habe, habe dieser mit sehr ernster Miene den Verdacht geäußert, daß sie dann wohl nur ein „Ersatz“ für ihre Eltern gewesen wäre, und die Eltern in ihrer Liebe wahrscheinlich nicht wirklich sie, sondern das tote Kind gemeint hätten. Dieser Gedanke hat die Frau noch jahrelang bedrückt, und sie hatte seither kein so unbeschwertes Verhältnis mehr zu ihren Eltern, wie zuvor. Auch bei diesem Beispiel wird zugegeben werden, daß eine völlig sinnlose iatrogene Schädigung erfolgt ist, die nichts als Leid gebracht hat.

Als letztes warnendes Beispiel möchte ich einen Dialog anführen, den ich gelegentlich einer Arztvisite in einem Nervenkrankenhaus mitangehört habe. Der Chefarzt fragte einen alkoholkranken Patienten, der schon einige Wochen im Krankenhaus war, wie er sich fühle. Dieser antwortete, es gehe ihm relativ gut, nur am vergangenen Wochenende habe er nach dem Aufwachen in dem großen Saal eine Angstattacke erlitten. Alle seine Zimmergenossen seien schon aufgestanden gewesen, und er habe sich allein und verlassen gefühlt, da habe er Angst vor der Zukunft bekommen. Der Chefarzt wandte sich an die zuständige Oberärztin, die bei der Visite neben ihm stand, und fragte sie, ob diese Angstattacke noch eine Nachwirkung des Alkoholmißbrauchs sein könnte. „Nein“, antwortete sie, „dafür ist der Patient schon zu lange trocken. Aber er ist halt ein ganz labiler Typ ...“ „Aha“, sagte der Chefarzt und ging zum nächsten Bett. Ich weiß nicht, ob der Leser nachempfinden kann, was sich mit diesen wenigen Worten abgespielt hat? Ein Mensch ist vom Fachmann als „labiler Typ“ abgestempelt worden, und das chefärztliche „Aha“ setzte den endgültigen Schlußpunkt dahinter. Wie soll ein solcher Patient jemals wieder Selbstvertrauen gewinnen, wie soll er mutig den Kampf mit seiner unglückseligen Suchtneigung aufnehmen, wie soll er seine Zukunft meistern, vor der er sowieso Angst hat, wenn er sich in seinem Selbstbild so negativ einschätzt?

An dieser Stelle können wir den Bogen gut hinüberspannen in das Gebiet der Pädagogik, die uns lehrt, daß Erwartungshaltungen und Identitätsfindungsprozesse junger Menschen weichenstellend für ihr ganzes Leben sind. Unter den Erwartungshaltungen müssen wir allerdings unterscheiden zwischen *Fremd*erwartungen, also dem, was die Umwelt von jemandem erwartet, und *Eigen*erwartungen, also dem, was jemand selber von sich erwartet. Die größte Gefahr bei Fremderwartungen ist im allgemeinen die, daß sie zu hoch und zu positiv sind, was den Betreffenden erheblich unter Streß und Druck setzt, bzw. ihm Furcht einjagt, weil er eben den Erwartungen seiner Eltern, Lehrer, Vorgesetzten usw. nicht oder nur unter größtem Kraftaufwand entsprechen kann. Man täusche sich jedoch nicht hinsichtlich der Gefahr zu niedriger und negativer Fremderwartungen; auch sie behindern die Entfaltung eines Menschen, weil sie ihm das Vertrauen der Umwelt in seine Fähigkeiten entziehen.

Bei den Eigenerwartungen ist die größte Gefahr von vornherein eher die, daß sie zu niedrig sind, daß sich der Betreffende somit zu wenig zutraut oder nur Negatives von sich denkt. Spätestens seit Seligman wissen wir, daß es eine „erlernte Hilflosigkeit“ gibt, die in der Kindheit vielleicht mit niedrigen Fremderwartungen begonnen hat, vor allem aber sich im Erwachsenendasein fortsetzt mit extrem niedrigen und negativen Eigenerwartungen, die, davon ausgehend, man könne dies oder jenes ohnehin nicht, einen daran hindern, sich einer Aufgabe zu stellen, mit dem Ergebnis, daß man der Aufgabe prompt nicht gewachsen ist, wenn man sich ihr aus irgendeinem Grunde doch stellen muß. Aber auch bei den Eigenerwartungen gibt es das andere Extrem, die zu hohen Erwartungen an sich selbst, die unrealistisch sind und einen kaputt machen.

Nun ist, wie ich schon darlegte, der Mensch kein Teig, der ohne sein Zutun geknetet wird. Die Fremderwartungen kann man sich nicht aussuchen, und als Kind schon gar nicht, aber die Eigenerwartungen werden personal gesteuert, und sogar Kinder haben da eine gewisse Chance, mitzusteuern. So können niedrige Fremderwartungen just mit hohen Eigenerwartungen beantwortet werden, wie z. B. ein Schauspieler bewies, der unter dem Künstlernamen „Conan“ als besonders muskulöser und kräftiger Kinoheld berühmt geworden ist. Weil mein Schwiegervater, der Lehrer war, ihn in der Schule hatte, ist mir persönlich bekannt, daß dieser Schauspieler als Kind der Schwächste in seiner Klasse gewesen ist, dem niemand irgendeine größere körperliche Leistung zugetraut hat – niemand außer ihm selbst offensichtlich, der sich nicht entmutigen ließ und hart an sich arbeitete, bis er erstaunliche Erfolge vorweisen konnte. Frankl spricht in solchen Fällen von der „Trotzmacht des Geistes“, die sich über mißliche Umstände und negative Fremderwartungen glatt hinwegzusetzen vermag.

Kehren wir damit zurück zur Problematik iatrogener Schädigungen bzw. „pädagogener Schädigungen“, die wir jetzt einordnen können in die Gruppe unangemessen negativer oder niedriger Fremderwartungen. Elternaussprüche wie etwa: „Das begreifst du ja doch nicht!“ oder „Aus dir wird nie etwas werden!“ usw. können in der Folge auch die Eigenerwartungen von Kindern erheblich herabdrücken, wenn diese nicht genug „Trotzkraft“ aufbringen, ihnen standzuhalten. Und gerade das psychisch gestörte Kind wie auch der psychisch wenig in sich gefestigte Erwachsene sind extrem anfällig für solche Erwartungsminderungen von außen.

Hüten wir uns deswegen in der Erziehung und im Umgang mit Kindern, zu hohe oder zu niedrige, vor allem aber zu *negative* Fremderwartungen an sie heranzutragen, ja, im Zweifelsfall würde ich sogar sagen: trauen wir ihnen lieber ein bißchen zuviel zu als ein bißchen zuwenig, trauen wir auch den verhaltensauffälligen und neurotischen Kindern noch zu, sich zu fröhlichen, gesunden Menschen entwickeln zu können – das wäre unser größter Liebesdienst an ihnen, das beste Paket, das wir ihnen auf ihren Weg in die Selbständigkeit mitgeben können. Ich habe einmal in einem Kinderheim zufällig einem Gruppenspiel beigewohnt, bei dem Karten gelegt und nach jedem Kartenspiel die Plätze getauscht wurden. Plötzlich wurde einer der Stühle zum Zauberstuhl ernannt: jeder, der darauf sitze, gewinne. Und in der Tat waren die Gewinner der nächsten Runden die jeweiligen Besitzer des Zauberstuhls. Da kam ein blasses, kleines Mädchen an die Reihe, und als es den Zauberstuhl bestieg, sagte es leise: „Ich bin ein Pechvogel, bei mir wirkt der nicht!" Und das Mädchen verlor.

Es war ein Glücksspiel, und ich will keine Schlußfolgerungen daraus ableiten, aber wir wissen heute, daß die Erwartungshaltung eines Menschen eine immense geheimnisvolle Kraft hat, ausgerechnet das Erwartete herbeizuziehen, und das sollten wir bedenken, wenn wir es mit Sorgenkindern aller Art zu tun haben: solange sie sich selbst für „Pechvögel" halten, *sind* sie Pechvögel. Helfen wir ihnen, die Rolle des „Pechvogels" abzulegen, und ihre Glückssträhne wird beginnen. Psychologisieren wir sie nicht, sondern normalisieren wir sie, indem wir sie ansprechen als entwicklungsfähige Gesprächspartner, bei denen noch alles offen ist, wie verfahren ihre gegenwärtige Startposition auch aussehen mag. Der menschliche Geist hat gewiß mehr Reserven, als sich unsere Pädagogik träumen läßt!

Damit möchte ich den Punkt „Sprechen" abhaken und mich einem letzten Diskussionspunkt zuwenden, der vielleicht erstaunlich klingt, nämlich dem „Denken". Und zwar den Gedanken, die sich Eltern machen bezüglich der Schwierigkeiten ihrer Kinder und der eigenen Notwendigkeit, damit fertigzuwerden. Bekanntlich kann man im Leben alles auf verschiedene Weise betrachten, und je nachdem erhält es ganz unterschiedliche Bedeutung. Von der Bedeutung hängt aber wiederum die sogenannte „organismische Resonanz" ab, also der körperliche Folgezustand, der mit dem seelischen Zustand eng verbunden ist. Was Kinder betrifft, fängt die unterschiedliche Betrachtungsweise schon in der Zeit der Schwangerschaft an: man kann sich herzlich freuen über den Nachwuchs oder auch ernste Bedenken haben. Damit soll keiner werdenden Mutter ein Vorwurf gemacht werden, wenn sie aus guten Gründen eher zu den Bedenken neigt, aber zweifellos wird ihr die Schwangerschaft dann auch körperlich mehr zu schaffen machen.

Wenn Kinder nun eine Behinderung haben oder sich psychisch fehlentwickeln, so ist der größte Teil aller Eltern darüber alarmiert. Ein kleiner Teil freilich bleibt gleichgültig oder schreibt die Kinder ab, aber diesen Teil wollen wir hier auslassen, weil ihm ohnehin nicht zu raten ist. Der alarmierte Teil jedoch nimmt in irgendeiner Form gedanklich Stellung zur vorliegenden Problematik, und um diese *innere Stellungnahme* geht es mir, denn sie bestimmt Wohl und Wehe einer Familie mit. In der Franklschen Logotherapie wird wiederholt die Gefahr eines „Hyperreflexionsphänomens" beschrieben, das auftritt, wenn sich jemand in einen Kummer, den er hat, hineinsteigert, sich gedanklich nur mehr mit diesem Thema beschäftigt, und völlig auf sein Problem fixiert ist. Die Folgen sind katastrophal: alles andere, was mit dem bewußten Thema nichts zu tun hat und vielleicht durchaus intakt ist, verliert an Bedeutung, während der „hyperreflektierte" Kummer ins Gigantische wächst und die gesamte Lebensperspektive eines Menschen vereinnahmt. Dies schwächt zudem das körperliche Immunsystem des Betreffenden und erhöht dadurch seine Krankheitsanfälligkeit um ein Vielfaches. Aus amerikanischen Langzeitstudien über 14 Jahre Krebsforschung geht beispielsweise hervor, daß in den ersten Jahren nach dem Verlust eines Partners, sei es durch Scheidung oder durch Tod, das Krebsrisiko um das Fünf- bis Zehnfache steigt. Allerdings nur dann, wenn der Verlust eben „hyperreflektiert" wird, das heißt, wenn sich der Zurückbleibende mit dem Verlust nicht abfinden kann, gedanklich fortwährend mit seinem Schicksal hadert und über die Ursachen des Verlustes unentwegt nachgrübelt.

In derselben Gefahr befinden sich Eltern, die sich mit einer körperlichen oder seelischen Behinderung eines Kindes nicht abfinden können und ständig dagegen Sturm laufen oder deswegen traurig den Kopf hängen lassen. Klarerweise wird man alles versuchen, dem Kind zu helfen, so gut es geht. Aber irgendwann wird ein Punkt erreicht, an dem man sich mit den Gegebenheiten abfinden muß, und sei es nur damit, daß einfach Zeit und geduldiges Abwarten nötig sind. Jetzt kommt es darauf an, die Problematik *nicht* zu hyperreflektieren, um nicht auch noch die eigene Gesundheit aufs Spiel zu setzen, sondern gelassen zu bleiben und die Gedanken auf das daseiende Positive zu richten, um das Beste aus den je gegebenen Umständen zu machen. Und das ist ein wahres Kunststück, eine beachtliche menschliche Leistung, die bewußt und willentlich angestrebt und vollbracht werden kann! Um nämlich das Beste aus dem je Daseienden herausholen zu können, muß nicht nur das Daseiende in seiner ganzen Fülle wahrgenommen werden, sondern auch noch die Gesamtheit aller darin verborgenen Sinnmöglichkeiten erfaßt werden. Das Beste ist ja nur aus einer Auswahl von Gutem zu treffen, deswegen muß man zwangsläufig, um das Beste zu finden, das Gute erkennen.

Eltern und Erziehungspersonen von sogenannten Sorgenkindern möchte ich aus diesem Grunde dringend ans Herz legen, sich nicht verleiten zu lassen, mit ihren Gedanken unaufhörlich um die Störungen ihrer Kinder zu kreisen und dadurch in den Strudel der Hyperreflexion zu geraten; sie würden bloß sich selbst schaden – auch körperlich schaden – und den Kindern nichts nützen. Vielmehr sollten sie die innere Bereitschaft aufbringen, sich an den Sinnmöglichkeiten der gegebenen Situation zu orientieren, und das geht nicht anders, als mit dem zu arbeiten und mit dem zufrieden zu sein, was „da" ist und was „gut" ist.

Hier kehren wir zurück zu unseren Ausgangserwägungen, in denen wir festgestellt haben, daß viele Umstände gar nicht in der Hand des Erziehers liegen. So gibt es heute weder eine Kindheit im eigentlichen Sinne mehr, noch eine Pubertät. Die Kindheit ist durchlöchert worden von den Medien, die alle Vorgänge der Erwachsenenwelt per Videoschirm ins Kinderzimmer tragen und dort eine schonungslose „Aufklärung" allgemeiner Art bewirken, welche Kinder außerordentlich rasch altern läßt; und die Pubertät ist ihrer Funktion weitgehend beraubt worden durch die „Emanzipation der Jugend", die eine Ablösung vom Elternhaus dort zur Farce macht, wo längst kaum mehr Bindung ans Elternhaus besteht, was Jugendliche außerordentlich langsam reifen läßt. Rasche Alterung und langsame Reifung, verlorene Kindheit und vorzeitiges Erwachsensein, Elektronik als Faszination und Freiheitsansprüche als Provokation – das alles belastet gegenwärtig den Erziehungsprozeß, und noch vieles andere, das man aufzählen könnte, was aber auch nicht hilft, die Lage zu verbessern. Machen wir das Beste daraus und lassen wir es dabei bewenden, seien wir Vorbild, aber geben wir Verantwortung schrittweise ab; die nächste Generation braucht auch ihre Aufgaben, vor denen wir sie weder schützen, noch die wir für sie lösen können!

Wenn wir die Natürlichkeit unseres Verhaltens und die Selbstverständlichkeit von Leben und Hoffnung in unserer Erziehung bewahren, wenn wir unsere sprachliche Kommunikation mit den Kindern auf ein gesundes Mittelmaß dosieren und keine allzu negativen Fremderwartungen an sie herantragen, und wenn wir schließlich Probleme ernst aber ruhig hinnehmen und uns den Blick erhalten auf das Nichtproblematische, das auch immer noch existiert, und aus dem Kraft geschöpft werden kann für das andere, dann reicht dies vollkommen aus, dann haben wir unsere Pflicht getan.

Die Wissenschaftslehre der Psychologie hat sich bislang mit höchster Akribie um die Aufdeckung von Erziehungsfehlern angenommen, und es führt auch kein Weg daran vorbei, daß manch seelische Beeinträchtigung von Kindern auf Erziehungsfehler zurückgeht. Aber es sei mir zum Schluß meiner Ausführungen die Anmerkung dazu gestattet, daß das Verschuldensprinzip bei Scheidungsfällen heute aufgehoben ist, und daß analog auch das Verschuldensprinzip bei Erziehungsschwierigkeiten allmählich neugeordnet werden sollte. Wenn 13jährige alt genug sind für sexuelle Intimitäten, wie es vom Frankfurter Sexualforschungsinstitut als „untere Normgrenze" angegeben wird, und wenn 18jährige in unserer komplizierten Welt voll mündig und geschäftsfähig sein wollen, dann müssen die Jahrgänge dazwischen schon auch ein wenig Verantwortung für ihr Tun und Lassen mitübernehmen und können nicht jedes eigene Versagen den Eltern ankreiden.

Zum Beispiel tragen – um nur einen beliebigen Erziehungsfehler herauszugreifen – verwöhnte Kleinkinder natürlich keine Schuld an ihrem maßlosen Verhalten, welches oft das Resultat ihrer Verwöhnung ist. Verwöhnte Jugendliche jedoch haben zunehmend die Wahl, ob sie die Verwöhnungssituation ausnützen oder nicht, und es gibt durchaus erfreuliche Exemplare junger Menschen, die der Maßlosigkeit freiwillig entsagen. Nur deswegen, weil es leicht ist, bei Eltern Geld oder Geschenke abzukassieren, ist es noch lange nicht gerechtfertigt; auch ein Dieb, der in ein unverschlossenes Haus eindringt, bleibt ein Dieb. Wir sehen, es wäre gar zu billig, wenn junge Leute das Letzte aus ihren Eltern herauspressen, um danach zu behaupten, diese seien selbst schuld daran, weil sie sie verwöhnt haben. So einfach geht das nicht; der Jugendliche kann Hand in Hand mit seiner geistigen Reifeentwicklung den positiven Einfluß seiner Erzieher ablehnen, damit müssen wir uns abfinden, aber er kann genausogut auch die negative Beeinflussung durch seinen Erzieher abstreifen und sich aus der Umklammerung von Erziehungsfehlern lösen. Es gibt überhaupt keine psychische Störung eines Heranwachsenden, die nicht der Selbsterziehung des Heran*ge*wachsenen zugänglich wäre, es sei denn, sie hat organische Grundlagen.

Gehen wir deswegen getrost ans Erziehungswerk, fürchten wir uns nicht, Fehler zu machen, bemühen wir uns lieber, ein „ehrenwertes" Vorbild zu geben, und legen wir das weitere Geschick der nachkommenden Generation voller Vertrauen in ihre Verantwortlichkeit. Vor allem aber hören wir nicht auf, trotzdem Ja zu unseren Kindern zu sagen, vielleicht werden sie dann eines Tages wieder Ja sagen können zu uns Eltern.

3. Die berufstätige Frau zwischen Streß und Erfüllung

Unlängst fand ich in der Zeitung eine Notiz, eine von vielen dieser Art:

> Immer mehr Frauen im Alter zwischen 30 und 50 Jahren neigen zu Depressionen. Nach den Beobachtungen der Psychologen seien die Betroffenen meist verheiratet, lebten in sicheren wirtschaftlichen Verhältnissen und wüßten selbst nicht, warum es ihnen so schlecht gehe. Die Frauen fühlten sich überfordert, neigten deswegen zum Grübeln und machten sich Vorwürfe, Mann und Kinder mit ihrem Zustand zu belasten. Die Ehen würden oft brüchig.

Ich möchte diese Notiz ein wenig unter die Lupe nehmen, denn da steckt allerlei drin, was wir meines Erachtens so nicht stehen lassen können. Was wird hier ausgesagt? Viele Frauen fühlen sich schlecht. Sie sind „depressiv". „Depressiv" gewiß nicht im klinischen Sinne als Diagnose gemeint, sondern mehr dem modischen Trend folgend, der jedwede Form von Mißlaunigkeit unter diesen Begriff subsumiert. Dann wird auch noch auf die publizistische Alarmsirene gedrückt: *immer mehr* Frauen seien depressiv. Immer mehr Frauen gehe es seelisch schlecht. Und was sind dies für Frauen? Solche wie Frauen in Entwicklungsländern, denen die Kinder unter den Händen wegsterben vor Hunger? Oder solche wie Frauen im Ostblock, die viele Stunden täglich in Fabriken arbeiten müssen bis zur körperlichen Erschöpfung? Oder solche wie Frauen in amerikanischen Negerslums, denen die primitivsten Mittel im Haushalt abgehen, und deren Männer sich in gefährlichen Banden herumtreiben? Nein, das alles nicht. Es sind Frauen, meist gut verheiratet, mit gesunden Kindern, berufstätig oder auch nicht, in gesicherten wirtschaftlichen Verhältnissen, die nicht wissen, warum sie sich schlecht fühlen. Merkwürdig, nicht wahr? Spitzfindig könnte man anmerken, der Mensch vertrage es offenbar nicht, daß es ihm gut geht.

Dies also haben die Psychologen beobachtet, und im Beobachten waren die Psychologen immer schon recht tüchtig. Was sich hier offenbart, ist tatsächlich der Schatten eines weitverbreiteten Unbehagens, das seit einigen Jahrzehnten beobachtbar ist, und zwar genaugenommen seit dem Wirtschaftswunder in unseren Landen. Zwischen dem Beobachten und dem Deuten eines Phänomens ist allerdings eine große Kluft, und im Deuten waren die Psychologen noch nie so gut wie im Beobachten. Wiederholt ist es zu Fehldeutungen gekommen, und, wie ich zeigen werde, so auch in der zitierten Zeitungsnotiz, in der die zunehmende Depressionsneigung der Frauen erklärt wird mit dem Satz: „Sie fühlen sich überfordert, neigen deswegen zum Grübeln und machen sich Vorwürfe.“ Diese Behauptung trifft die Wahrheit nicht und ist nur zu verstehen auf dem Boden einer veralteten Psychologie, die schon nicht mehr gültig ist.

Um die veraltete Denkweise nachzuvollziehen, müssen wir uns in Erinnerung rufen, daß der Beginn der Psychologie in einer Zeit stattfand, in der es in Europa eine Menge Not, Unterdrückung, Arbeitslosigkeit und nicht zuletzt zwei Weltkriege gab. Das hat natürlich seine Auswirkungen auf die junge Wissenschaftslehre gehabt. Die Psychologen gingen damals ganz selbstverständlich davon aus, daß der Mensch glücklich sein müsse, wenn er einfach keine Not leide, und da sie sich für die äußeren Umstände des Lebens wie Arbeitslosigkeit oder Krieg nicht zuständig fühlten, konzentrierten sie sich darauf, die innere Not des Menschen in irgendeiner Weise zu beseitigen, um die Menschen ihrem Glück zuzuführen. Das war eine ganz lautere Absicht, die leider daneben ging. Denn Glück ist im Grunde nicht „frei sein *von* etwas" sondern „frei sein *zu* etwas", wovon wir noch sprechen werden.

Jedenfalls hat sich die Psychologie gut 50 Jahre lang redlich bemüht, die innere Not des Menschen auszumerzen. Zunächst einmal sollte der Mensch von jeglicher Qual eines Triebdrucks befreit werden, und vor allem seine sexuellen und aggressiven Bedürfnisse möglichst komplikationslos entladen dürfen. Daß solche Entladungen des einen nur auf Kosten eines anderen erfolgen können, wurde als unvermeidlicher Nebeneffekt in Kauf genommen. „Bloß nichts unterdrücken, bloß nichts verdrängen" hieß die lautstarke psychologische Maxime, und was die anderen betrifft, fügte man etwas leiser hinzu: „Das ist *deren* Problem". Dadurch entstand jener eigenartige Widerspruch, daß in der abendländischen Kultur in keinem Jahrhundert zuvor, welches noch ohne die Hilfe der psychologischen Wissenschaft hatte auskommen müssen, die Familien so sehr in ihrem tiefsten Kern erschüttert worden sind wie in unserer Zeit, der doch die vielfältigen Erkenntnisse einer „glückbringenwollenden" Psychologie zur Seite stehen.

Aber die angestrebte Befreiung von der inneren Not ging weiter. Nach der Enthemmung der Triebe kam die Befreiung von der Autorität. „Sich bloß nichts gefallen lassen" hieß die neue Maxime, die für Erwachsene wie für Kinder gleichermaßen ausgegeben wurde. „Sich wehren, sich durchsetzen, neinsagen-können" waren die neuen Glücksrezepte. Die Schwesterdisziplin der Psychologie, die Pädagogik, griff sie auf und wagte sich damit bis an den Rand des Chaos vor, wie wir bereits erörtert haben. Inzwischen war die Befreiung von allen sozialen Zwängen fortgeschritten. „Endlich an sich selber denken" schrieb die Psychologie über alle ihre Bemühungen und ermutigte zur Ich-Stärkung in jeder Zeile ihrer literarischen Marktüberflutung. Bedenken? Dagegen gibt es ein wirksames Mittel: „Die anderen sind doch schuld an deiner Misere! Die zugefügten Kränkungen durch Mutter, Vater und Umwelt, sie alle sind verantwortlich für deine Fehlhandlungen!" Wie schön, sogar die Befreiung vom schlechten Gewissen schien zu gelingen. Was stand dann dem Glück noch im Wege? Gar nichts mehr. Die inneren Hemmungen waren psychologisch eliminierbar geworden, und sogar die äußeren Umstände begannen sich gegen Ende der 50er Jahre zu wandeln: der Wohlstand kam. Die Menschen, die inzwischen gelernt hatten, ihre Triebansprüche durchzusetzen, konnten plötzlich – von Autoritätsnormen gelöst und extrem ich-gestärkt – problemlos alle ihre Bedürfnisse befriedigen: mit Konsumgütern, mit Sexpartnern, mit Machtdemonstrationen, mit einem Zurückweisen jeglicher Überforderung, mit der reinen Orientierung nach ihren Wünschen ... sie mußten nach psychologischer Dogmatik jetzt schlichtweg selig sein. Unendlich glücklich. Ja, und da brach das ganze Kartengebäude in sich zusammen. Denn so unglücklich, so seelisch krank wie in der gegenwärtigen „Narzißmuskultur"[6] waren die Menschen unserer fortschrittlichen „ersten Welt" noch nie.

Mühsam lernt die Psychologie umdenken. Sie muß in vielem noch einmal neu anfangen. In diesem Prozeß der Erneuerung steht sie heute, und am meisten helfen ihr dabei die Hinweise von Viktor E. Frankl, von dem auch die Warnung stammt, daß es dem Menschen nicht vorrangig um eine Freiheit *von* etwas, sondern vielmehr um eine Freiheit *zu* etwas gehe. Daß es dem Menschen also nicht genüge, irgendwelche Verpflichtungen, Bindungen, Sollansprüche usw. über Bord zu werfen, um sich danach im bedürfnisgestillten Vakuum zu befinden, sondern daß es dem Menschen in erster Linie darum gehe, etwas Sinnvolles aus seinem Leben zu machen, für etwas da-zu-sein, für etwas gut-zu-sein, also eben frei-zu-sein für das, *wofür* er überhaupt leben möchte.

Was hat dies alles aber mit der Situation der berufstätigen Frau zu tun? Es hat insofern damit zu tun, als es mit dem Selbstverständnis des einzelnen Menschen zu tun hat, also auch mit dem der berufstätigen Frau. Solange die Idee vom unglücklichen Menschen, der seine Wünsche und Ansprüche nicht genügend durchsetzen kann und deswegen unglücklich sein *muß*, durch die Köpfe der Leute geistert, wird jedes Unglücklichsein nur aufgeschlüsselt nach solchen Faktoren, die das Glücklichsein verhindern könnten, sogenannten Streßfaktoren, die den Menschen beengen, unter Druck setzen usw. Es wird dann völlig außer acht gelassen, daß auch mit dem Wegfallen von Streßfaktoren das Glück nicht festgeschrieben ist, wie die Wohlstandszeit vielfach bewiesen hat. Ja, mitunter wird diese Sicht so zäh verteidigt, daß selbst dort, wo ganz offensichtlich positive Lebensbedingungen vorherrschen, noch irgendwelche verborgenen Streßfaktoren vermutet werden, die am Unglücklichsein schuld sein müssen, siehe den erwähnten Zeitungsartikel, der über jene depressiven Frauen in guten Verhältnissen nichts anderes zu sagen weiß, als daß sie sich „überfordert" fühlen.

Es ist anzunehmen, daß genau das Gegenteil der Fall ist. Eine kräftemäßige Überforderung gibt es durchaus, aber sie entspringt selten ausgesprochen guten wirtschaftlichen Verhältnissen, und sie führt noch viel seltener zur Depression. Meistens ist es eine gewisse grundsätzliche Unzufriedenheit mit dem Leben, die aus den Wohlstandsbedingungen heraus erwächst und die Stimmungslage der Menschen dämpft. Es ist, wenn man so will, eher eine *geistige Unterforderung*, die sich auswirkt, ein „Haben und nicht wissen, wozu", ein „Dasein und nicht wissen, wofür", eine Existenzerfahrung, abgekoppelt von höheren Zielen und tieferen Werten. Warum grübeln die Frauen, auf die sich die Notiz bezieht, so viel, warum machen sie sich Vorwürfe? Sie sind auf der Suche nach etwas, und das gilt nicht nur für sie, das gilt für den modernen Menschen schlechthin: er ist auf der Suche, aber nicht auf der Suche nach käuflichen Dingen oder nach Befriedigungsmöglichkeiten, das alles hat er schon hinter sich, er sucht nach einem geistigen Horizont, der seinem Leben wieder Orientierung und Inhalt gibt. Jahrtausende lang war der Mensch in seiner Evolution noch ein halbes Tier, und die Instinkte diktierten ihm, was er zu tun habe. Weitere Jahrtausende lang war der Mensch bereits ein kulturschaffendes Wesen, und die jeweiligen Traditionen legten für ihn fest, was er tun solle. Heute ist der Mensch in einer Aufbruchphase, weder Instinkte noch Traditionen leiten ihn mehr mit Bestimmtheit, jetzt muß er selber finden, was er zu seiner Bestimmung machen will, jetzt muß er seinen Weg selbstverantwortlich gehen.[7] Und daran scheitern heute viele Menschen, die ohne ersichtlichen Grund deprimiert sind: nicht an den Streßfaktoren ihrer Lebensumstände, sondern an deren Sinnhaftigkeit, die in Frage steht.

Wenden wir uns also der speziellen Situation der *berufstätigen Frau* zu. Diese Situation ist in der Entwicklung der Menschheit etwas Neues, zumindest in unserer Gesellschaft. Das heißt aber nicht, daß Frauen in früheren Zeiten nichts gearbeitet hätten. Im Gegenteil dürfen wir davon ausgehen, daß Frauen kaum jemals Freizeit hatten, weswegen sie auch nicht dazukamen, sich in Kunst und Wissenschaft zu versuchen. Frauen waren im häuslichen Bereich rund um die Uhr im Einsatz, wenn wir von den adeligen Damen der „high societies" aller Zeiten einmal absehen. Ihre Aufgabe war es im allgemeinen, die oft üppige Kinderschar großzuziehen, und das unter primitiven und armseligen Gegebenheiten, die uns heute unvorstellbar erscheinen. In bäuerlichen und handwerklichen Kreisen halfen sie außerdem fleißig mit zur Unterstützung ihrer Männer und zur Aufbesserung des Einkommens. Sie arbeiteten praktisch den ganzen Tag und redeten niemals vom Streß, aber natürlich gab's das Wort „Streß" auch noch nicht. Nun will ich diese Zeiten keineswegs verherrlichen oder all diese Frauen vergangener Tage glücklich sprechen, bestimmt litten sie zum Teil enorm. Aber sie hatten einen Vorteil: sie stellten sich nicht die Frage nach dem Sinn ihres Tuns. Der Sinn war nämlich offensichtlich: es ging ums Überleben, ums Überleben der Kinder, ums Bezwingen der Naturgewalt, ums Abringen der Lebensmittel, um Sein oder Nichtsein. Und das Sein-Können war Sinn genug.

In der Gegenwart hingegen ist unser Sein-Können selbstverständlich geworden, es ist überhaupt nichts Besonderes mehr, keine Gnade, kein Geschenk, ja manchmal wird es sogar als ein unangenehmes Sein-Müssen, als eine Last empfunden. Frauen, die heute im Haushalt nichts machen wollen, benützen Maschinen, tragen die Wäsche in die Wäscherei, kaufen Fertigprodukte zum Essen; Frauen, die nicht arbeiten wollen, bleiben zu Hause, leben von ihren Männern, von Angehörigen, notfalls von Arbeitslosenunterstützung und Sozialhilfe; Frauen, die keine Kinder aufziehen wollen, nehmen die Pille, oder wenn's passiert ist, geben sie ihre Kinder in Pflege, ins Heim; Frauen, die sich nicht binden wollen, leben als Junggesellinnen oder lassen sich scheiden, verdienen sich selbst ihr Geld, ohne mit jemandem teilen zu müssen ... ganz egal, welchen Lebensstil heute jemand bevorzugt, sein Sein-Können ist auf jeden Fall gesichert, und kommt er wirklich unter die Räder, muß er schon ganz schön viel dazu beitragen. In diesem Raum des „Sowieso-Seins" stellt sich nun die Frage nach dem Motiv des persönlichen Handelns auf einer anderen Ebene als in der Vergangenheit. War früher das Tun notwendigerweise ein Mittel zur Aufrechterhaltung der Existenz, kann heute die Existenz aufrecht erhalten werden als ein Mittel, um irgendetwas damit zu tun, und die Frage lautet eben nicht mehr: „Was tue ich, um zu leben?", sondern „Ich lebe, um was zu tun?"

Diese Umpolung der Fragestellung kam für die Männer nicht so abrupt wie für die Frauen. Die Männer hatten nämlich mit ihrem auserwählten Beruf immer schon einen Aspekt in ihrem Leben, der über die bloße Seinserhaltung hinauswies auf eine objektive Aufgabe. Der Schuster oder der Schmied arbeitete natürlich, um sich und seine Familie zu ernähren, aber er wollte gewiß auch gute Schuhe oder brauchbare Metallgegenstände verfertigen, das heißt, der Sinn seiner Arbeit war ein mehrfacher, er reichte über die Sättigung der Eigen- und Familienbedürfnisse hinaus in eine Außenwelt, die es zu gestalten und an der es die Kräfte zu messen galt. Auch heute ist es noch eher die Norm, daß ein Mann in seinem Beruf mehr als bloß einen Gelderwerb sieht, daß ihn dieser interessiert, daß er sich darin engagiert, daß er seine Arbeit zu einem persönlichen Wirkungsbereich ausbaut.

Im Unterschied dazu mußten sich die Frauen umstellen. Sie waren im Dienst an der Familie aufgegangen, Jahrhundert um Jahrhundert. Arbeit, die nicht letztlich Arbeit für ihre Familie war, kannten sie kaum. Der Sinn ihres Schaffens waren die Angehörigen, denen dieses Schaffen zugute kam. Und plötzlich finden sie sich, von der psychologisch untermauerten Emanzipationswelle mitgerissen einer beruflichen Arbeit gegenüber, die mit ihren Angehörigen nicht das Geringste zu tun hat, wenn man das Geld nicht mitrechnet, das sie vielleicht noch zur Familie beisteuern. Das Neue an der Berufstätigkeit der modernen Frau ist somit nicht die Tatsache ihrer Produktivität, keineswegs, sondern die Außenzentriertheit ihrer Arbeit, die damit beginnt, daß die Frauen sich außer Haus begeben, was z. B. für die Kinder eine große Rolle spielt, und die darin einmündet, daß sie außer Haus einen anderen Lebensraum betreten als den, den sie zu Hause verlassen. Einen Lebensraum, von dessen Sinn sie seit undenklichen Zeiten nichts gewußt haben.

Hier kommt die Schwachstelle des ganzen Gefüges zum Vorschein: den Frauen unserer Zeit ist die Sinnhaftigkeit ihres häuslichen Schaffens mehr oder weniger in Verlust geraten, und die Sinnhaftigkeit ihres beruflichen Schaffens teilweise noch gar nicht aufgegangen; sie stehen *zwischen zwei Wertblökken,* die sie beide mit Skepsis betrachten, und deren optimale Integration sie – historisch gesehen – unvergleichlich weniger Zeit hatten zu lernen, als die Männer. Dennoch kann diese Integration gelingen und kann in der Tat eine Bereicherung des gesamten Daseins als Frau bedeuten, aber dazu müssen wir dem ewigen Gerede vom Streß ade sagen, und das berufliche Wirken gedanklich eben verknüpfen mit so etwas wie dem Aufgehen einer Sinngestalt. Womit wir wiederum beim logotherapeutischen Ansatz gelandet sind, der genau an jener Schwachstelle ansetzt, die dem modernen Leben trotz aller psychologischen Befreiung von seelischen Hemmnissen und trotz allem Noch-Wohlstand unvermindert anhaftet: an der Haltlosigkeit eines Menschengeschlechtes, dem weder Instinkte noch Traditionen mehr Leitlinien vorzeichnen, und an der geänderten Situation der Frau, die einen uralten Sinnbereich gegen einen neuen eintauschen oder mit einem solchen auffüllen muß, will sie nicht bei aller tagtäglichen Hektik in einem geistigen Vakuum veröden.

Wenn man in der psychologischen Praxis tätig ist, wie ich es bin, und sehr oft mit unglücklichen Frauen zu tun hat, dann weiß man, daß es sich bei der Sinnfrage um ein zentrales Grundproblem handelt, das jedes andere Problem wie Überforderung, Mißerfolg oder sonstigen Kummer weit übergreift und durchdringt. Da kommen Frauen aus den unterschiedlichsten Positionen zur Beratung, sowohl Frauen, die keine Familie haben und auch keinen Beruf, als auch Frauen mit der vielkommentierten Doppelbelastung von beidem, da kommen typische Nur-Hausfrauen, die Familie haben, und Berufstätige, die allein stehen. Führen diese unterschiedlichen Lebensräume zu unterschiedlichen Lebenshaltungen? Leider muß ich antworten: im negativen Sinne nicht; dort, wo die Unzufriedenheit mit dem Leben, das Gefühl der Sinnlosigkeit allen Tuns auftritt, dort sind sie völlig gleich, ja, manchmal hegt man sogar den Verdacht, daß es den Patientinnen umso schlechter geht, je besser ihre Lebensbedingungen sind, was auch in der besprochenen Zeitungsnotiz angeklungen ist.

Die Frauen, die *weder* Familie *noch* Beruf haben, klagen über die Leere und Nutzlosigkeit ihres Lebens, über die Einsamkeit, die sie lähmt, und die Monotonie der dahinfließenden Tage. Die Frauen wiederum, die Familie *und* Beruf haben, klagen über das fürchterliche Eingespanntsein, über die Gespaltenheit zwischen beiden Aufgaben und das Gefühl, beidem nicht gerecht zu werden und dennoch nie in Ruhe zu sich selbst kommen zu können. Die Frauen, die *nur* in der Familie wirken, züchten ihre Minderwertigkeitskomplexe und fühlen sich von der Welt abgeschnitten, finanziell abhängig, in ihrer persönlichen Entfaltung eingeengt und von den Angehörigen ausgenutzt als ein Aschenbrödel, das zu dumm ist, was Besseres zu leisten. Die Frauen wiederum, die *nur* im Beruf stehen und keine Familie haben, meinen, das Wichtigste in ihrem Leben versäumt zu haben, sehnen sich nach Partnerschaft und Mutterschaft, und fürchten, daß ihnen die Decke auf den Kopf fällt, wenn sie abends die dunkle Wohnung aufsperren, in der niemand auf sie wartet. Nun entscheide der Leser selbst, ob es wirklich der Streß ist, der diese Menschen fertigmacht? Sind es die unbefriedigten Wünsche und Triebe, die nicht ausgelebt werden können? Sind es die Grübeleien und Selbstvorwürfe, die depressiv machen? Sind es die äußeren Umstände, die die Lebensfreude verdüstern?

Ist es nicht vielmehr so, daß in den Klagen all dieser unglücklichen Frauen das Sinnverständnis für die je *anderen* Positionen aufscheint, aber die Bereitschaft fehlt, sich zu den Sinnmöglichkeiten der *eigenen* Position zu bekennen? Wie wäre es denn, wenn nicht „die Frauen ohne Familie und Beruf" über Nutzlosigkeit und Monotonie ihrer Tage jammern, sondern sich „die Frauen mit Familie und Beruf" über die Unentbehrlichkeit ihres Wirkens und den Abwechslungsreichtum ihres Tagesablaufes freuen würden? Und wie wäre es umgekehrt, wenn nicht „die Frauen mit Familie und Beruf" über Eingespanntheit und Ruhelosigkeit klagen, sondern sich „die Frauen ohne Familie und Beruf" über ihre momentane Erholungspause und Chance zur Besinnung und Neuorientierung freuen würden? Ähnliches gilt natürlich auch für die übrigen Lebenskonstellationen. Statt daß sich „die Frauen, die nur für die Familie da sind," als minderwertiges Aschenbrödel fühlen, könnten doch „die Frauen, die nur die Berufspflicht tragen," stolz auf ihre Unabhängigkeit und Leistungskraft sein, die ihnen Selbstbestätigung und Selbstbewußtsein vermittelt. Und statt daß „die Frauen, die nur im Beruf stehen," einer nichtexistenten Familie nachweinen, könnten doch „die Frauen, die nur der gute Geist ihrer Familie sind," danken für das Glück der Partnerschaft und Mutterschaft, das es zu hüten und zu bewahren gilt.

Alle diese Sinnmöglichkeiten stehen uns Frauen zur Verfügung, je nach unserer Lebenslage, und dazu noch eine bunte Palette diverser zusätzlicher Nebenbeschäftigungen, die auch nicht ganz ohne Sinngehalt sind, wie Fortbildungsmöglichkeiten, Hobbies, Kontakte mit Freunden, Gemeindearbeit, Reisen, musische oder handwerkliche Betätigungen, Sport, Spiel usw., wenn, ja wenn wir bereit sind, die Herausforderung jeder konkreten Situation zu erspüren und anzunehmen. Es gibt überhaupt *keine* Situation im menschlichen Leben, die nicht irgendeinen Sinngehalt aufweist, und sei sie noch so eingeschränkt und triste; immer gibt es eine geistige Einstellung zu ihr, die psychohygienisch optimal ist, weil sie das Bestmögliche dieser Situation erfaßt und ins Blickfeld rückt. „Das Positive ist in uns selbst oder nirgends", das habe ich an meinen Patienten und Patientinnen gelernt, das Positive ist nicht etwas, das von der Außenwelt an uns herangetragen wird, sozusagen auf silbernem Tablett, es ist vielmehr etwas, das wir in die Außenwelt hinausstrahlen müssen, und zwar von dem Platz aus, auf dem wir nun einmal stehen, dann werden wir es ringsum überall wiederentdecken, wohin wir auch schauen.

Frankl spricht in diesem Zusammenhang von einer gesunden *Noodynamik,* wobei das Wort „nous" soviel wie Geist, Sinn bedeutet, und „Dynamik" eine Bewegung ausdrückt, eine Bewegung des menschlichen Geistes. Seiner Auffassung nach darf man nicht statisch werden, in irgendeinem Zustand verharren, auch nicht im Zustand eines völligen inneren Gleichgewichts, das sowieso nicht erreichbar ist. Der Mensch muß sich zeitlebens in einem gewissen Spannungsbogen befinden, unter wohldosiertem Streß, könnte man pointiert sagen, nämlich unter der Spannung zwischen einem Sein und einem Soll, die er nur durch sein Handeln, Denken und Wirken verringern kann. Eine Mutter zum Beispiel, die die Strümpfe ihrer Kinder stopft, ist sich dieser Spannung intuitiv bewußt: das Sein sind die beschädigten Strümpfe, und das Soll ist die ordentliche Kleidung der Kinder; und beides ist nur dadurch miteinander in Einklang zu bringen, daß die Mutter eben ihre Arbeit aufnimmt – oder vielleicht auch neue Strümpfe kauft, was unter Umständen gerechtfertigt sein kann, etwa wenn sie die Zeit dringender für etwas anderes braucht als für's Stopfen, also für ein anderes Soll, das zu einem anderen Sein in noch größerer Spannung steht. Auf alle Fälle wird sie aus der Erneuerung der Strümpfe ein leises Gefühl der Sinnhaftigkeit ihrer Existenz gewinnen, das auf die Erfüllung eines Soll-Anspruchs zurückgeht. Wer dagegen einwendet, daß gerade die ständige Unterwerfung unter irgendwelche Soll-Maßregeln die Menschen in schreckliche Zwänge presse, der vergißt, daß Zwänge jene Soll-Ansprüche der Umwelt sind, die von dem Betroffenen im Grunde *nicht bejaht* werden. Ein Zwang wäre zum Beispiel ein von der Mutter an die Tochter weitergegebenes Soll, diese möge demnächst ihre Strümpfe selber stopfen, während die Tochter meint, mit dem Stopfen sei es gar nicht eilig, weil sie noch genügend Strümpfe im Schrank habe.

In der Noodynamik ist ein fremder Soll-Anspruch, mit dem man sich nicht identifiziert, nicht gemeint. Hier geht es um das Soll, das sich dem eigenen Ich erschließt. Um das eine, wofür ich jetzt, hier und heute gebraucht werde, um die einzigartige Herausforderung einer einmaligen Situation, die nie mehr wiederkehrt. Wenn wir dieses eine, dieses noodynamische Soll erspüren, bejahen und darauf zugehen, ist der Lohn vielleicht Arbeit, vielleicht Mühe, vielleicht Streß, und doch: Erfüllung.

Was folgt daraus in puncto Berufstätigkeit? Jedermann wird sagen: das Soll unserer beruflichen Leistung ist zu 90% fremdbestimmt. Zugegeben, das ist so. Die anderen, die Vorgesetzten, sagen uns, was zu tun ist, oder, wenn wir selbst an verantwortlicher Stelle sitzen, dann weisen uns die Sachzwänge die Richtung, die einzuschlagen ist. Dennoch möchte ich um die restlichen 10 Prozent feilschen. Jeder wie immer geartete Beruf birgt in sich einen kleinen, unbestimmten Raum, einen Freiraum, der von niemandem anderen strukturiert wird, als von demjenigen, der diesen Beruf ausübt. Ein Raum voll von Möglichkeiten, die nicht dem Plansoll eines Arbeitgebers entspringen, sondern allein der noodynamischen Sensibilität des Arbeitnehmers, oder, wenn Arbeitnehmer und Arbeitgeber zusammenfallen, keinem sachlichen Muß, sondern nur dem individuellen Engagement. Es sind schlicht gesagt die praktischen Gelegenheiten, Erfüllung im Beruf zu finden.

Daß solche auch bei sehr einfachen und wenig Kreativität zulassenden Berufen uneingeschränkt offenstehen, beweist die Geschichte eines Müllmanns, die von Bischof Georg Moser nacherzählt wurde[8], um die Sinn-Potentialität jeglichen Arbeitsplatzes darzulegen. Besagtem Müllmann wurde vor Jahren das Bundesverdienstkreuz verliehen, und zwar deshalb, weil er unermüdlich zerbrochene, weggeworfene Spielsachen aus den Mülltonnen herausholte und sie des Abends Stück für Stück neu zusammenbastelte, um sie danach an bedürftige Kinder zu verschenken. Bedenken wir, dieser Mann hätte auch eine ganz andere Wahl treffen können! Er hätte abends trübsinnig vor einer Flasche Bier oder vor dem Fernseher hocken und sich selbstmitleidigen Gedanken hingeben können, darüber grübelnd, wie sehr er doch vom Schicksal benachteiligt sei: einsam, ohne Familie, mit einem „stinkigen“ Beruf und ohne Hoffnung auf berufliche Verbesserung. Ein verpfuschtes Leben ... und was machte er daraus in Wirklichkeit? Er fügte dem an sich schon sinnvollen Werken seiner täglichen Arbeit noch eine weitere Sinndimension hinzu: die Umwandlung von Wertlosem in Wertvolles, was ihm die Freizeit inhaltsreich ausfüllte, und die Beschenkung notleidender Kinder, was ihm eine zwischenmenschliche Brücke schuf aus der Einsamkeit heraus in die Umwelt. An diesem Beispiel wird deutlich, was es heißt: „Das Positive ist in uns selbst oder nirgends".

Ich sagte also, jeder Beruf hat seine grobgeschätzte 10%-Spanne für Eigeninitiativen und persönliche Gestaltung, und sei es nur die jeweilige Einstellung, mit der man das morgendliche Arbeitspensum übernimmt. Für den Müllmann bestand dieser kleine Freiraum eben darin, daß er verwendbare Materialien aus den Abfalleimern retten konnte oder nicht. Aber nicht immer ist Passivität die sinnärmere Alternative, es kann auch Situationen geben, in denen die Unterlassung von etwas sinnvoller ist, z. B. von totaler körperlicher Verausgabung im Dienst ehrgeiziger Pläne. Das freundliche Wort zur Mitarbeiterin, das Beziehung schafft, kann wichtiger sein als das Lobeinheimsen vor dem Chef, das ein Außenseitertum fördert. Die Gelassenheit an der Führungsspitze kann ein besseres Arbeitsklima erzeugen als scharfe Kontrollen, die Mißtrauen produzieren; die Verschnaufpause zwischendurch mag bekömmlicher sein, insbesondere für berufstätige Mütter, die auch nach der Arbeit noch fit sein müssen, als ein paar Sprossen höher in der Hierarchie zu erklimmen. Das „eine, das gerade nottut" – wie schwer ist es beschreibbar, wie wenig ist es nach allgemeinen Kriterien zu definieren, und wie leicht ist es trotzdem ausfindig zu machen von dem, der sich am Sinn der Situation orientiert!

Man sagt uns Frauen nach, daß wir eher Gefühlsmenschen als Verstandesmenschen seien und mehr personenbezogen als sachbezogen denken. Mag sein, daß etwas Wahres daran ist, wenngleich die üblichen Ausnahmen die Regel bestätigen. Sicher ist, daß die Psyche der Frau in manchen Belangen abweichend reagiert von der des Mannes. Das bedeutet, daß mit dem Aufkommen der Berufstätigkeit der Frau neue Perspektiven in die bis dahin von Männern geprägte Arbeitswelt gekommen sind. Ich meine damit nicht eine „Verweiblichung" der Arbeit an sich, sondern die größere Schwingungsbreite der Durchführungsnuancen am Arbeitsplatz. Das ist zugleich eine echte Chance, der verhärteten Routine eines jeden Berufs ein humanes Lichtchen aufzusetzen, zusammengesetzt aus ein bißchen fraulichem Einfühlungsvermögen und mütterlicher Hingabe, die sich auf vieles übertragen lassen.

Nicht umsonst werden Frauen so stark in pädagogischen und pflegerischen Bereichen eingesetzt, das Sorgen-Können für jemanden liegt ihnen schon von ihrer biologischen Konzeption her im Blut, und es ist ganz und gar ein Verstoß gegen das weibliche Wesen, es ausschließlich auf sich selbst zu fixieren. Eine Frau muß nicht Mutter werden, um glücklich zu sein; eine Frau muß nicht einmal Ehefrau sein, um Glück zu finden; aber *um irgend jemanden* muß sich jede Frau bekümmern dürfen, irgendwo muß sie *geben* können, sonst kann sie kein Glück empfangen – geschweige denn „sich selbst verwirklichen", was gar nicht das höchste Ziel menschlichen Strebens darstellt. Das Selbst verwirklicht sich nicht im Vakuum. Das Selbst ist überhaupt nur ein abstrakter Begriff, der niemals für sich allein konkret existiert. Was existiert, das sind immer nur Sinnmöglichkeiten in einer Realität, die eben die Realität des Menschen ist, und in der sich durch Verwirklichung oder Versäumnis solcher Möglichkeiten ein menschliches Selbst formt.

Eine Frau muß irgendwo geben können, und das hat absolut nichts mit einem Helfersyndrom zu tun, sondern einzig mit dem Urbestand aller menschlichen Existenz, die wesenhaft ausgerichtet ist auf ein „Dasein für etwas oder für jemanden", beim Mann vielleicht mehr auf ein „Dasein für etwas", bei der Frau vielleicht mehr auf ein „Dasein für jemanden", aber grundsätzlich ausgerichtet ist auf die Überschreitung des Selbst in Hinblick auf eine vom Selbst zu erbringende Aufgabe.

„Dasein für jemanden" – kann sein, daß es sich mit dem Beruf verbinden läßt, wenn schon nicht arbeitsintern, dann wenigstens innerhalb jener 10% persönlichen Spielraums, die aus jedem Wirkungskreis herausholbar sind. Kann auch sein, daß das „Dasein für jemanden" seinen Schwerpunkt außerhalb des Berufes in der Familie findet. Aber wenn der Beruf dafür wenig geeignet ist, und wenn die Familie fehlt, dann muß das „Dasein für jemanden" wenigstens Einzug halten in die Freizeit, und wenn auch dies nicht geschieht, droht noch Schlimmeres als Depression, nämlich Leere.

Ich hatte einmal eine Frau in Behandlung, die sich von ihrem Mann hatte scheiden lassen, weil er Alkoholiker gewesen war. Ein Kind von ihm hatte sie abtreiben lassen. Wenige Wochen nach der Scheidung war der Mann gestorben. So war sie allein geblieben, aber sie hatte einen schönen Beruf, sie arbeitete als Bibliothekarin in einer großen Bücherei. Dort hatte sie einen guten Zugang zu den Kunden, die sie gerne und ausführlich beriet. Doch eines Tages bekam sie eine neue Aufgabe zugeteilt: sie sollte die gesamten Bücher neu katalogisieren. Dazu wurde sie in einen von der Öffentlichkeit abgetrennten Raum versetzt, wo sie die Inventarisierung in aller Stille ungestört vornehmen konnte. Und plötzlich drehte sie durch.

Hier können wir die existentielle Leere deutlich erkennen im völligen Fehlen irgendeines „Daseins für jemanden“. Ein Dasein für die Ordnung meterhoher Bücherstapel schließt die Lücke nicht. Der seelische Zusammenbruch dieser Frau wurde sichtlich durch die Umstrukturierung ihres Arbeitsplatzes ausgelöst, allerdings bloß ausgelöst, nicht verursacht. Die Ursachen lagen nicht im sterilen Raum ihrer neuen Tätigkeit, sondern in einem seit langem andauernden Prozeß der kontinuierlichen Vernachlässigung von Sinnmöglichkeiten, insbesondere im zwischenmenschlichen Bereich. Die einzige Brücke zu den Mitmenschen im Leben dieser Frau war ja ihr Kontakt mit den Kunden, und als dieser abbrach, stürzte die ganze Brücke in die Tiefe.

Ich bin keineswegs befugt, darüber zu urteilen, ob die Scheidung wirklich unumgänglich gewesen ist; zweifellos ist die Partnerschaft mit einem Alkoholiker ein sehr schweres Schicksal. Manchmal übersteigt es die Kraft des einzelnen bei weitem. Dennoch hat auch dieses Schicksal seine Sinnmöglichkeiten, und in Anbetracht der Tatsache, daß der Mann so kurz nach der Scheidung gestorben ist, wir also annehmen müssen, daß er ernsthaft krank war, läßt sich die Vermutung nicht von der Hand weisen, daß die Frau für ihren Mann der letzte Rest von Halt gewesen ist oder hätte gewesen sein können. Genauso will ich nicht über die erfolgte Abtreibung urteilen. Zweifellos wäre der Mann für eine Vaterrolle so oder so ausgefallen, und es ist wahrlich nicht leicht, ein Kind allein großzuziehen. Dennoch beinhaltet eben auch diese Aufgabe ihre Sinnmöglichkeiten, und wenn man alleinerziehende Mütter fragt, ob sie die Mutterschaft bereuen, bekommt man meistens zu hören, daß sie sich ein Leben ohne ihr Kind gar nicht mehr vorstellen können.

Aber selbst wenn wir davon ausgehen, daß beide Entscheidungen dieser Frau richtig bzw. unvermeidlich gewesen sind, stellt sich doch die Frage, was sie *anstatt* der zurückgewiesenen zwischenmenschlichen Aufgaben an Sinnvollem in ihr Leben hineingepackt hat; und siehe, da war nicht viel. Männern mißtraute sie, mit Frauen wußte sie kaum etwas anzufangen, Hobbies hatte sie keine entwickelt, und die Wochenenden vertrödelte sie mit Hausputz. Einem *schweren* Leben hatte sie ein *leeres* Leben vorgezogen, in dem der Beruf ihr alleiniges tägliches Plansoll darstellte. Und das ist gefährlich.

Ich möchte mit diesem Beispiel zwei Warnungen verbinden, zwei Warnungen gerichtet an die berufstätige Frau. Die eine haben wir schon erörtert, es ist die Notwendigkeit eines „Daseins für jemanden", die nie aus den Augen verloren werden sollte, und wenn man noch so sehr im Beruf aufgeht, noch so knappe Freizeit hat, noch so sehr als Arbeitskraft eingespannt ist. Es ist gegen das Wesen des Menschen, und absolut gegen das Wesen der Frau, mit niemandem in engere Beziehung zu treten, in eine Beziehung der Liebe im weitesten Sinne, wozu durchaus auch die Pflege von Kindern, Freundschaften, Interessensgemeinschaften usw. zählen können. Die zweite Warnung klinkt in die erste ein, sie bezieht sich auf die Einseitigkeit des Berufs. Der Beruf ist ein wichtiger, ein wertvoller Lebensinhalt, aber man mache ihn niemals zu *dem* Lebensinhalt. Man vergötze ihn nicht,[9] sonst fällt man spätestens mit der Pensionierung ins Vakuum, aber nicht nur das, jede Krankheitsphase, jeder Urlaub und jeder Feiertag kann sich als Katastrophe entpuppen. Oder auch bloß eine Änderung im Berufsleben, die vertraute Arbeitsbedingungen wegnimmt, wie es in der jetzigen Zeit vielfach durch die Umstellung auf Computer und Roboter geschieht. Es ist für uns Psychotherapeuten eine wahre Horrorvision, eine Generation entstehen zu sehen, von der jedes einzelne Individuum eines Tages in einer Kammer vor dem Bildschirm sitzen und dort lernen, sich unterhalten, Einkäufe tätigen oder arbeiten wird. Der daraus resultierenden Flut geistig-seelisch deformierter Menschen wären wir nämlich in keiner Weise gewachsen …

Wahrscheinlich interessiert es den Leser, zum Schluß noch zu erfahren, wie es mit jener Bibliothekarin weitergegangen ist. Da eine logotherapeutische Behandlung immer zum Ziel hat, Patienten für die konkreten Sinnmöglichkeiten ihres Lebens zu öffnen und ihnen die Verantwortung bewußt zu machen, die mit ihrem Freisein – nicht *von,* sondern – *zu* etwas verbunden ist, begaben wir uns auch in diesem Fall auf gemeinsame Entdeckungsreise. Die Frage lautete: wie ließ sich das Privatleben dieser Frau wertintensiver gestalten, wie ließen sich ihre zwischenmenschlichen Fähigkeiten aufstocken, und wie ließ sich aus ihrem Beruf vielleicht sogar ein zusätzlicher Sinngehalt herausholen? Es war aber gar nicht leicht für mich, ein solch geistiges Ringen einzuleiten, denn zunächst einmal wurde die Patientin ärztlicherseits mit Beruhigungstabletten vollgestopft, und zwar so stark, daß sie kaum mehr ihren Namen sagen konnte, geschweige denn über Sinnmöglichkeiten ihres Lebens zu diskutieren. Die These vom Streß, der unweigerlich hinter allen Nervenkrisen stehen müsse, und dem nur durch mehr oder weniger künstliche Ruhigstellung zu begegnen sei, hatte wieder einmal triumphiert. Erst nachdem ich mit dem behandelnden Arzt ausführlich telefoniert und sowohl mich rückversichert hatte, daß kein Psychoseverdacht vorlag, als auch ihm dargelegt hatte, daß keine situationsbedingte Überforderung, sondern eher ein existentielles Vakuum im Hintergrund der Problematik stand, war die Bahn frei für den Abbau der Psychopharmaka und die Aufnahme unserer logotherapeutischen Gespräche.

Bald war es ein beglückendes Erlebnis für mich, mitanzusehen, wie diese Frau, nachdem sie einmal auf die richtige Fährte gesetzt war, von sich aus Ideen und Vorschläge zur Bereicherung ihres Lebens brachte, und mit welch kindlicher Freude sie daranging, die einzelnen Möglichkeiten auszuschöpfen. Schon nach kurzer Zeit raffte sie sich auf und sprach in der zuständigen Pfarrei vor, um dort ein großes Plakat aufzuhängen, auf welchem sie einen wöchentlichen Literaturkreis für Laien anbot. Sie bekam die Genehmigung, und es war der beste Einfall, den sie haben konnte, denn dieser Literaturkreis, der übrigens heute noch existiert, war exakt die richtige Antwort auf unsere Fragen: er füllt ihr Privatleben, indem sie zu Hause Buchbesprechungen oder die Auswahl von Textstellen vorbereiten muß, er vermittelt ihr zwischenmenschliche Begegnungen, aus denen sich zur Zeit sogar eine sehr harmonische Bekanntschaft herauskristallisiert, und er verleiht ihrem Beruf außerdem noch jenen zusätzlichen Sinnfaktor, der ihm gefehlt hat: ihre guten Kenntnisse am Büchermarkt befähigen sie, Empfehlungen an Leseratten weiterzugeben und passende Autoren für jedermanns Geschmack ausfindig zu machen. Da ist es wohl unnötig zu sagen, daß nicht nur die Frau selber an dieser ursprünglich therapeutisch initiierten Idee gesundete, sondern auch eine Menge anderer Leute davon profitiert hat.

Ich erwähnte anfangs, daß die Psychologie heute langsam beginnt, umzudenken. Fälle wie der geschilderte legen nahe, daß es keineswegs immer damit getan ist, alte Geschichten auszugraben. Hätte ich die Ehetraumata dieser Frau und ihren erlittenen Schwangerschaftskonflikt zum Zentrum unserer Beratungsgespräche erhoben, hätte sie zwar in endlosen Stunden darüber ihr Herz ausschütten können, aber in ihrer gegenwärtigen Situation hätte sich nichts bewegt. So hingegen hat sie gelernt, daß jede Lebensphase, jeder berufliche Werdegang, ja jeder Augenblick unserer Existenz seine positiven Chancen hat, und daß all diese ergriffenen und durchlebten Chancen eben die Fülle eines Lebens ausmachen.

Deswegen möchte ich den berufstätigen Frauen raten: Fürchten Sie nicht den Streß, fürchten Sie lieber das Gefühl der Sinnlosigkeit ihres Tuns oder Nicht-Tuns und lassen Sie es gar nicht erst aufkommen! Tauschen Sie nicht ein schweres Leben gegen ein leeres Leben, Sie würden den Tausch bitter bereuen. Machen Sie den Beruf nicht zu Ihrem Herrgott, er ist es nicht. Entdecken Sie vielmehr in Ihrem Beruf alle Sinndimensionen, die er nur in sich birgt, und greifen Sie sie auf, dann werden Sie für Ihre Arbeit noch einen ganz anderen Lohn empfangen als Ihr Gehalt. Und vergessen Sie, so banal das klingt, neben dem Beruf die Liebe nicht, neben dem „Dasein für etwas“ das „Dasein für jemanden“, die Krönung eines menschlichen und vor allem eines fraulichen Lebens. Wir haben nicht immer gute Bedingungen; es gibt auch finstere Stunden, einsame Stunden, leidvolle Stunden …, und dennoch wird jede Stunde unseres Lebens von uns selbst mitgeformt, in eigener Regie und Verantwortung. Wie recht hatte doch Rainer Maria Rilke, als er dazu schrieb:

> „Wenn dein Alltag dir arm erscheint,
> klage ihn nicht an; klage dich an,
> weil du nicht stark genug bist,
> seine Reichtümer zu wecken."

4. Der berufstätige Mann zwischen Erfolg und Hingabe

Ich habe in der psychotherapeutischen Beratungsarbeit mehr Patientinnen als Patienten, was der Grund dafür ist, daß ich mich bisher stärker mit den Problemen von Frauen und Müttern befaßt habe. Die Männer, und speziell die Väter, mögen mir dies nicht übelnehmen – auch ihre Sorgen kommen noch an die Reihe. Und Sorgen haben gerade die Väter heutzutage sehr ernsthafte, denn sie verlieren zunehmend ihre Kinder, so schockierend sich dies anhört.

In den jährlichen Tätigkeitsberichten meiner Beratungsstelle, in denen auch statistische Daten über die Klienten ausgewertet werden, tritt zutage, daß im Durchschnitt nur mehr ein Drittel aller in der Beratungsstelle vorgestellten Kinder mit ihrem leiblichen Vater zusammenlebt; alle anderen haben entweder keinen oder einen Ersatz-Vater bzw. Bekannte ihrer Mütter als Onkelfiguren. In Anbetracht dessen, daß die Kinder uns üblicherweise wegen irgendwelcher Entwicklungsstörungen vorgestellt werden, liegt die Schlußfolgerung nahe, daß dem Vater, und zwar dem *leiblichen* Vater, doch eine sehr wichtige Rolle im Erziehungsgeschehen zukommt, die nicht so ohne weiteres ersetzt werden kann, wie es oft bei Scheidungs- und Trennungsverfahren gemeint wird. Kinder brauchen Vater und Mutter, sie brauchen die Liebe von beiden und die Achtung vor beiden, und ich habe den dringenden Verdacht, daß besonders die Väter sowohl hinsichtlich der zu gebenden Liebe, als auch hinsichtlich der zu erhaltenden Achtung beim Auseinanderbrechen ihrer Familien zu kurz kommen: meistens verwandeln sie sich dann zu „Sonntagsvätern", die die schleichende Entfremdung von ihren Kindern mit materiellen

Mitbringseln auszugleichen versuchen und Unterhalt zahlen für Konsequenzen eines Handelns, für das sie keine Verantwortung mehr tragen dürfen.

Damit will ich nicht sagen, daß alle Scheidungswaisen bei ihren Vätern besser aufgehoben wären als bei ihren Müttern; und ich weiß auch keine Antwort auf die Frage, wie man Kinder einer gescheiterten Ehe am günstigsten „aufteilt“, denn die Frage an sich ist schon eine schlechte Antwort auf eine ganz andere Frage, die sich allen Eltern stellt, nämlich die, wie sie gemeinsam der sich selbst auferlegten Elternpflicht gerecht werden. Eltern können ihre Kinder in Wirklichkeit einfach nicht verteilen, sie können sie nur verlieren, und wie gesagt, sind die Väter die üblichen Verlierer.

Der Gesetzgeber weist in diesem Zusammenhang gewöhnlich darauf hin, daß die Väter dafür ihren Beruf haben, der sie voll in Anspruch nimmt. Gewiß, der Beruf ist ein großer Bereich im Leben eines Mannes, er ist ein Stück seiner Identität, aber es wäre verkehrt zu sagen: erst kommt der Verdienst, und dann alles andere, wofür dieses Geld verdient wird. Es wäre ebenso unrichtig wie das geflügelte Wort vom „primum vivere deinde philosophari“, zu gut deutsch: „Erst kommt das Fressen und dann die Moral!“ Mein alter Lehrer bemerkte einst während eines gemeinsamen Abendessens in Wien dazu: „Wissen Sie, Frau Doktor, es ist genau umgekehrt: *ohne Moral überwindet man den Hunger nicht*“. Ähnlich verhält es sich mit dem Berufsleben eines Mannes: ohne Sinn und Zweck der täglichen Arbeit steht er die tägliche Arbeit gar nicht durch; ohne eine Familie, die er damit ernähren, ohne Kinder, die er damit erhalten, oder ohne ein sonstiges Ziel, das er damit anpeilen kann, wiegt sein ganzes Einkommen nichts. Deswegen zieht die Tragödie der ihre Kinder verlierenden Väter unserer scheidungsfreudigen Gesellschaft weitere Kreise, als auf den ersten Blick sichtbar sind. Nicht nur verlieren auch die Kinder ihre Väter und damit ein wesentliches Stück an elterlichem Vorbild und elterlicher Beziehung, auch der Platz, an dem die Arbeitskraft dieser Väter zum Einsatz kommt, verliert etwas von der vollen Leistungskapazität jener Mitarbeiter, denn wo das Wozu undurchsichtig wird, läßt die investierte Energie schlagartig nach. Somit sind Ehe-Brüche Einbußen der Arbeitswelt und familiäre Sorgen Initiatoren beruflichen Mißerfolgs.

An dieser Stelle möchte ich ein paar prinzipielle Worte einflechten zum Thema „Erfolg“, der, wie der Begriff schon ausdrückt, eben er-folgen muß und nicht erzwungen werden kann. Erfolg ist ein Beiwerk, eine „Draufgabe“ zur Hingabe. Das heißt, wenn sich ein Mensch ganz hineingeben kann in seine Arbeit, mitgerissen von der Zielsetzung der Sache und überzeugt von der Richtigkeit und Wichtigkeit seines Tuns, dann wird ihm vielleicht zusätzlich zur Arbeit auch noch der Erfolg dazubeschert. Wenn sich aber jemand in den Gedanken an den Erfolg verbeißt, den er unbedingt erringen will, oder sich andererseits von der Routine mitziehen läßt, während seine Gedanken sonstwo verweilen, dann ist er nicht „bei der Sache“, um die es in seiner Arbeit geht, dann fehlt auch die Hingabe an sie, und mit ihr verflüchtigt sich die „Draufgabe“ Erfolg.

Einen bemerkenswerten Fall einer Berufskrise, bei der fehlende Hingabe jeglichen Erfolg verunmöglicht hat, habe ich einmal mit einem jungen Priester als Patient erlebt. Der Mann hatte erst vor kurzem die Weihen empfangen und in einer Pfarrei seine Tätigkeit aufgenommen, als er eine Serie von Beschwerden bekam, die ausgerechnet beim Messelesen auftraten: seine Knie begannen zu zittern, das Atmen fiel ihm schwer, die Bewegungen seiner Hände wurden fahrig, der Schweiß brach ihm aus, und am Ende war er kaum mehr imstande, die Zeremonien zu Ende zu bringen. Man dispensierte ihn vom Dienst und ließ ihn ärztlich durchleuchten, wobei nicht viel herauskam, bloß die „Verlegenheitsdiagnose“ einer vegetativen Dystonie. Dann wurde er zu mir geschickt, und das Interessante war, daß er mir gleich eine offene Frage auf den Tisch legte: er hatte die Möglichkeit, in einigen Monaten eine neue kleine Pfarrei auf dem Lande zugewiesen zu bekommen, aber er wußte nicht, *ob er das wollte*. Er sagte also nicht: „Bitte helfen Sir mir, damit ich fit bin, diese Aufgabe zu erfüllen!“, sondern er fragte: „Glauben Sie, daß ich diese Aufgabe übernehmen soll?“

Das machte mich hellhörig, denn wozu wählt man den Priesterberuf, wenn nicht dazu, eine priesterliche Aufgabe zu übernehmen? Was bedeutete der Priesterberuf überhaupt für ihn?

Nun, das konnte er mir schon erklären. Er habe sich immer als Hirte im festlichen Gewand inmitten seiner Herde gesehen, umringt, beachtet, respektiert, Segen spendend. Dies Bild gefiel ihm. Aber mir nicht. Freilich beschrieb er damit ein idyllisches Bild des Seelsorgers, aber im psychotherapeutischen Klartext bedeutete dies: er hatte immer nur *sich* gesehen. Und wenn er dann in der Realität die Messe zelebrierte, dann sah er wiederum *sich* – denjenigen, auf den die Augen der Gläubigen gerichtet sind, welchen nicht entgeht, wenn der Herr Pfarrer zittert oder sich in seinen Gebeten verhaspelt, ja, denen sich schonungslos offenbart, wie nervös er ist, und die sich gnadenlos über ihn lustig machen würden, wenn er in seinem würdigen Amt versagte. Hier haben wir den Angelpunkt seiner psychosomatischen Schweißausbrüche mit allen Zutaten: wem es vorrangig darum geht, ein erfolgreicher Priester zu sein, der muß davor zittern, ein erfolgloser zu werden, und wem es um die Bewunderung geht, die er ernten möchte, der muß sich vor der Blamage fürchten.

„Haben Sie schon einmal eine Messe zur Ehre Gottes gehalten?“ fragte ich meinen Patienten, der verblüfft aufsah. „Bloß zur Ehre Gottes“, fuhr ich fort, „um Ihm zu dienen. Ganz gleichgültig, als was für ein Menschenkind Sie vor Ihn treten, als ein zitterndes, weinendes, versagendes, verspottetes ..., ganz gleich, alles wird mit in die Opferschale gelegt – zu Seiner Ehre. Haben Sie das schon einmal probiert?“ „Sie als Psychologin sagen das?“ wunderte sich der Patient. „Warum nicht?“ erwiderte ich, „Das Serum, das Sie gegen Ihre Beschwerden benötigen, müssen Sie selbst produzieren. Es ist die Hingabe an Ihren Beruf. Sie dürfen sich nicht intensiv beobachten, ob Sie nur ja alles perfekt beherrschen, Sie müssen sich vielmehr ganz vergessen und mit Ihren Gedanken bei dem Inhaltlichen Ihres Amtes verweilen. Dann *werden* Sie Ihr Amt beherrschen!“

Der junge Priester befolgte meinen Rat und ist mit Herz und Seele in seine neue Pfarrei hineingewachsen. Er hat mich sogar zu seiner Antrittsmesse schriftlich eingeladen, und um ihm Freude zu machen, mischte ich mich unter die Gäste. Am Höhepunkt der Messe hielt er die Opferschale besonders lange hoch, und ich glaube zu wissen, was dabei in ihm vorging: er brachte wohl seine inneren Ängste vor dieser „Bewährungsprobe“ seinem Gott zum Opfer dar, der anscheinend das Opfer gnädig annahm, denn soviel ich später hörte, sind keine körperlichen Beschwerden beim Messelesen mehr aufgetreten.

Im Vergleich zu diesem Fall gedenke ich gerne eines anderen Seelsorgers, den ich beim 4. Weltkongreß für Logotherapie in San Francisco getroffen habe, und dessen Fähigkeit zur Hingabe ich stets bewundern werde. Sein Name ist *Gordon Hatcher,* und ich erwähne ihn und den Namen seines Sohnes *Merrell* bewußt, um beiden ein schriftliches Denkmal zu setzen: dem Sohn für seinen unverschuldeten frühen Tod und dem Vater für das Zeugnis, das er in der Reaktion darauf ablegte – nämlich ein Zeugnis dafür, was ein Mensch auch in schwerster Stunde geistig noch vollbringen kann.

Merrell ist kurz nach seinem 21. Geburtstag von einem unter Drogen stehenden Autofahrer überfahren und getötet worden. Der Vater, der von Beruf Prediger einer religiösen Gemeinschaft ist, hielt wenige Tage darauf die bitterste Predigt seines Lebens: er selber nahm die Einsegnung seines Sohnes vor und hielt die Grabrede. Hier ist ein Auszug aus seiner Rede, die von Freunden aufgeschrieben worden ist*:

„Meine Freunde, hier stehe ich. Ich stehe hier, weil Merrell dies gewünscht hätte. Er hat stets Aufforderungen an mich gestellt, Aufforderungen, von denen er wußte, daß ich sie erfüllen konnte. Dies jetzt ist die schwerste Aufforderung, die er je an mich gestellt hat – und ich akzeptiere sie.
Meiner Meinung nach sollte mehr darüber geschrieben und gesprochen werden, wie sehr Kinder ihre Eltern beeinflussen. Denn obwohl natürlich Eltern ihre Kinder beeinflussen, habe ich den Eindruck, daß sehr wenig über die Umkehrung gesprochen worden ist. Merrell hat zweifellos mein Leben und meinen Lebensstil stark beeinflußt – zum Guten. Diesen seinen Einfluß möchte ich heute würdigen.
Meine Freunde, hier stehe ich. Ich stehe hier, weil ich mich an ein Ereignis erinnern kann, als Merrell noch sehr klein war. Damals war er ein zappeliger, geschwätziger kleiner Kerl, der auf seiner Mutter Schoß jeden Sonntag in der Kirche saß, wenn sein Vater predigte. Niemand wußte, ob er überhaupt etwas von den Vorgängen ringsum wahrnahm. Aber eines Sonntagmorgens, als jemand anderer die Predigt

---

* Mr. Hatcher persönlich gab die Erlaubnis zur Nennung seines und seines Sohnes Namen sowie zum Abdruck seiner Worte.

hielt, registrierte Merrell seines Vaters Abwesenheit, kletterte auf die Kirchenbank und rief weithin vernehmlich: „Das ist nicht mein Vater!" Er erwartete seinen Vater, hier zu sein, er wollte keinen Ersatz. Es wird auch heute keinen Ersatzmann geben.
Ich bin nicht hier, um mich selbst zu strafen oder um mich und die Meinen einer Feuerprobe zu unterziehen, ich bin nicht hier, um mich von Merrells Tod abzulenken oder Gott zur Rechenschaft zu ziehen, ich bin hier, um Merrells Aufforderung nachzukommen ..."

Im folgenden griff Mr. Hatcher verschiedene Episoden aus dem Leben seines verstorbenen Sohnes heraus, die es ihm wert schienen, noch einmal bedacht und ausgesprochen zu werden, und schloß schließlich mit dem Gedanken, daß zwar der Tod Merrells seinem Verständnis nach sinnlos gewesen sei, nicht aber dessen Leben.

Ich bin überzeugt, daß der Leser genauso beeindruckt sein wird von diesem Vater, wie ich es bin; nüchtern betrachtet könnten wir sagen: der Mann hatte als Prediger Erfolg. Überlegen wir uns, was das so Beeindruckende an seinem Handeln gewesen ist. War es die rhetorische Gewandtheit seiner Rede? Gewiß nicht, wenngleich seine schlichten Worte sehr bewegend waren. War es das Positive, das er über seinen Sohn aussagte? Gewiß auch nicht, denn wer sagt schon einem Toten Negatives nach, noch dazu als Elternteil? Ich denke, es war das *Motiv,* das den Vater befähigte, sich an jenem Schmerzenstage vor die Trauergemeinde zu stellen und seine Ansprache zu halten. Dieses Motiv hat er in den oben wiedergegebenen Zeilen deutlich zum Ausdruck gebracht: „Hier stehe ich ..." Warum? „... um Merrells Aufforderung nachzukommen", das heißt, er stand dort *seinem Sohn zuliebe.* Durchdrungen von einer Liebe, die durch den Tod nicht zerstörbar ist. Ihn kümmerte nicht, wie *er* sich fühlte, ob *er* der Situation gewachsen sein würde, ob *ihm* die Worte im Hals stecken bleiben würden, das alles nicht, er sah in seiner Anwesenheit die Chance zu einem letzten Liebesdienst an seinem Kind – und ergriff sie.

Als ich, wie erwähnt, Jahre später Mr. Hatcher im Kongreßsaal gegenübersaß und von seiner Geschichte hörte, sah wiederum ich eine Chance und ergriff sie auch. Nämlich die Chance, diese Geschichte in ihrer Quintessenz zu veröffentlichen, um allen Menschen, denen ein großes Leid widerfahren ist, Mut zu machen, „stehen zu bleiben“ an dem Ort, an dem sie eben aufgefordert sind zu stehen, so schwer es ihnen auch fallen mag. Wenn nur ein einziger Leser dadurch bewogen wird, wie ein Fels in seinem Schmerz aufrecht zu verharren, ungebeugt und ungebrochen in der Hingabe an einen zu erfüllenden Dienst, dann ist Merrell nicht umsonst gestorben, und Mr. Hatcher darf getrost annehmen, daß sogar der sinnlose Tod seines Sohnes noch irgendwann und irgendwo seinen Sinn gefunden hat.

Zurück zum Thema der Berufstätigkeit, die, wie die beiden Beispiele zeigen, nicht zu trennen ist von einem höheren Wert, der in der konkreten Durchführung der Arbeit als Abstraktum gemeint ist. Viele berufstätigen Männer neigen dazu, sich bei der konkreten Durchführung ihrer Arbeit aufzureiben, was zur typischen Managerkrankheit führt und eine extrem hohe Herz- und Kreislaufbelastung bewirkt. Das kann nur passieren, wenn das „Abstraktum“, das als eigentliches geistiges Ziel hinter und über der Arbeit noch erkennbar sein sollte, aus den Augen verloren wird. Anderen kommt ihre Arbeit langweilig und unbefriedigend vor, aber auch das kann nur der Fall sein, wenn sie nicht in einen Zusammenhang gebracht wird, der das konkrete Tun abstrakt umgreift und mit Sinn auffüllt. „Der Mensch rechnet immer das, was ihm fehlt, dem Schicksal doppelt so hoch an als das, was er wirklich besitzt“, schrieb Gottfried Keller, und dieser Ausspruch bewahrheitet sich am allermeisten bei berufstätigen Männern, die ständig nach mehr und mehr Erfolg hetzen, ohne zu schätzen, was sie längst besitzen: ein „etwas“ oder einen „jemand“, für das oder für den sie aufgerufen sind, ihren Beruf nach besten Kräften auszuüben.

Erfolg stellt sich nur ein im Hause dessen, der sein Wirken einer Aufgabe zu Füßen legt, die von außen an seine Türe pocht. Wer sein Haus lediglich von innen auf Glanz bringen will, um den eigenen „Wohnkomfort“ zu vervollkommnen, übersieht, daß dabei Tore ins Schloß fallen, die ihn zum Gefangenen seiner selbst werden lassen.

5. Von der Liebe und der Arbeit

Trotz der bestehenden Vielfalt psychologischer Denkrichtungen haben wir im großen und ganzen nur zwei komplette Menschenbilder, die die junge Wissenschaft der Psychologie bis heute entworfen hat. Und zwar eines, das mit Sigmund Freud seinen Anfang genommen hat und stillschweigend von fast allen nachfolgenden Schulen einschließlich des ganz andersartig aufgebauten Behaviorismus übernommen wurde, und eines, das mit Viktor Frankl seinen Anfang nahm, und dem vielleicht die Zukunft gehört. Daß die Geburtsstätte beider Menschenbilder ausgerechnet in der österreichischen Hauptstadt Wien stand, ist schon ein erstaunlicher Zufall, man könnte darin allerdings auch eine folgerichtige und notwendige Entwicklung sehen, die mit den ersten genialen Entdeckungen auf der Basis von Versuch und Irrtum begann und über einen sich ständig selbst korrigierenden Prozeß bis zum Aha-Erlebnis einer wirklichkeitsnahen Erkenntnislehre führte. Wie dem auch sei, wir können beide Menschenbilder, das „alte" und das „neue", nicht miteinander zur Deckung bringen; so sehr sie nach These und Antithese aussehen, so wenig eignen sie sich zur Synthese. Deswegen bleibt es vorläufig jedem praktizierenden Psychologen vorbehalten, das Menschenbild seiner Sympathie zu wählen; hat er aber diese Wahl einmal getroffen, kann er nur mehr systemimmanent agieren, forschen und interpretieren, will er seiner eigenen Auffassung vom Menschen nicht untreu werden.

Da die beiden großen Lebensinhalte „Arbeit" und „Liebe" zwangsläufig mit den Grundvorstellungen menschlichen Daseins verbunden sind, möchte ich im folgenden beide Menschenbilder in groben Umrissen einander gegenüberstellen, um ein ganz bestimmtes unverwechselbares Unterscheidungsmerkmal herauszumodellieren. Eines, das sich am besten mit den Begriffen „Monade" und „Selbsttranszendenz" umschreiben läßt, oder einfach mit „Geschlossenheit" und „Offenheit" des Menschen zur Welt.

Die herkömmlichen psychologischen Theorien, sei es, daß sie aus psychoanalytischem Gedankengut entspringen, sei es, daß sie auf lerntheoretischen Überlegungen fußen, betrachten allesamt den Menschen als eine *Monade*. Das heißt, für sie ist der Mensch ein in sich geschlossenes System. Innerhalb dieses Systems gibt es eine Reihe von Bewegungen und Vorgängen: Trieb- und Willenskräfte, Gefühle und Kognitionen, Konditionierungen und Automatismen, Kreativität und Spontaneität, Bewußtes und Unbewußtes, Einflüsse von innen und von außen, und Reaktionen darauf in jedweder Fülle. Es ist viel theoretisiert worden über die einzelnen Schichten des Ichs und die einzelnen Stadien der Reife, die diesem System seine Balance geben bzw. es aus dem Gleichgewicht bringen, was eben dann seelische Störungen verursacht. Es ist auch sehr viel Material zusammengetragen worden über die Kraft der Bedürfnisse und die Frage ihrer Befriedigung, die wesentlich dazu beiträgt, das normale Funktionieren dieses geschlossenen Systems „Mensch" aufrechtzuerhalten, während Belastungen, Schocks und Frustrationen es gefährden.

Aus einer solchen Perspektive betrachtet ist Normalität gleichbedeutend mit innerem Gleichgewicht, und psychische Stabilität definiert als Intaktheit der Monade. Wer imstande ist, seine Triebkräfte akzeptabel abzureagieren, seine Bedürfnisse und Wünsche adäquat durchzusetzen, seine Traumen nicht zu verdrängen, seine Konditionierungsmechanismen den Erfordernissen anzupassen und letztlich seine Identität zu finden, der ist demnach gesund. Dort jedoch, wo die Monade in Unordnung gerät, weil Triebe unterdrückt werden, Komplexe aus dem Unbewußten zu irrationalen Fehlhandlungen zwingen, seelische Verletzungen von außen die innere Entfaltung des Ichs behindern oder Fehlkonditionierungen das Selbstbewußtsein beschneiden, dort können die natürlichen Wünsche nach Glück, Erfolg und Zuwendung nicht mehr erfüllt werden und die seelische Stabilität kippt um in Neurose und Psychopathie. Wir sehen, die Geschlossenheit dieses Menschenbildes besteht in der fundamentalen Ichbezogenheit des Systems, die, auf ganz einfache Formeln reduziert, lautet: „Gut ist, was *für mich* gut ist" bzw. „Gesund bleibe ich, wenn ich bekomme, was *für mich* gut ist" und „Krank werde ich, wenn ich nicht bekomme, was *für mich* gut ist".

Wollten wir vom Phänomen der Arbeit sprechen, könnten wir hier keine Ausnahme machen, wir müßten innerhalb dieses psychologischen Denkansatzes auch „Arbeit“ als „gute Arbeit“ definieren, wenn sie *für mich* gut ist, also nicht langweilig ist, nicht zuviel Streß beinhaltet, mich nicht überfordert, mir genügend Gewinn und Anerkennung bringt und ausreichend Freiräume läßt. Wollten wir von „Liebe“ sprechen, könnten wir ebenfalls keine Ausnahme machen, auch sie wäre insofern „positiv“ zu beurteilen, als sie einem Ich Vorteile bringt: menschliche Nähe, Ansprechpartner und Aussprechgelegenheit, Geborgenheit und Sicherheit, Trieb- und Lustbefriedigung.

Ich will dabei nicht abstreiten, daß beim „monadologischen Konzept“ des Menschen auch Wechselbeziehungen mit der Außenwelt denkbar sind, denn selbstverständlich muß in die Arbeit oder in die Partnerschaft etwas investiert werden, sonst kommt ja nichts an Gewinn zurück. Aber die Wechselbeziehung steht eben genauso unter der obersten Doktrin einer optimalen Wunschbefriedigung des Betreffenden, wie jedes menschliche Tun und Fühlen schlechthin, das von seinen tiefsten Motivationswurzeln her auf die Deckung des Eigenbedarfs zur Konstanterhaltung des inneren Gleichgewichts hin orientiert ist. Es ist ein Menschenbild, das sehr einsichtig und verständlich erscheint und doch ein gewisses Unbehagen hinterläßt, wenn es die uralte Frage nach dem Menschen beantwortet mit dem Eingeständnis, er sei „ein Wesen auf der Jagd nach Glück“, und zwar „nach seinem eigenen Glück“.

Der grundlegend andere Denkansatz, der von Viktor Frankl entwickelt worden ist, geht davon aus, daß der Mensch in Wirklichkeit keine Monade sei, also kein in sich geschlossenes System. Nach Frankl gibt es beim Menschen – im Unterschied zu allen anderen Lebewesen, die wir kennen – eine Öffnung zur Welt. In seinem Menschenbild werden die vielen verschiedenen Energiepotentiale, die im Monadenmodell aufgefunden worden sind, selbstverständlich nicht negiert, sie sind ja nachweislich vorhanden. Sie werden allerdings ergänzt und überhöht durch jene Motivationskraft, die sich mit den Bedürfnissen und Vorgängen in der Psyche nicht auf eine Stufe stellen läßt, weil sie über das Ich hinausreicht, das Selbst „transzendiert“ in Richtung Außenwelt. Wir wissen schon, wovon die Rede ist: vom „Willen zum Sinn“.

Willenskräfte gibt es natürlich auch im althergebrachten Menschenbild der Psychologie, aber das Besondere am Konzept vom „Willen zum Sinn", der die Monade sprengen soll, ist die mehrfach beleuchtete Tatsache, daß mit Sinn kein ichbezogener Sinn gemeint ist. Es handelt sich um den *jeweiligen Sinn der Situation,* der eine objektive Komponente enthält, die subjektiv erfaßt wird. Sinn ist demnach das Bindeglied zwischen Mensch und Welt, ist niemals bloß „Sinn für mich", sondern immer zugleich auch ein Stück „Sinn an sich". Die Antwort auf die Frage nach dem Menschen lautet also hier nicht mehr, er sei „ein Wesen auf der Jagd nach Glück", und zwar „nach seinem eigenen Glück", sondern er sei „ein Wesen auf der Suche nach Sinn", und zwar „nach Sinn in der Welt".

Sehen wir uns diese erweiterte Konzeption des Menschen am Beispiel der *Arbeit* und der *Liebe* an. Unter Einbeziehung der menschlichen Fähigkeit zur Selbsttranszendenz ist „gute Arbeit" identisch mit „sinnvoller Arbeit", und „sinnvolle Arbeit" wiederum bedeutet eine Arbeit, die etwas Sinnvolles in die Welt schafft, oder die etwas in der Welt Existierendes zum Guten verändert, kurz, die ein positives Werk seiner Vollendung zuführt.

Normalerweise macht solch eine sinnvolle Arbeit Freude, mehr Freude sogar, als Arbeit, die bloß „nicht überfordernd" oder „geldbringend" ist. Es kann jedoch extreme Lebenssituationen geben, in denen eine sinnvolle Arbeit sehr schwer ist und außerordentlich viel Mühe kostet, also durchaus keine unmittelbare Freude bereitet, trotzdem aber als wichtig und wertvoll erachtet und deswegen tapfer durchgehalten wird. Das Kriterium des Eigenvorteils gilt eben nur bis an die Grenze der Monade, darüberhinaus gilt der Sinn der Sache an sich.

Nicht anders ist es in Hinblick auf das Phänomen der Liebe. Nach dem Franklschen Denkansatz ist Liebe bei weitem mehr als die Befriedigung des elementaren oder sublimierten Sexualtriebes. Wieder kommt ein Sinnelement ins Spiel, das der Außenwelt zugehört, nämlich der geliebte Mensch. Wie in eine menschenwürdige Arbeit der Wert des zu schaffenden Werkes miteinfließt, fließt in eine menschenwürdige Liebe der Wert des zu liebenden Partners mit ein, auf den und dessen Wohlergehen die Aufmerksamkeit des Liebenden ausgerichtet ist.

Und wieder ist es so, daß die Hingabe an den anderen normalerweise zurückstrahlt ins eigene Herz, daß es aber Situationen im Leben geben kann, in denen es schwerfällt, eine enge zwischenmenschliche Beziehung aufrechtzuerhalten oder loszulassen, je nachdem, was vom Sinn der Situation abverlangt wird, und wo dies dennoch gelingt aus echter Liebe heraus, einer Liebe, die sich über die eigenen Interessen hinwegzusetzen vermag.

Ein schönes Beispiel für eine Gegenüberstellung beider psychologischer Denkrichtungen liefert uns Bertolt Brecht in seinem Schauspiel „Der kaukasische Kreidekreis", in welchem er zwei Frauen beschreibt, die um ein und dasselbe Kind kämpfen. Die eine Frau ist die leibliche Mutter des Kindes, die zweifellos ein Recht auf ihr Kind hat, die andere Frau aber hat das Kind unter sehr harten Bedingungen aufgezogen und liebt es wie ein eigenes. Nun läßt sich das Funktionieren einer Monade am Verhalten der leiblichen Mutter verdeutlichen: ihr Recht soll beschnitten werden, ihr Selbstwertgefühl kommt dadurch aus dem Gleichgewicht, und um es wieder einzurenken, muß sie auf der Durchsetzung ihres Rechtes bestehen. Nachdem der Richter das Kind in die Mitte eines Kreidekreises gestellt und die beiden Frauen rechts und links davon postiert hat mit den Worten, die wahre Mutter werde imstande sein, ihr Kind zu sich heranzuziehen, zieht sie nach Leibeskräften. Die Magd hingegen, die das Kind aufgezogen hat, mobilisiert ihre Fähigkeit zur Selbsttranszendenz und läßt es los, weil sie sich denkt: „Bevor das Kind in der Mitte auseinandergerissen wird, will ich darauf verzichten!" Im Schauspiel ist es für den Richter daraufhin nicht schwierig zu entscheiden, welcher Frau das Kind wirklich zusteht …

Aber auch für den psychologisch geschulten Betrachter ist es nicht schwierig zu prognostizieren, welche der beiden Frauen im Endeffekt glücklicher geworden wäre, wenn der Richter seinen ursprünglichen Worten gemäß entschieden hätte: die leibliche Mutter mit ihrem Triumph über die Rivalin auf Kosten des Kindes, oder die Magd mit ihrem schmerzlichen Opfer aus Liebe zum Kind. Wir dürfen getrost annehmen, daß die innere Zufriedenheit auf seiten der letzteren zu finden gewesen wäre, auch wenn ihr Selbstwertgefühl erheblich stärker abgesunken wäre als das ihrer Gegenspielerin.

Obwohl es sich bei dieser Geschichte um ein sehr extremes Beispiel handelt, läßt sich doch daran unmißverständlich aufzeigen, was mit der Öffnung des Menschen zur Welt gemeint ist. Die leibliche Mutter öffnet sich nicht, sie bleibt in sich geschlossen. Sie muß ihr Trauma, den Verlust des Kindes, aufarbeiten, sie muß ihre Aggression gegen die Rivalin abreagieren und ihre Interessen verteidigen, sie ist damit beschäftigt, ihr eigenes seelisches Gleichgewicht wieder herzustellen, und vor lauter Beschäftigung mit sich selbst und ihren Problemen nimmt sie die Außenwelt kaum mehr wahr; im Grunde sieht sie ihr Kind gar nicht, obwohl sie darum kämpft, aber sie kämpft eben nicht eigentlich um das Kind, sondern vielmehr um ihr eigenes Glück. Sie ist der Prototyp des Wesens auf der Jagd nach Glück.

Die Magd hingegen öffnet sich zur Welt. Sie hat auch ein Trauma, denn sie hat wegen des Kindes ihren Freund aufgegeben, und sie hat auch Aggressionen in sich, nämlich darüber, daß die Mutter, die das Kind einst gleichgültig liegen ließ, jetzt kommt und es zurückfordert, ja ihr seelisches Gleichgewicht ist mindestens so gestört und ihre Interessen, die es zu verteidigen gilt, sind mindestens so groß wie die der anderen Frau. Aber trotz ihrer eigenen Probleme ist sie imstande, die Außenwelt wahrzunehmen, und was sie in der Außenwelt sieht, das ist ein unschuldiges Kind, dem ein Leid zugefügt werden soll. Ein Leid, das nicht sinnvoll ist. Da aber revoltiert ihr „Wille zum Sinn“ und gibt ihr die Kraft, die Monade zu verlassen und damit alle ihre eigenen Probleme hinter sich zu lassen; ein objektiver Sinn der Situation wird erkennbar, der da lautet: Die Gesundheit des Kindes soll bewahrt bleiben! Und die Frau eilt, ihn in Selbsttranszendenz zu erfüllen. Sie handelt, wie es einem Wesen auf der Suche nach Sinn zukommt.

Wenn wir uns also der Auffassung anschließen, daß der Mensch mit Hilfe seiner geistigen Wahrnehmung in die ihn umgebende Außenwelt eindringen kann und dort Sinngestalten vorfindet, die nicht in unmittelbarem Zusammenhang mit seinen emotionalen Bedürfnissen stehen, ja diesen sogar entgegengerichtet sein können, denen er aber dennoch Folge zu leisten vermag, dann müssen wir zwei Begriffe in die Psychologie zurückführen, die einst ausgelagert worden sind: den Begriff der *Freiheit* und den Begriff der *Verantwortung*. Beides gibt es im geschlossenen System nicht, denn dort bestimmen die vorwiegend unbewußten Mächte des Trieblebens und der Lerngeschichte über die Handlungsweisen in der Gegenwart, und wo es Vorherbestimmungen und Vorprägungen gibt, dort gibt es keine Schuld. Im offenen System jedoch wird es komplizierter: die Impulse aus der Außenwelt mit ihrem jeweiligen Attribut „sinnvoll" oder „sinnlos" treffen auf die existentielle Sehnsucht des Menschen nach einem sinnerfüllten Leben und fordern geistige Kräfte heraus, die weder vorherbestimmbar noch vorprägbar sind. Es sind freie Kräfte, deren Einsatz oder Nicht-Einsatz auch entsprechend verantwortet werden muß. Überlegen wir uns dies an einem Beispiel, das nicht so sehr mit der Liebe, sondern mehr mit der Arbeit zu tun hat.

Es gab einmal einen beeindruckenden Film namens „Reporter des Teufels". In diesem Film, der einer wahren Begebenheit nacherzählt worden sein soll, ging es darum, daß ein Bauarbeiter verschüttet worden war und aus dem Erdloch, in dem er gefangen lag, befreit werden sollte. Nach Expertengutachten gab es zwei Wege, ihn zu befreien, einen relativ raschen durch eine direkte Bohrung, und einen etwas länger dauernden durch die Errichtung eines Tunnels. Nach Abschätzungen des vorhandenen Sauerstoffs und der Konstitution des Verschütteten nahm man an, er müßte beide Rettungsmaßnahmen gut überstehen, also auch die länger dauernde Aktion erleben können. Aber natürlich waren dies alles mehr oder weniger Vermutungen, denn die Kommunikation mit dem Verschütteten war schwierig.

Das Unglück lockte viele Neugierige an, darunter auch einen Reporter, der für seine großartige Berichterstattung weithin bekannt war. Dieser Reporter setzte sich nun mit ganzer Kraft für die Errichtung des Tunnels, also für die länger dauernde Befreiungsaktion ein, weil er dadurch ausreichend Zeit hatte, seinem Leserpublikum eine spannende Story zu bieten und tagelang die Blätter der Zeitungen zu füllen. Da die vielen Fremden, die von überall angereist kamen, um bei der Bergung zuzusehen, dem Ort auch zusätzliches Geld einbrachten, weil sie ja essen und übernachten mußten, willigte man in die langwierige Errichtung des Tunnels ein und machte sich an die Arbeit. Aber als man den Bauarbeiter schließlich erreichte, war er tot.

Diese Geschichte zeigt uns in der Gestalt des Reporters einen Menschen, der seine Arbeit ausgezeichnet macht und auf Grund dessen vom Erfolg gekrönt ist. Er bringt zündende Reportagen und erntet dafür Gewinn und Publizität. Dennoch wird jedermann zustimmen, daß er im vorliegenden Fall zu weit gegangen ist, denn das Leben eines Menschen stand auf dem Spiel, was Vorrang haben mußte vor jeder noch so guten Reportage. Psychologisch betrachtet können wir allerdings zwei Standpunkte vertreten, nämlich wiederum den, der aus dem Monadenmodell stammt, und den, der die menschliche Fähigkeit zur Selbsttranszendenz zuläßt. Im Monadenmodell gibt es, wie wir sagten, keine Schuld. Die Handlungsweise des Reporters ist darin vollkommen aufklärbar als Ausdruck seiner Persönlichkeit; vielleicht würde man auf einen aus der Kindheit ableitbaren Minderwertigkeitskomplex tippen, der zu seiner Kompensierung den beruflichen „Höhenflug" benötigt, oder man würde auf ein Defizit im sozialen Einfühlungsvermögen plädieren, welches auf fehlende Lernvorgänge in seiner Entwicklung zurückzuführen ist. Manche würden auch die gesellschaftlichen Umweltbedingungen mitverantwortlich machen, die sowohl das egoistische Vorhaben des Reporters unterstützt, als auch von seiten der Leserschaft einen erheblichen Druck auf ihn ausgeübt haben.

Im Menschenbild von Viktor Frankl sind alle diese Argumentationen nur teilweise gültig, denn sie repräsentieren bloß die eine Seite der Waagschale: das Wechselspiel von Input und Output in der Psyche des Reporters. In die Schale auf der anderen Seite der Waage fällt der Sinn der Situation, und dieser heißt: Rettung des Verschütteten. Wir müssen da ganz genau unterscheiden zwischen einer psychischen Beeinflussung von außen, wie es etwa der soziale Druck der Umwelt ist, und der Gegebenheit einer objektiven Sinngestalt, die an und für sich überhaupt keinen Einfluß auf den Menschen nimmt, sondern sich nur seiner geistigen Wahrnehmung darbietet. Die Situation des Verschütteten und der Sinn dessen Rettung, der in ihr verschlüsselt liegt, sind allein Elemente der Außenwelt, wenn sie auch einen gewissen Aufforderungscharakter in sich tragen, sie haben mit der psychischen Stabilität oder Belastbarkeit des Reporters absolut nichts zu tun.

Bis hierher herrscht Übereinstimmung im Denken, aber jetzt kommt die Behauptung, die das „neue" Menschenbild vom „alten" trennt. Es ist die Behauptung, daß der Mensch auf Grund seiner Fähigkeit zur Selbsttranszendenz nahezu genauso unabhängig von seiner psychischen Stabilität oder Belastbarkeit auf die in der Außenwelt wahrgenommenen Sinngestalten geistig zu antworten vermag, indem er sie erfüllt oder nicht erfüllt. *Das* ist die zu verantwortende Freiheit des Menschen, die seit Frankl in die Psychologie eingeführt worden ist, eine Freiheit zur Erfüllung sinnvoller Aufgaben *trotz diverser (hemmender?) Einflußfaktoren.* Die Selbsttranszendenz ist eben auch das „Sich-selbst-überwinden-Können", das „Über-die-Grenzen-der-Monade-hinaus-agieren-Können", hinein in eine Welt, die voller Sinn ist, auch wenn dieser oft nur vage erfaßt wird. Definitionsgemäß heißt das menschliche Wahrnehmungsorgan, das den jeweiligen Sinn einer Situation zu erspüren vermag, das Gewissen, und die Freiheit, dem Wahrgenommenen Folge zu leisten, die Verantwortung. Schuld aber läßt sich beschreiben als ein Nein auf die Sinnfrage, ein Nein, das unter anderem unser Reporter im geschilderten Film ausgesprochen hat.

Nun, auch das zweite Beispiel betraf ein eher ausgefallenes Ereignis, das sicher nicht zum Alltagsleben gehört. Dennoch werden wir zahlreiche ähnliche, wenn auch weniger folgenschwere Herausforderungen in jedem ganz gewöhnlichen Durchschnittsleben finden, wenn wir danach suchen; und das Interessante dabei ist, daß sie sich hauptsächlich um die Phänomene der Liebe und der Arbeit ranken. Es gibt Mütter, die wollen aus ihren Kindern Höchstleistungen herauspressen, um sich selbst im Stolz auf ihr Kind zu sonnen, und es gibt Mütter, die wollen ihren Kindern die bestmögliche Schulbildung zukommen lassen, um ihnen den Start ins Leben zu erleichtern. Der feine Unterschied liegt in der Selbsttranszendenz der letzteren. Es gibt Frauen, die über Frigidität klagen, weil ihre Männer sie nicht zum optimalen Lusterlebnis bringen, und es gibt Frauen, die sich ihrem Mann zärtlich hingeben können, auch wenn sie selber nicht so viel Spaß an der Sexualität haben. Wieder liegt der feine Unterschied in der Selbsttranszendenz. Wer einen anderen Menschen wirklich liebt, sei es ein Kind, sei es einen Partner, kann einfach nicht nur hinter seinem eigenen Glück herjagen und den anderen als Mittel zur Wunschbefriedigung mißbrauchen.

Für die Arbeit gilt Analoges. Es gibt Autoren, die ein Buch schreiben, um in die Bestsellerliste zu kommen, und es gibt Autoren, die schreiben, um ihre Leser zu beschenken. Es gibt Ärzte, die wollen sich eine ertragreiche Praxis aufbauen, und es gibt Ärzte, die wollen der Krankheit den Kampf ansagen. Es gibt Fließbandarbeiter, die Akkord arbeiten, um sich einen höheren Lebensstandard leisten zu können, und es gibt welche, die ihre große Familie damit ernähren. Der feine Unterschied liegt jeweils wieder in der Selbsttranszendenz, nämlich im Einbeziehen objektiver Sinngestalten der Außenwelt in die eigene Motivation.

Mir als Vertreterin der Psychologie geht es bei diesen Betrachtungen keineswegs um moralische Belange, sondern um die psychologische Interpretation des Menschen. *Kann* der Mensch das Wohl anderer Personen oder den Sinn eines zu schaffenden Werkes in seine persönlichen Entscheidungen miteinbeziehen? Sigmund Freud sagte „nein", Viktor Frankl sagt „ja". Ein „ja", das, wie ich bereits andeutete, keine Antithese, keine einfache Verneinung des „neins" darstellt, sondern nicht mehr und nicht weniger ist als eine neue Definition des Menschen, von dem Viktor Frankl behauptet: „Je mehr er aufgeht in seiner Aufgabe, je mehr er hingegeben ist an seinen Partner, um so mehr ist er Mensch, um so mehr wird er selbst."[10] Das Glück, das von allen anderen psychologischen Schulen für das höchste Ziel jedes menschlichen Strebens gehalten wird, ist somit für Frankl überhaupt kein Ziel: für ihn ist es das automatische Nebenprodukt einer sinnerfüllten Existenz, die – um mit Bernanos zu sprechen – ihre Zufriedenheit schöpft aus „der Gnade, sich selbst vergessen zu dürfen"[11].

Nachdem wir uns über die unterschiedliche Position beider Menschenbilder klar geworden sind, möchte ich zur Abrundung des Gesagten noch zwei Kurzberichte aus meiner psychotherapeutischen Praxis bringen, die mit der Franklschen Betrachtungsweise von Liebe und Arbeit zusammenhängen und dem Fachmann wie dem Laien zu denken geben mögen.

Der erste Bericht ist *diagnostisch* interessant, und zwar betrifft er einen Fall von Spinnenphobie. Ein junges Mädchen bekam alle möglichen Zustände einschließlich Schreikrämpfen und Ohnmachtsanfällen, wenn es irgendwo eine Spinne sitzen sah. Anamnestisch gab es eine Reihe von Vorkommnissen in seiner Kindheit, die Auslösecharakter haben konnten, vor allem den Tatbestand, daß das Mädchen als Kind in einem verkommenen alten Landhaus gewohnt hatte, wo es viele Spinnen gegeben hatte, die sich oft auch in seinem Bett verkrochen, und den weiteren Tatbestand, daß seine Eltern es zur Strafe öfters am hellichten Tag ins Bett geschickt hatten, worüber das Mädchen stets sehr unglücklich gewesen war. Wie dem auch sei, die Eltern waren später in ein sauberes Haus umgezogen, die Strafen hatten aufgehört, aber die Angst vor Spinnen war geblieben und hatte sich so erweitert, daß sogar das Abbild einer Spinne in einem illustrierten Buch Angstattacken herbeirief.

Da ich bei meinen Anamnesen grundsätzlich nicht nur nach dem dominierenden Problem und dessen Genese forsche, sondern zugleich auch immer nach positiven Begleitumständen Ausschau halte, fragte ich das Mädchen, ob es irgendwann einmal ein Erlebnis mit Spinnen gehabt hätte, welches zufällig gut verlaufen sei, und überraschenderweise bejahte es meine Frage. Ein einziges Mal in seinem Leben hätte das Mädchen es geschafft, eine kleine Spinne vom Fensterbrett mit einem Taschentuch aufzunehmen und hinauszuwerfen, ohne dabei in Panik auszubrechen, aus dem Zimmer zu stürmen oder nach Hilfe zu schreien. Natürlich interessierte es mich sehr zu erfahren, wieso jemand, der sich schon als Kind vor Spinnen geekelt hat und sie niemals anfassen konnte, jemand, der später eine ausgesprochene Spinnenphobie entwickelt hat, plötzlich hingeht und eine Spinne sang- und klanglos zum Fenster hinausbefördert. Was war damals geschehen?

Der Leser ahnt gewiß, daß ein Quentchen Selbsttranszendenz mit im Spiel gewesen sein muß, sonst hätte sich die Monade nicht geöffnet. Eine liebe Freundin des Mädchens war auf Besuch gewesen, und dieser Freundin ging es nicht besonders gut. Sie war gerade aus dem Krankenhaus entlassen worden und noch recht schwach, deswegen hatte sie sich im Zimmer des Mädchens hingelegt. Die beiden plauderten und dann schlief die Freundin wohl ein. Als das Mädchen sich erhob und zum Fenster trat, sah es dort die Spinne sitzen und stand also vor der Wahl, schreiend aus dem Zimmer zu flüchten und dabei die Freundin aufzuwecken und zu erschrecken, oder die Spinne stillschweigend zu entfernen – und siehe da, sie entschied sich für das zweite. Die Rücksicht auf die Freundin war stärker als die Macht der Angst. Ich glaube, wir sollten aus diesem Beispiel etwas für die psychologische Diagnostik lernen, nämlich daß sich der Mensch nicht einordnen läßt in einen festen Raster von typischen Verhaltensweisen; jeder von uns kann jederzeit auch atypisch reagieren, wenn er dafür einen tieferen Grund hat. Deswegen ist es gefährlich, bei diagnostischen Erhebungen ausschließlich die negativen Verknüpfungen zusammenzutragen, die zwischen der Vergangenheit und der Gegenwart eines Menschen bestehen, denn sie könnten den Eindruck erwecken, daß die Gegenwart unausweichlich abhängig ist von den Geschehnissen der Vergangenheit, was einfach nicht stimmt. Manchmal genügt schon ein bißchen Liebe zu einer anderen Person, Liebe im weitesten Sinne, um der Gegenwart neue und unerwartete Impulse zu geben.

Der zweite Kurzbericht, den ich noch für erwähnenswert halte, ist *therapeutisch* interessant. Und zwar betrifft er einen Fall von Eßgier oder Naschsucht, wie man es bezeichnen will, also von übermäßigem Lebensmittelkonsum. Der Fall hat deswegen eine tragische Komponente an sich, weil es sich dabei um einen gehbehinderten Mann handelte, der an den Rollstuhl gebunden war und dadurch naturgemäß wenig Bewegung machte, was sich zusammen mit seiner Symptomatik und dem daraus resultierenden Übergewicht sehr gesundheitsschädigend auswirkte: er litt an entsetzlicher Darmträgheit, Bauchkrämpfen und dergleichen, was nicht einmal mit starken Abführmitteln zu beheben war.

Das Übergewicht wurde schon seit langem ärztlicherseits als psychisch bedingt diagnostiziert, und schnell hatte man die Hypothese von der Ersatzbefriedigung zur Hand, die natürlich bei einem behinderten Menschen, der stets auf vieles verzichten muß, ausnahmslos paßt. Trotzdem waren alle darauf aufbauenden Therapieversuche gescheitert, und als der Mann zu mir in Beratung kam, hatte er kaum Hoffnung auf Besserung. Ehrlich gestanden sah auch ich wenig Möglichkeiten, seine Sucht einzudämmen, aber ich richtete mein Augenmerk auf etwas anderes. Wenn der Mann schon die schwere Bürde seiner Behinderung zu tragen hatte und noch dazu die unangenehmen Verdauungsgeschichten, die auch nicht so schnell zu eliminieren sein würden, dann sollte es wenigstens irgendeinen Teilbereich in seinem Leben geben, der sein Leben trotz allem noch lebenswert machte. Deshalb führte ich mit ihm eine „Existenzanalyse“ im besten Franklschen Sinne durch, die aufdecken sollte, wo die verschiedenen Interessen, Begabungen und Fähigkeiten dieses Mannes lagen, die vielleicht einer Intensivierung zugeführt werden konnten, um Inhalt, Engagement und Sinnerfüllung in sein eher eintöniges und eingeengtes Dasein zu bringen. Im Zuge der existenzanalytischen Gespräche kam zu Tage, daß der Mann im Krieg mehrere Jahre in einem Gefangenenlager zugebracht hatte und durch diese bitteren Eigenerfahrungen großen Anteil nahm am Schicksal aller unschuldig Gefangenen in der ganzen Welt. Er konnte sich sehr erregen über Nachrichten von Folterungen oder inhumanen Gefängnissen und betonte immer wieder, wie gerne er sich für solcherart arme und gequälte Menschen einsetzen würde.

Ich weiß gar nicht mehr, wer zuerst die Gedankenverbindung zur Organisation Amnesty International herstellte, aber es war wohl unvermeidlich, daß unser Gespräch irgendwann darauf stoßen mußte, und plötzlich nahm der Mann eine Sinngestalt wahr, die sich ihm anbot: auch vom Rollstuhl aus ließ sich eine Organisation wie Amnesty International unterstützen. Er telefonierte, er nahm Kontakte auf, er errichtete ein Zweigbüro der lokalen Niederlassung in seiner Wohnung, er katalogisierte Artikel und textete Rundschreiben an Mitglieder der Organisation, kurz, er wurde zu einem mächtigen freiwilligen Helfer von Amnesty International, bei dem nach einiger Zeit manch wichtige Fäden zusammenliefen. Ich lud den Mann gelegentlich wieder zum therapeutischen Gespräch ein, aber er kam nicht, er hatte keine Zeit. Ich schrieb ihm Wochen später ein paar Zeilen, doch er ließ nichts von sich hören. Irgendwie wertete ich es als positiv, denn ich fühlte, daß die neue Sinnerfüllung, die sein Leben mit einem Mal bereicherte, wichtiger und vor allem heilsamer war als jede noch so gute Psychotherapie. Dennoch war ich verblüfft, als der Mann nach einigen Monaten völlig unangemeldet in meiner Beratungsstelle erschien. Er sei zufällig in der Gegend gewesen und wolle mir berichten, was er alles an interessanten Tätigkeiten übernommen habe, begann er mir ausführlich zu erklären, aber ich konnte mich auf seine Worte kaum konzentrieren, ich mußte ihn bloß die ganze Zeit verwundert anschauen, denn er war schlank geworden, wie ich ihn noch nie gesehen hatte. „Wie haben Sie denn Ihr Übergewicht losgebracht?" staunte ich, und der Mann lachte. „Das weiß ich auch nicht", antwortete er, „aber ich weiß eines: wenn Amnesty International mich braucht, vergesse ich total aufs Essen ..."

Wie läßt sich diese Krankengeschichte nun psychologisch interpretieren? Können wir bedenkenlos monadenintern annehmen, daß der Patient bloß die Art seiner Ersatzbefriedigung gewechselt hat, und sich jetzt statt mit Lebensmitteln mit sinnvollen Aufgaben bei einer weltweiten Organisation befriedigt? Vielleicht als Kompensation für all das, worin er in seiner Kindheit zu kurz gekommen ist? Ich glaube, wir würden nicht nur dem Mann, sondern auch dem Wertgehalt seiner neuen Aufgabe sehr unrecht tun, würden wir sein Engagement als Ausdruck einer Neurose und die Hilfe für politische Häftlinge als Mittel zur Aufarbeitung seelischer Komplexe deklarieren; wohnt doch jedem menschlichen Beitrag, und sei er noch so klein, wenn er nur irgendetwas in der Welt verbessert oder verschönert, ein objektiver Sinn inne, der über die subjektive Ebene von Komplex und Kompensation weit hinausreicht.

Es ist deswegen keine Schande, zuzugeben, daß eine sinnvolle Arbeit unsere therapeutischen Angebote durchaus überflüssig machen kann, denn wo immer sich ein Sinnerlebnis konkretisiert, wird so viel Selbsttranszendenz aktiviert, daß die Neurose keine Chance mehr hat. Allerdings könnten wir Psychotherapeuten nach wie vor dazu nötig sein, die Patienten eben zu einem Sinnerlebnis hinzuführen, und das ist genau die

Funktion, die Viktor Frankl seinen Schülern aufgetragen hat, nämlich jenseits eines jeden seelisch Kranken den Menschen zu erschauen als „ein Wesen auf der Suche nach Sinn", dem nicht nur in seiner psychischen Verwirrung, sondern auch in seiner geistigen Not geholfen werden muß. Liebe und Arbeit mögen noch so starke Emotionsträger innerseelischer Vorgänge sein, mögen noch so sehr dem Trieb- und Antriebsleben entspringen, zielgerichtet sind sie auf eine Außenwelt, in der sich menschliches Dasein sinnvoll erfüllen will, und nur in dem Maße, in dem dies geschieht, ist Dasein wirklich menschlich.

Quellenangaben

[1] Viktor E. Frankl in „Sinn-voll heilen", Herderbücherei Nr. 1156.
[2] Hans Schäfer, „Das Menschenbild der Medizin" in „Im Blickpunkt: der Mensch", hrsg. von Erwin Schiller im Veritas-Verlag, Wien.
[3] Viktor E. Frankl, „Das Leiden am sinnlosen Leben", Herderbücherei Nr. 615.
[4] Viktor E. Frankl, „Anthropologische Grundlagen der Psychotherapie", Verlag Huber, Bern (Seite 44).
[5] Gottfried Keller, „Der grüne Heinrich", dtv Weltliteratur.
[6] Christopher Lasch, „The Culture of Narcissism", New York 1979.
[7] Viktor E. Frankl, „Der Mensch vor der Frage nach dem Sinn", Verlag Piper & Co., München.
[8] Georg Moser, „Wie finde ich zum Sinn des Lebens?", Herder Verlag 1981.
[9] Viktor E. Frankl, „Psychotherapie für den Laien", Herderbücherei Nr. 387, (Seite 59).
[10] Viktor E. Frankl, „Der Mensch vor der Frage nach dem Sinn", Verlag Piper & Co., München, (Seite 147).
[11] Georges Bernanos, „Tagebuch eines Landpfarrers", Arche Verlag 1975.

C
Psychologische Seelsorge

1. Angst als Herausforderung an den menschlichen Geist

Den Begriff „Angst“ verbinden die meisten Menschen mit etwas sehr Negativem und Unangenehmem, aber an und für sich steht das Gefühl der Angst im Dienst unseres Überlebens. Ohne Angst wären wir verloren, denn wir würden in der Haifischbucht schwimmen gehen, bei Rot gemächlich über die Kreuzung schlendern, mit Sandalen ins Hochgebirge klettern, unbekannte Früchte und Beeren in den Mund stecken oder uns völlig unvorbereitet den schwersten Prüfungen unterziehen, wobei man sich die jeweiligen Folgen phantasiereich ausmalen kann. Die Angst aber schützt uns vor solchen Unvorsichtigkeiten, und das hat im menschlichen Bereich just mit ebendieser Phantasie des „Sichausmalenkönnens“ zu tun.

Natürlich übt die Angst auch im Tierreich Schutzfunktion aus – man stelle sich bloß vor, was geschehen würde, wenn sich die Singvögel des Waldes einem jeden Spaziergänger zutraulich auf die Schulter setzten: sie würden gerupft, gekocht, gebraten, in Käfige gesperrt oder den Kindern als Spielzeug in die Hände gedrückt! Bei den Tieren ist es allerdings eine *instinktive* Schutzfunktion, die von ihrer angeborenen Angst gewährleistet wird – kein Vogel wäre imstande, vorherzuahnen, was die mehr oder weniger wohlmeinenden Spaziergänger mit ihm vorhätten. Bei uns Menschen jedoch ist die Empfindung der Angst üblicherweise assoziiert mit einer *inneren Vorwegnahme* von denkbaren bedrohlichen Ereignissen, die eintreten könnten und daher abgewendet werden sollten. Sie gleicht einer Alarmsirene, die eine bestimmte Bedeutung hat, und die auch nur den schützt, der ihre Bedeutung versteht. Ähnlich wie eine Feuersirene denjenigen schützt, der sich schnell in Sicherheit bringt, um den Flammen zu entgehen, nicht aber denjenigen, der sitzenbleibt und sich des langen und breiten über ihren Lärm beklagt.

Wir sehen, Angst ist im ureigensten Sinne etwas Positives und Lebensrettendes, ja, im menschlichen Bereich noch dazu ein prognostischer Akt, der zur Prophylaxe, also zur Verhinderung von Unglück führen kann und soll. Leider gibt es aber auch die Umkehrung, nämlich daß Angst ein Unglück herbeiführt. Und das ist immer dann der Fall, wenn die Angst ihren eigentlichen Sinn verliert und sich verselbständigt. Dann heult sozusagen die Feuersirene alle paar Augenblicke auf, ohne daß es überhaupt brennt, und macht die Bewohner eines Hauses total konfus.

Wenn wir das Gleichnis noch weiterstrapazieren wollen, können wir uns dabei vorstellen, daß die Alarmsirene irrtümlich schon wegen ein bißchen harmlosem Zigarettenrauch losgeht, aber im Endeffekt bewirkt, daß jemand, der vielleicht gerade beim Bügeln ist, die Wohnung Hals über Kopf verläßt, woraufhin seine Bügelwäsche Feuer fängt und das Haus tatsächlich in Brand setzt. Im Psychischen geschieht genau dies bei den *Angstneurosen:* sie haben ihren Ursprung in einer übertriebenen, unrealistischen Angst, münden aber nicht selten in ein sehr realistisches Ungemach ein, welches die ursprüngliche Angst zu rechtfertigen scheint, obwohl zu Unrecht. Wenn sich etwa ein Schwimmer am sicheren Meeresufer vor lauter Angst, es könnte ihm doch ein Haifisch begegnen, in Panik steigert, verkrampft und Wasser schluckt, dann war seine Angst nicht gerechtfertigt, selbst wenn er dabei ertrinkt. Oder wenn ein Fußgänger, der eine Straßenkreuzung korrekt überquert, vor lauter Angst, er könnte in ein Auto laufen, vor- und zurückspringt und dadurch wirklich angefahren wird, dann war seine Angst ebenfalls nicht gerechtfertigt, selbst wenn sich das Gefürchtete bewahrheitet hat. Gerechtfertigte, und das heißt sinnvolle Angst ist eine, die vor einem Unglück warnt, nicht aber eine, die in ein Unglück hineintreibt.

Aus den wenigen Beispielen wird bereits ersichtlich, daß die Unterscheidung von beidem nicht immer leicht ist, und doch ist es wichtig, daß man gerechtfertigte und ungerechtfertigte

Angst voneinander zu trennen weiß, weil man mit beidem auf ganz unterschiedliche Art umgehen muß: soll man auf die eine Angst hören, so soll man der anderen gerade nicht nachgeben, und soll man die eine ernst nehmen, so soll man die andere ins Lächerliche ziehen, um ihr jeglichen Ernst zu nehmen. Ja, ist die eine über ihre emotionale Qualität hinaus ein prognostisch-prophylaktischer Akt der Vernunft, so ist die andere über ihre pathologisierende Wirkung hinaus eine Herausforderung des menschlichen Geistes, wovon wir noch sprechen werden. Bevor ich mich daher auf den bestmöglichen Umgang mit gerechtfertigter und ungerechtfertigter Angst konzentriere, möchte ich noch ein paar Worte zur Unterscheidung von beidem sagen, um etwaige Mißverständnisse zu klären. Mißverständnisse vor allem, die nicht zuletzt aufgekommen sind durch eine unausgegorene, egozentrierte Psychologie, die es sich zum theoretischen Ziel gesetzt hatte, die Angst gänzlich auszuräumen, während sie andererseits in der Praxis viel überflüssige Angst im Volk erzeugt hat. Daß beides ein Unsinn ist, liegt auf der Hand: sinnvolle Angst zu eliminieren wäre genauso unverantwortlich, wie sinnlose Angst zu produzieren.

Das ist ähnlich wie mit dem vielpropagierten psychologischen Ziel, gehemmten Personen tunlichst beizubringen, nein sagen zu können. Dabei wird von der Annahme ausgegangen, daß sich solche Personen gegen jedermann höflich, gefällig und zuvorkommend benehmen, weil sie in Wahrheit Angst haben und unfähig sind, ihre eigenen Vorteile zu wahren. Nun steht außer Zweifel, daß nicht viel Gutes dabei herauskommt, wenn jemand auf Grund irgendeiner inneren Hemmung ständig ja sagt und nein meint. Mit dem Neinsagenkönnen allein ist es jedoch auch nicht getan. Und zwar deswegen nicht, weil es zu einem erfüllten Leben dazugehört, daß man zu den Aufgaben, die einem nun einmal gestellt sind, ja sagen kann, und das aus vollem Herzen. Woran läßt sich aber dann unterscheiden, wann einem ein Ja abverlangt ist, und wann ein Nein am Platze wäre? Ich habe schon wiederholt auf das optimale Unterscheidungskriterium hingewiesen, das einzige, das menschlicher Existenz würdig ist, und das von Viktor E. Frankl in die moderne Psychologie eingeführt worden ist, nämlich: *an der Sinnhaftigkeit der Sache.*

Ich will dies an einem Beispiel verdeutlichen. Angenommen, 10 Minuten vor Dienstschluß kommt eine unangemeldete Patientin in meine Beratungsstelle und bittet mich, ihr zu helfen. Nehmen wir ferner an, das kommt mir an diesem Tag besonders ungelegen, weil ich zu Hause eine dringende Arbeit zu erledigen habe. Nach dem herkömmlichen psychologischen Denkschema wäre es nun das Zeichen einer gefestigten, selbstsicheren Persönlichkeit, wenn ich nein sagen und die Patientin abweisen würde. Andererseits brächte es Gehemmtheit und fehlendes Durchsetzungsvermögen zum Ausdruck, wenn ich ja sagen und die Patientin noch annehmen würde. Aber ist dem wirklich so? Kann ich einfach nach meinem Vorteil, nach dem, was mir genehm ist, entscheiden, und vor allem, ist *das* dann innere Stärke? Mein Lehrer, Viktor Frankl, würde sagen, da bleibt nichts übrig, als die Sinnhaftigkeit der Sache zu überprüfen, und das bedeutet konkret, die restlichen 10 Minuten dazu zu verwenden, um festzustellen, wie dringend erforderlich, wie notwendig und daher sinnvoll meine sofortige Hilfeleistung für die Frau ist, bzw. ob unser Beratungsgespräch auch auf morgen oder übermorgen verschoben werden kann. Erst dann, wenn die Sinnhaftigkeit etwaiger Überstunden von mir feststeht, kann ich ein sinnvolles Ja oder Nein sprechen, dann erst zeigt sich meine innere Stärke oder Schwäche. Ist die Ratsuchende zum Beispiel in einem sehr schlechten seelischen Zustand oder gar selbstmordgefährdet, dann wäre mein Ja zum Bleiben alles andere als bloße Unfähigkeit, meine eigenen Interessen zu verteidigen, es wäre eine Tat der Nächstenliebe und außerdem eine ethische Verpflichtung meines Berufes. Der Verzicht auf meinen freien Abend wäre dann ein Spiegelbild innerer Stärke, wohingegen ein Bestehen auf meiner Freizeit nichts anderes offenbaren würde als innere Schwäche. Umgekehrt jedoch kann es auch der Fall sein, daß sich die Frau durch ihr Verhalten nur in der Warteliste der Ratsuchenden vordrängen will, indem sie mich vor vollendete Tatsachen stellt, obwohl es sich bei ihrem Anliegen mehr oder weniger um Nichtigkeiten dreht. In diesem Fall wäre mein Ja wirklich eines, das eigentlich ein Nein meint und aus innerer Schwäche heraus gegeben wird, während eine Absage gerechtfertigt wäre.

Dem Beispiel kann man entnehmen, daß nicht immer nur die Angst selbst wichtig ist bzw. die eigene persönliche Gefühlslage, sondern auch der Gegenstand der Angst und das Wozu ihrer Überwindung. Diese Überlegungen helfen uns bei der Beantwortung der Frage, wann eine Angst realistisch ist und daher schützende Funktion hat, und wann eine Angst unrealistisch ist und eher krankmachende Funktion hat. Dort, wo irgendetwas Sinnvolles aus der Angst entspringen kann, sei es eine Warnung, sei es eine Lehre, sei es eine Aufforderung zu einem veränderten Lebensstil oder simpel die Ermahnung zur Vorsicht, dort geht es nicht um die Überwindung der Angst, sondern um das Verstehen ihrer Bedeutung als Verhaltenskorrektiv. Dort aber, wo nichts Sinnvolles aus der Angst erwächst, wo lediglich ein erschwertes Leben, eine Beeinträchtigung der Bewegungs- und Entscheidungsfreiheit, eine Belastung der zwischenmenschlichen Beziehungen oder gar ein Neurotisierungsprozeß angekurbelt wird, dort stellt die Angst eine echte Herausforderung an den menschlichen Geist dar, der sich von ihr nicht alles gefallen zu lassen braucht, sondern ihr durchaus Kontra zu geben vermag.

Sehen wir uns zunächst die erste Möglichkeit an, um uns danach ausführlicher der zweiten, mehr besorgniserregenden Möglichkeit zuzuwenden.

Wir sagten, eine realistische Angst ist eine, die schützt. Wer etwa Angst hat, sich beim Fensterputzen allzuweit aus dem Fenster zu beugen, tut gut daran, auf seine innere Stimme zu hören. Und wer Angst hat, bei einer Prüfung durchzurasseln, tut ebenfalls gut daran, sich hinter seine Bücher zu klemmen. Soweit ist alles klar. Wie aber, wenn es sich um eine realistische Angst handelt vor etwas, das nicht in der eigenen Macht steht? Man hat Angst vor einer Operation – sicherlich berechtigterweise, denn jede Operation hat ihre Risiken. Aber man kann sich der Operation auch nicht entziehen, wenn sie eben sein muß. Oder man hat Angst um einen Angehörigen, der den falschen Weg wählt – genauso berechtigterweise, und doch kann man den Betreffenden gewöhnlich nicht aufhalten. Die innere Vorwegnahme von denkbaren Ereignissen, die es dem Menschen als einem geistig privilegierten Wesen gestattet, stets einen Blick in die Zukunft zu werfen, wenn auch nur in eine *mögliche* Zukunft und nicht in die sich schließlich verwirklichende Zukunft, bringt es mit sich, daß manch Negatives vorhergeahnt und befürchtet wird, das ohne eigenes Zutun schicksalhaft eintreten kann.

Hier stellt sich die Frage der Sinnhaftigkeit in einem anderen Lichte dar, und trotzdem besitzt die Angst, richtig verstanden, auch in diesem Fall noch eine Schutzfunktion; schützt sie doch wenigstens vor der Überrumpelung durch das Schicksal, vor dem plötzlichen Schock über ein dramatisches Ereignis. In der vorhergehenden Angst hat man sich quasi schon damit auseinandergesetzt, hat die ereignisschweren Konsequenzen erwogen und gewissermaßen in die eigene Existenz integriert, man hat sich schon ein kleines Stück abgefunden mit etwas, das noch gar nicht passiert ist. Wenn es dann tatsächlich passiert, ist es einem geistig irgendwie vertraut, wenngleich man sich natürlich gefühlsmäßig dagegen auflehnt.

Zusammenfassend können wir deswegen sagen: eine realistische – also der jeweiligen Situation angemessene – Angst hat in jedem Fall Schutzfunktion, ob man etwas gegen das Gefürchtete unternehmen kann oder nicht; kann man es, ist es das Naheliegendste, dies auch zu tun, kann man es nicht, kann man sich immerhin innerlich vorbereiten auf das, was geschehen mag. Tritt der Gegenstand der Angst dann ein, ist man gewappnet, tritt er nicht ein, wird man das Geschenk der Freude und Erleichterung dankbar in Empfang nehmen. Wo realistische Angst daher kein Verhaltenskorrektiv mehr sein kann, dort ist sie zumindest noch ein Einstellungskorrektiv, und auch das hat seinen Sinn im menschlichen Leben. Haben wir deswegen keine Angst vor der Angst, sie meint es – so seltsam es klingt – von Natur aus gut mit uns!

Anders sieht es allerdings aus im Bereich unrealistischer, irrationaler, übertriebener, neurotischer Ängste; und leider sind wir alle in unserem Kulturkreis sehr anfällig dafür. Von der Spinne, die über den Weg läuft, bis zum Menschheitsuntergang, der am Horizont des 20. Jahrhunderts dräut, von der Angst vor dem morgigen Tag bis zu Existenzängsten, die ein ganzes Leben durchziehen, kennen wir sämtliche Schattierungen ungesunder Ängste, die zwar meistens noch einen Hauch von Realitätsbezogenheit in sich tragen, aber dennoch unangemessen sind der jeweiligen Lebenssituation des einzelnen. Solche Ängste, die ihrer Sinnhaftigkeit entbehren, sind mit „drei E" markiert: mit *Erwartung,* nämlich der permanenten Erwartung von etwas Schrecklichem, mit *Erpressung,* nämlich zu handeln, wie man gar nicht handeln will, und mit *Erniedrigung,* indem sie den Menschen seines kostbarsten Gutes berauben, seiner Freiheit. Sehen wir uns dies im einzelnen an.

Wir erwähnten bereits jene innere Vorwegnahme zukünftiger Ereignisse in Form von Ahnungen und Befürchtungen, die menschliche Ängste stets begleiten. Die gefährliche Steigerung davon ist die direkte *Erwartung* von negativen Ereignissen, die kaum mehr gedanklichen Spielraum läßt für einen positiven Ausgang der Krise. Während die bloße Befürchtung eher Kräfte freisetzt zur Verhinderung des Befürchteten (oder notfalls sogar zur Aussöhnung damit), blockiert die Erwartung solche Kräfte, weil scheinbar sowieso alles umsonst ist. Wer zum Beispiel sicher erwartet, bei einem Wettkampf zu versagen, der strengt sich auch nicht an, sein Bestes zu geben, und versagt allein schon deswegen. Oder wer überzeugt ist, bei einem Vorstellungsgespräch keinerlei Chance zu haben, der geht gar nicht erst hin und verliert dadurch die minimale Chance, die er vielleicht doch gehabt hätte. Die Erwartungsangst blokkiert, und als „seelischer Block" ist sie ein Hindernis in der freien Entfaltung einer Persönlichkeit, die, je weniger sie sich entfalten kann, umso Negativeres von sich und der Umwelt erwartet, was die Blockierung wiederum zusätzlich verschärft.

Es gibt Angstneurosen, die nur durch die negative Erwartung irgendeines unangenehmen Symptoms entstehen, weil ebendiese Erwartung das Symptom prompt herbeiruft. Ja, es gibt sogar „Erwartungsdepressionen", die auch durch nichts anderes entstehen als durch die feste Überzeugung, man müsse und werde unter den gegebenen Umständen depressiv reagieren. Es gibt eine Reihe negativer Prophezeiungen, die sich erfüllen; aber nicht erfüllen, weil sie realistisch wären, sondern ausschließlich deshalb, weil sie *für realistisch gehalten werden,* und zwar von jemandem, der sich auf Grund dieser Autosuggestion so verhält, daß sie an Realität gewinnen. Das geht so weit, daß ein Patient, dem gesagt wird, er leide an Nierenbekkenentzündung, und der folglich erwartet, in der Nierengegend Schmerzen zu bekommen, auch wirklich solche verspüren kann, selbst wenn sich später herausstellt, daß sein Befund mit dem eines anderen Patienten verwechselt worden ist, und er nur eine leichte Magenverstimmung hatte.

Im großen Stil wurden derartige gefährliche Erwartungsphänomene unter anderem von dem israelischen Arzt Paul Schuger untersucht, der über ein Vorkommnis in Westjordanien zu berichten weiß, welches sogar die Weltgesundheitsorganisation in Genf beschäftigt hat. Begonnen hat es damit, daß zwei Mädchen in einer Schule in Ohnmacht fielen. Irgendjemand gab daraufhin das unheilvolle Gerücht aus, das Trinkwasser sei vergiftet. Binnen weniger Tage mußten 946 Mädchen aus dieser Schule wegen Übelkeit und Leibschmerzen in Krankenhäuser eingeliefert werden, wo die Blut- und Urintests ergaben, daß sie kerngesund waren. Die Erwartung der Krankheit allein hatte genügt, die dazugehörigen Beschwerden zu erzeugen, obwohl das Trinkwasser tadellos war.

Nun ist man gegen Fehldiagnosen und Massensuggestionen nicht gefeit, sehr wohl aber kann man sich gegen die eigene Erwartungsangst – woraufhin immer sie abzielt – wehren und dadurch verhindern, daß sie das Gefürchtete extra noch herbeizieht. Wie man das am besten macht, möchte ich an Hand von zwei Leserbriefen aufzeigen, die in der Absicht geschrieben worden sind, zu bekräftigen, wie gut eine spezielle, von Viktor E. Frankl erfundene, und auch von mir oft beschriebene Methode zur Angstbekämpfung funktioniert*.

Leserbriefausschnitt Nr. 1:

> Es war ein Familienfest. Ich stieg mit einem großen Tablett die steile Treppe von der Küche hinab, das Tablett war vollbesetzt mit Gläsern. Da kam mir plötzlich der Gedanke: „Und wenn du jetzt damit fällst?“ Stocken auf der 2. Stufe. Dann: „Na, dann fall’ mal schön!“ Innerlich hörte ich den Sturz, das Krachen, sah die Bescherung – das kam mir irgendwie komisch vor; ein kleiner Ruck ging durch mich, und lächelnd, sicher und beschwingt stieg ich die steile Treppe hinab …

---

* Die Veröffentlichung der beiden Leserbriefausschnitte erfolgt im Einverständnis mit den Verfassern.

Leserbriefausschnitt Nr. 2:

> Die Begebenheit trug sich während meines Praktikums an einer Kinderkrankenschwesternschule zu. Ich erlebte damals gerade die Vorbereitungen und den Ablauf eines Examens mit. Kurz bevor sich die Prüfungskommission einfand, ging ich zu den wartenden Examensschülerinnen und sah, daß eine der Kandidatinnen am ganzen Körper zitterte und dem Weinen nahe war. Da überlegte ich nicht lange, stellte mich ihr gegenüber, faßte sie an den Händen und hüpfte mit ihr hin und her. Dabei sagte ich zu ihr: „Jetzt zittern wir uns richtig aus, und danach brauchen Sie nicht mehr zu zittern! Sie haben gut gelernt, und alles wird prima klappen!"
>
> Zu meinem Erstaunen merkte ich, daß sich die Spannung der Schülerin fast augenblicklich löste, und als sie später in den Prüfungsraum ging, wirkte sie ruhig und wußte auf die ihr gestellten Fragen Bescheid. Ich erinnere mich noch, daß sie die Endnote „sehr gut" bekommen hat.

Was ist die Quintessenz dieser beiden Geschichten? Wir hören von zwei übertriebenen Ängsten: der Angst, mit einem Tablett über die Treppe zu stürzen, und der Angst, bei einer wichtigen Prüfung durchzufallen. Beides ist zwar möglich, aber in diesen Fällen sehr unwahrscheinlich, denn gerade mit einer heiklen Last geht man äußerst vorsichtig über die Treppe, und wenn man sich gut vorbereitet hat, wie die Einserschülerin, fällt man auch nicht durch das Examen. Taxieren wir deswegen beide Ängste als „unrealistisch". Zugleich mit dieser Einstufung kennzeichnen wir sie automatisch als „gefährlich", insbesondere dann, wenn sie sich zu negativen Erwartungshaltungen verfestigen würden. Die Erwartung, zu stürzen, könnte just die Füße so unsicher werden lassen, daß es tatsächlich zum Sturz kommt, und ähnlich könnte die Erwartung, allen Lernstoff vor Aufregung vergessen zu haben, das Gedächtnis glatt „leerfegen".

Wie sieht nun das Patentrezept dagegen aus, das in beiden Schilderungen anklingt? Da wird nicht ausgewichen, nein, da wird der Sturz gedanklich sogar provoziert, und überdies wird noch um die Wette gezittert. Da wird innerlich über sich selbst geschmunzelt, und siehe, die Angst reduziert sich schlagartig auf ein realistisches Maß, innerhalb dessen sie wieder Schutzfunktion übernehmen kann, indem sie zum Aufpassen auffordert, aber nicht aus dem Gleichgewicht bringt. Die Methode, die hier angewandt worden ist, sieht relativ einfach aus, ist aber gar nicht so leicht durchzuführen, was jedermann an sich selber ausprobieren kann. Sie heißt „Paradoxe Intention“ und baut darauf auf, daß der Mensch ein paradoxes Geschöpf ist, was ich noch nirgends treffender ausgedrückt gefunden habe als in einem Gedicht von Wolfgang Hilbig, das folgendermaßen lautet:

Ihr habt mir ein Haus gebaut,
laßt mich ein anderes anfangen.
Ihr habt mir Sessel aufgestellt,
setzt Puppen in eure Sessel.
Ihr habt mir Geld aufgespart,
lieber stehle ich.
Ihr habt mir einen Weg gebahnt,
ich schlage mich durchs Gestrüpp
seitlich des Wegs.
Sagtet ihr, man soll allein gehn,
würd ich gehn mit euch.

Wenn ich auch den Verdacht habe, daß Wolfgang Hilbig mit einem Auge auf die „heutige Jugend“ schielte, als er die obigen Zeilen verfaßte, sagt sein Gedicht dennoch etwas Grundsätzliches über den Menschen aus. Der Mensch liebt den Widerspruch. Er liebt ihn so sehr, daß er sogar sich selbst widerspricht, und das ist auch eine therapeutische Chance. Befindet sich jemand im Stadium der Angst, überlegt er sich alle Argumente, die dafür sprechen, daß er eigentlich gar keine Angst zu haben braucht – und fürchtet sich trotzdem! Dreht er jedoch den Spieß um und wünscht sich, ausgerechnet dasjenige, was er so sehr fürchtet, solle auf der Stelle eintreten, dann fallen ihm alle Details ein, wie dies geschehen kann – und trotzdem findet er es schier lächerlich. Der Gedanke: „Na, dann fall' mal schön!“ weckte sofort den Widerspruchsgeist der Frau mit dem Tablett, die ihre eigene Vorstellung von der „schönen Bescherung“ plötzlich urkomisch fand und sich daraufhin mit einem Lächeln über ihre übertriebene Angst hinwegzusetzen vermochte. Dieselbe Wirkung hatte der Satz: „Jetzt zittern wir uns richtig aus!“ auf die ängstliche Schülerin gehabt, die in dem Moment, da sie zittern *sollte,* ruhig wurde.

Viktor Frankl, dessen Methode der „Paradoxen Intention“

inzwischen weltberühmt geworden ist, benützte diese Taktik auch in Fällen von schwersten Angst- und Zwangsneurosen mit Erfolg, indem er die Patienten stets anwies, sich genauso übertrieben, ja sehnsüchtigst herbeizuwünschen, was sie übertriebenermaßen fürchteten – beide Übertreibungen neutralisieren sich gegenseitig auf Null, was ein normales Leben mit sinn*voller* Angst, aber ohne sinn*lose* Ängste ermöglicht. Es spielt dabei keine wesentliche Rolle, wo die Ängste der Patienten herkommen, und das ist gut so. Heute wissen wir, daß die diversen körperlichen und seelischen, anlage-, erziehungs- und gesellschaftsbedingten Ursachen menschlicher Gefühls- und Erlebniswelt wie ein unentwirrbarer Knäuel in einem netzartigen Gewebe von Wirkung und Gegenwirkung miteinander verflochten sind, das weitaus komplizierter ist als unsere ursprünglichen linearen Kausalitätsvorstellungen vom Werden des Menschen waren. Niemals wird es gelingen, eine irrationale Angst bis zu ihren letzten Wurzeln zurückzuverfolgen, sehr wohl aber kann es gelingen, ihrem Sprießen mittels gesundem Trotz Einhalt zu gebieten, und sie durch ein „distanzierendes Lachen" zum Verwelken zu bringen. Man möchte nicht glauben, welch heilende Kraft der Humor überhaupt hat: eine Angst, die man parodieren kann, ist schon keine Angst mehr, zumindest keine solche, die Schaden stiftet! Der Humor ist ein geistiges Potential des Menschen, das auch *nur* dem Menschen zur Verfügung steht, denn kein Tier lacht. In Hinblick auf Neurosen kann der Humor wahrhaftig die beste geistige Antwort sein auf Wehwehchen aller Art, auf Ängstlichkeit, Überbesorgtheit und die Neigung, zu dramatisieren – wo immer der Humor mit ins Spiel kommt, gibt sich der Herausforderer „Krankheit" alsbald geschlagen. Daß dies auch unseren Vorfahren nicht ganz unbekannt war, beweist die kleine „Kalendergeschichte" auf Seite 172.

Bevor ich über ein sehr eindrucksvolles Fallbeispiel aus meiner Praxis dazu berichte, möchte ich noch das „zweite E" kommentieren, das sich unrealistischen Ängsten gerne an die Fersen heftet, nämlich die *Erpressung*. Unrealistische Ängste fordern den menschlichen Geist nicht nur dadurch heraus, daß sie ihm eine gefährliche Erwartung von negativen Ereignissen einsuggerieren, sie pressen ihm auch Verhaltensweisen ab, die

Aus den Anfängen der Psychosomatik

Schülke & Mayr GmbH, 2000 Norderstedt.

er zutiefst nicht billigt. Ein Mensch zum Beispiel, der sich übermäßig vor der Ansteckung durch Bakterien fürchtet, ist notgedrungen den ganzen Tag am Waschen; vielleicht wäscht er sich seine Hände so oft, daß sie ganz rot und ausgelaugt werden, oder er trägt seine Kleidungsstücke so oft in die Reinigung, daß ein Vermögen dabei draufgeht, oder er meidet alle möglichen Orte, an die er sich im Grunde hinbegeben möchte, an denen er aber fürchtet, angesteckt zu werden, kurz, irgendwann kapselt er sich in seinen vier supersauberen Wänden ab und führt kein lebenswertes Leben mehr. Das Tragische dabei ist, daß er sich über sich selbst ärgert: er will das alles gar nicht, er sieht ein, daß es ein Unsinn ist, aber er befindet sich in den Klauen des Erpressers Angst. Und wie jeder Erpresser bekommt auch die irrationale Angst nie genug, je mehr man ihr nachgibt, umso gieriger wird sie, und desto widersinnigeres Vermeidungsverhalten nötigt sie dem Betreffenden ab.

Der Wahnsinn dabei ist, daß der Angstneurotiker, der sich verzweifelt bemüht, jegliches Risiko so klein wie möglich zu halten, immer größere Risiken eingehen muß, bis er schließlich sein gesamtes Leben riskiert. So schwächt die Angst, um bei unserem Beispiel zu bleiben, das Immunsystem eines Menschen, wodurch er umso infektionsanfälliger wird, je mehr er sich übertrieben vor Infektionen fürchtet. Je mehr Sicherheit und Schutz um jeden Preis gesucht wird, umso mehr liefert sich ein solcher Mensch seinen eigenen Schwächen aus, und desto schwächer und schutzloser wird er. Da gibt es wirklich nur mehr einen Ausweg, den man auch ohne fremde Hilfe jederzeit noch einschlagen kann, und das ist der Weg der „Paradoxen Intention". „Herbei mit euch Scharen von Bakterien! Ihr seid meine Gäste und herzlichst eingeladen, bei mir Platz zu nehmen! Ihr dürft ganze Kolonien an meinen Armen und Beinen bilden, ich bin ja nicht kleinlich. Hoffentlich fühlt ihr euch auch richtig wohl bei mir, dann ist es recht!" So und ähnlich muß innere Zwiesprache gehalten werden mit dem Herausforderer Angst, der bei solch ungewohnten Tönen in sich zusammenschrumpft wie ein angestochener Luftballon. Kein Erpresser hört es gerne, wenn man sein Erpressungsmittel lobt statt fürchtet, denn – womit soll er dann drohen? Seine Drohung wirkt nicht mehr. Und sie wirkt eben auch nicht im angstneurotischen Geschehen, wenn der Mut zum paradoxen Wunsch aufgebracht wird. Das pathologische Händewaschen oder Zurreinigungtragen hört auf, weil man „schließlich nicht die lieben Bakterien verscheuchen will, mit denen man sich gerade angefreundet hat“, man geht wieder aus dem Haus, „schließlich muß man ja Nachschub holen, damit die Kolonien keine Nachwuchssorgen bekommen“, und man erlebt vor allem, daß gar nichts passiert, absolut nichts, im Gegenteil, daß man sich so gesund fühlt, wie schon lange nicht. Das aber macht Mut, sich den eigenen inneren Ängsten weiterhin zu stellen, nicht mehr vor ihnen davonzulaufen, sondern sie einfach nicht ernst zu nehmen und ihrem Zwang nicht mehr zu gehorchen. Ich weiß von einem Mann, der lange Jahre unter einer solchen Ansteckungsphobie gelitten hat, und der heute stolz sagt: „Von mir aus dürfen die Bakterien und Viren meinen ganzen Körper von oben bis unten infizieren, aber zu meiner Seele haben sie keinen Zutritt mehr. Dort herrscht Friede, und den lasse ich mir von lächerlichen Zwangsgedanken nicht nehmen.“ Ist das nicht ein kühnes Wort?

Hier möchte ich das angekündigte Fallbeispiel anschließen, das von einer Frau handelt, die mindestens ebenso tapfer ihr Schicksal gemeistert hat. Sie litt seit ihrer Kindheit an diversen Ängsten, insbesondere an der Angst vor jeder neuen Situation, die auf sie zukommen könnte, und der sie nicht gewachsen sein würde. Da genügte eine Reise, eine berufliche Veränderung oder ein Wechsel im Bekanntenkreis, um sie „aus dem Häuschen geraten zu lassen“, was sich dann darin äußerte, daß sie nichts mehr zu essen vermochte, den Kopf hängen ließ und sich die schrecklichsten Sachen ausdachte, die alle geschehen könnten. Die Phantasien, die sie dabei entwickelte, nahmen mitunter fast schon absurden Charakter an, z.B. wurde sie nach längeren Autofahrten von dem Gedanken geplagt, sie könnte jemanden überfahren haben ohne es zu merken, woraufhin sie sich manchmal tatsächlich von der Angst verleiten ließ, die gefahrene Strecke nochmals abzufahren, obwohl natürlich von einem Unfall weit und breit keine Spur war. Man sieht hier sehr deutlich, wie der Pesthauch der negativen Erwartung Hand in Hand arbeitet mit dem erpresserischen

Zwang der Angst: die Patientin wußte ganz genau, daß sie in Wirklichkeit niemals einen Passanten überfahren würde ohne es zu merken, und dennoch kehrte sie hin und wieder um, um sich davon zu überzeugen – allein, die Sicherheit, die sie dadurch zu gewinnen hoffte, war eine trügerische. Denn wer der unrealistischen Angst nachgibt, verfällt ihr mit Haut und Haar. Je öfter die Frau unsinnigerweise zurückfuhr, um quasi ihre möglichen Verkehrsopfer zu suchen, desto unsicherer wurde sie, ob sie nicht etwa auch beim zweiten Abfahren der Strecke ein solches imaginäres Opfer übersehen haben könnte, und desto stärker fühlte sie den Druck der Angst, sich sogar noch zu einer dritten Kontrollfahrt aufzumachen. Man kann sich leicht vorstellen, daß ein Patient, der in derart irrationale Überlegungen verstrickt ist, nicht mehr zur Ruhe kommt, weder auf der Straße noch zu Hause, und sich in völlig unnötigen Selbstquälereien zerfleischt.

Als diese Frau zu mir in Behandlung kam, erzählte sie mir, daß sie bereits in verschiedensten Therapien gewesen sei, und es sei ihr auch zwischendurch besser gegangen, aber in jeder etwas veränderten Lebenslage flackerten ihre Ängste wieder auf, und sie wußte nicht, was sie dagegen tun sollte. Zugleich zeigte sie mir ein Bild, das sie selbst gemalt hatte, und das eine kleine, zusammengekauerte Gestalt darstellte, die am Boden saß, ihren Kopf gegen die Knie gedrückt, wie ein Häufchen Verlassenheit und Hilflosigkeit. Hinter der Gestalt aber kam ein riesiger Raubvogel mit breiten schwarzen Schwingen angeflogen, den spitzen Schnabel direkt auf das Genick der sitzenden Gestalt gerichtet, als wollte er sie im nächsten Augenblick zerhacken (siehe Seite 178!). „Das bin ich", sagte die Patientin und zeigte auf die zusammengekrümmte Gestalt auf dem Papier, „und der Vogel ist das Urbild meiner Ängste. Er überfällt mich von rückwärts, und ich kann nichts dagegen tun – er ist stärker als ich, er vernichtet mich!"

„Es gibt etwas in Ihnen, das kann er nicht vernichten", antwortete ich ihr, „und das ist das Geistige in jedem Menschen. Der Raubvogel Ihrer Angstträume kann Ihre Gefühle aufwühlen, er kann Sie demütigen und antreiben zu Verhaltensweisen, die Sie selbst nicht gutheißen. Aber die gesunden, geistigen Kräfte Ihres Ichs sind unverletzbar, mit deren Hilfe können

Sie sich sogar noch *über* den Raubvogel stellen und ihm das Gefieder durcheinanderpusten, daß er nicht weiß, wie ihm geschieht! Dazu müssen Sie sich allerdings aufrichten, umdrehen und ihm ins Gesicht schauen, ja, nicht nur das, ihn mit offenen Armen herbeilocken und an Ihre Brust drücken. Sie werden sehen, daß er sich dann in ein ganz liebes und braves Vögelchen verwandelt, das Ihnen sozusagen aus der Hand frißt." Die Patientin war sehr erstaunt über meine Worte, aber ein erstes zaghaftes Lächeln erhellte bereits ihre Züge.

Dann erklärte ich ihr die Methode der „Paradoxen Intention" und wir wetteiferten miteinander, wer jeweils die humorvollere Formulierung bezüglich irgendwelcher Angstinhalte, die gerade aktuell waren, fände. Die Patientin hatte eine Menge guter Einfälle, so beschloß sie zum Beispiel, sich bezüglich neuer Situationen vorzusagen: „Ich denke überhaupt nicht daran, die neue Situation gut zu bewältigen. Ich bin der größte Versager auf der ganzen Welt, und der will ich auch bleiben, vielleicht komme ich dann einmal ins Guinness-Buch der Rekorde!" Oder wenn es um die krankhafte Vorstellung ging, sie könnte mit dem Auto unwissentlich jemanden überfahren haben, dann setzte sie sich, sobald sie zu Hause ankam, gemütlich hin und sagte sich: „Na, hoffentlich habe ich gleich mehrere Leute auf einmal erwischt, dann habe ich wenigstens meinen heutigen Beitrag zur Verbesserung des Problems der Überbevölkerung schon geleistet!" Die Patientin wußte natürlich sehr gut, daß diese humorvollen Selbstgespräche nicht ernst gemeint waren, aber sie halfen ihr, auch ihre unsinnigen Ängste nicht mehr ernst zu nehmen, und vor allem nahmen sie der Angst ganz und gar jede Macht über sie, denn wenn sie versagen oder jemanden überfahren *wollte,* wovor sollte sie sich dann fürchten? Wenn sie sich aber nicht fürchtete, kam es gar nicht zum Versagen, und schon gar nicht zu Verkehrsunfällen solch merkwürdiger Art, die sowieso nur ein Alptraum gewesen waren. So lernte die Patientin nicht nur sukzessive, mit ihren Ängsten umzugehen, sie lernte auch ein freieres und beschwingteres Leben zu führen, sich weniger unnötige Sorgen zu machen und angesichts irgendwelcher Alltagsveränderungen selbstsicherer zu werden.

Eines Tages, als wir unsere therapeutischen Gespräche

schon weitgehend abgeschlossen hatten, kam sie und brachte ein neues Bild, das sie gemalt hatte. Es zeigte einen kleinen Hügel, auf dem eine Gestalt thronte – anders kann man es gar nicht ausdrücken. Stolz saß sie dort, auf einer festen, soliden Basis, in sich selbst ruhend und gelassen. Die Gestalt trug den Kopf aufrecht und hielt in ihren Händen zwei Pinsel und eine bunte Palette. Neben ihr standen vier Farbtigel in leuchtenden Farben. Das Erstaunlichste an dem neuen Bild aber waren die Vögel, es waren nämlich zwei: zum einen wiederum der riesige schwarze Raubvogel, der sich diesmal von vorne der Gestalt zu nähern versuchte, den spitzen Schnabel auf ihre Füße gerichtet, und zum anderen direkt vor ihr ein heller, strahlender, farbenfroh gefiederter zweiter Vogel, der die Gestalt gerade verließ, mit ausgebreiteten Schwingen, den Schnabel zum Himmel erhoben (Siehe Seite 179!). „Das bin ich jetzt", sagte die Frau zu mir und zeigte auf die thronende Gestalt, „ich weiß jetzt, wie man Raubvögel zähmt. Man muß sie nur freundlichst einladen zu einer Verschönerungskur und ihnen ihre aufgeplusterten schwarzen Federn bunt anmalen, dann schauen sie so komisch aus, daß sie sich genieren und schnell wegfliegen. In letzter Zeit trauen sie sich schon gar nicht mehr in meine Nähe ...", und als sie dies sagte, lachte und weinte sie zugleich, und ich freute mich mit ihr, daß sie den Fluch der Angstneurose so heroisch zu bannen vermocht hatte. Gewiß wird ihr gelegentlich wieder einmal eine angstbesetzte Idee einfallen, die der Realität nicht angemessen ist, doch wird sie deswegen nicht gleich in Panik geraten, sondern eben ihr Handwerkszeug, die „Paradoxe Intention" hervorholen, und dem Vogel ein paar bunte Federn mehr verpassen, woraufhin er sie fluchtartig wieder verlassen wird.

Unbegründete Ängste, Zwänge, Depressionen und Verzweiflungsstimmungen sind Herausforderungen an den menschlichen Geist, die letztlich auch nur geistig beantwortet werden können, indem man sich ihnen stellt, *entgegen*stellt und *darüber*stellt. Wenn man dies aber tut, dann ist das eine großartige Leistung, auf die man stolz sein kann – stolz im besten Sinne gemeint –, und dieser „geistige Stolz" entmachtet erst recht die Krankheit. Niemand muß sich in Wirklichkeit vor der Angst beugen, er *glaubt* es nur zu müssen, und damit kommen wir

Vor der Therapie

*Nach der Therapie**

* Der Patientin sei herzlichst gedankt für die Freigabe der Photos von ihren Bildern, die, wie sie selbst sagt, Lesern in ähnlichen Situationen Mut und Hoffnung geben sollen.

zum „dritten E“, das irrationale Ängste stets begleitet, zur *Erniedrigung*. Die Angst erniedrigt einen Menschen, aber im eigentlichen ist er selbst es, der sich erniedrigen läßt. Und zwar deshalb, weil er sich eine Freiheit abspricht, die er immer noch besitzt.

Viktor Frankl schreibt dazu folgendes:[1] „Letzten Endes wird menschliches Verhalten nicht von Bedingungen diktiert, die der Mensch antrifft, sondern von einer Entscheidung, die er trifft. Ob er es nun wissen mag oder nicht: er entscheidet, ob er den Bedingungen trotzt oder weicht, mit anderen Worten, ob er sich von ihnen überhaupt und in welchem Maße er sich von ihnen bestimmen läßt.“

Die Erniedrigung, die von einer unangemessenen Angst ausgeht, ist die Schlußfolgerung: Weil ich Angst habe, kann ich dies und jenes nicht ... oder: Ich bin eben ängstlich und daher unfähig, dies und jenes zu tun. Das ist aber ein neurotischer Trugschluß, denn das Können, das Fähigsein wird von der Angst überhaupt nicht beeinträchtigt, nur das „Glauben, nicht zu können“ macht unfähig! Es gibt durchaus Krankheiten im psychischen Bereich, vor allem aus dem wahnhaft-psychotischen Formenkreis und auf endogener Basis, die das Können eines Menschen erheblich einschränken, aber die Neurose gehört *nicht* dazu, und die übertriebene Furchtsamkeit manch sensibler Charaktere, die noch als „normal“ einzuschätzen sind, schon gar nicht. Man kann in einem Kaufhaus Platzangst bekommen und die Flucht ergreifen, und man kann genausogut Platzangst bekommen und seinen Einkauf fertig tätigen, wenn auch mit zusammengebissenen Zähnen. Die Rechnung wird einem in beiden Fällen präsentiert: wenn man vor der Angst fliehen will, wird man von ihr immer eingeholt, denn sie ist schneller als jeder Flüchtling; wenn man ihr aber widersteht, hat man den Kampf gewonnen und geht als Sieger daraus hervor. So erstaunlich es ist: *man kann Angst haben und mutig sein* – die Freiheit zum Mut hat auch der Ängstliche. Vielleicht beweist es sogar größeren Mut, etwas unter Angst zu tun, aber es eben zu tun, als dasselbe ohne Angst zu tun. Vielleicht haben die Angsthasen unter uns die größere Chance zum Heldentum, als sie die Helden unter uns jemals haben werden ...

Daß der Ängstliche auch noch die Freiheit zum Mut hat, ist allerdings eine sehr junge Erkenntnis der Psychologie, die vor Frankl nahezu unbekannt war. Deswegen ist auch bislang ein enormer psychologischer Aufwand getrieben worden, um etwaige ungesunde Ängste von Patienten möglichst genau zu spezifizieren, was leider letztere noch mutloser macht und ihre fatalistische Hypothese des „nicht anders Könnens" zu verifizieren scheint. Schauen wir uns folgenden kurzen Dialog zwischen einem Klienten und einem Berater an:

Klient: Leute ängstigen mich!
Berater: Welche Leute?
Klient: Zum Beispiel mein Vater.
Berater Wie macht er das genau?
Klient: Er spricht laut mit mir.
Berater: Was geschieht, wenn er das tut?
Klient: Dann bringe ich keinen Ton mehr heraus vor Angst.
Berater: Sie haben also Angst vor Ihrem Vater. Und diese Angst übertragen Sie auch auf andere Leute?
Klient: Ja, deswegen vermeide ich Kontakte, wo ich nur kann.
Berater: Sie werden sich wahrscheinlich einsam fühlen.
Klient (schluchzend): Ich habe niemanden auf der Welt.

Überlegen wir uns, was ein Klient denken mag, der von so einem Beratungsgespräch nach Hause geht. Ich vermute, er wird sehr ärgerlich auf seinen Vater sein, der offenbar als Urheber seiner Misere dasteht. Des weiteren vermute ich, er wird sich selbst sehr stark bemitleiden, weil er keine mitmenschlichen Kontakte hat, zu denen er sich auf Grund seiner Ängste nicht fähig fühlt. Wird ein solcher Klient wissen, daß er trotzdem imstande wäre, befriedigende Kontakte mit anderen Menschen zu knüpfen, ja, daß er sogar imstande wäre, mit seinem resoluten Vater offen zu sprechen, wenn er bloß seiner inneren Angst nicht nachgeben, sondern sich darüber hinwegsetzen würde? Ich fürchte, er wird es nicht wissen, und dennoch ist es so, wie sich immer wieder in Notsituationen zeigt, in denen gehemmte Menschen ihre Hemmungen glatt überspringen, weil es ihnen von der Situation her plötzlich abverlangt ist. Ich würde deshalb vorschlagen, denselben Dialog vom Berater her anders aufzubauen, etwa folgendermaßen:

Klient: Leute ängstigen mich!
Berater: Alle Leute? Auch die Eingeborenen in Australien ...?
Klient: Nein, nicht alle Leute –
Berater: Welche Leute ängstigen Sie nicht?
Klient: Zum Beispiel Kinder.
Berater: Und warum nicht?
Klient: Weil sie mich nicht anschreien.
Berater: Kann ein lautes Sprechen von jemandem Ihre eigene Sprechbereitschaft blockieren?
Klient: Ja, genauso ist es.
Berater: Das ist aber sehr schade, denn es könnte Ihnen ja auch einmal eine lautstarke Liebeserklärung gemacht werden ...
Klient (lachend): In diesem Fall, glaube ich, würde ich die Blockierung überwinden!

Überlegen wir uns wiederum, was ein Klient denken mag, der von einem solchen Beratungsgespräch nach Hause geht. Wäre nicht zu vermuten, daß er sich der Freiheit bewußter ist, die ihm trotz seiner Gehemmtheit noch zur Verfügung steht, als nach dem anderen Dialog? Unter Umständen kommt es ihm jetzt selbst dumm vor, sich bloß von der Lautstärke einer Stimme irritieren zu lassen, und er ringt sich den Sieg über diese Schwäche ab. Das wäre jedenfalls erfolgversprechender als die Schuldabwälzung auf den Vater und das Schmoren im eigenen Selbstmitleid.

Ich hatte einmal ein junges Mädchen in Beratung, das unser Gespräch mit der Behauptung eröffnete: „Ich kann nicht von zu Hause weggehen.“ 99 von 100 Beratern hätten daraufhin gefragt: „Warum nicht?“ oder „Was hält Sie zu Hause fest?“ mit dem Hintergedanken, es sei der Druck der Eltern, die Eifersucht der Geschwister oder etwas dergleichen. Aber ich besann mich eines anderen. Ich fragte die Jugendliche: „Wenn Sie weggehen könnten, wo würden Sie hingehen?“ Und siehe da, sie hatte keine Ahnung, wo sie gerne hingehen würde. Da gab ich ihr die Aufgabe, bis zum nächsten Gespräch nachzudenken, wo sie überhaupt hingehen wolle, wenn sie das Elternhaus für längere Zeit ganz zwanglos verlassen könnte, und prophezeite ihr zugleich, daß ihr Können sofort da sein werde, wenn erst ein zielgerichtetes Wollen sichtbar würde. In der nächsten Gesprächsstunde wußte sie es: sie würde am liebsten in den Ferien zwei Wochen zu ihrer Tante aufs Land fahren. Wir setzten miteinander ein Brieflein an die Tante auf, ich telefonierte mit ihren Eltern, und als die Ferien nahten, bereitete ich mich darauf vor, ihr Mut zuzusprechen, den kleinen Schritt aus dem elterlichen Nest zu wagen. Aber sie erschien nicht zur letzten Stunde, sie war schon zwei Tage früher zu ihrer Tante abgefahren, weil sie es gar nicht mehr hatte erwarten können …

Wir sehen, es war nicht notwendig gewesen, die Ängste dieses jungen Mädchens nach allen Regeln der Kunst aufzuschlüsseln. Was aber dringend notwendig gewesen war, das war, ihr die Freiheit aufzuzeigen, die sie trotz ihrer Ängstlichkeit besaß, und diese Freiheit mit einem sinnvollen Ziel zu verbinden. Die große Erniedrigung des Menschen, die er sich im Zuge unrealistischer Ängste selbst antut, besteht nämlich nicht nur darin, daß er sich seiner Freiheit begibt, sondern vor allem darin, daß er sich nicht frei fühlt, dasjenige zu tun, was er für sinnvoll hält. Umgekehrt aber kann das Aufleuchten eines sinnvollen Vorhabens die Freiheit zurückbringen, sich über jede Ängstlichkeit hinweg mitten in dieses Vorhaben hineinzustürzen. Die Angst steht, wie ich anfangs angedeutet habe, im Dienste des Menschen, *niemals aber werde der Mensch zum Diener seiner Angst*. Der Mensch muß Herr über sich selbst bleiben, und dann hingehen und sein Selbst einer sinnvollen Aufgabe weihen – nur so kann sich sein Leben erfüllen.

Denken wir deswegen daran: man kann Angst haben und mutig sein. Damit ist nicht der Mut der Verzweiflung gemeint, sondern der Mut eines Wesens, das die Angst als eine Herausforderung seiner geistigen Fähigkeiten begreift, und die Herausforderung annimmt.

2. Schuld ist eine Umdenkmöglichkeit

Es gibt nur eines, das noch schlimmer ist als der Schmerz über empfangenes Leid, und das ist der Schmerz über getanes Leid. Friedrich von Schiller bezeichnete die Schuld als „der Übel größtes“, und damit hat er vermutlich gar nicht sehr übertrieben, wenngleich viele Leute den Schuldbegriff heute am liebsten abschaffen würden. Aber das ist so einfach nicht, denn eine begangene Schuld liegt unheimlich lange „auf der Seele" eines Menschen, oft bis zu seinem Tode. Die Sehnsucht nach Vergebung, die Hoffnung auf einen Nachlaß von Schuld taucht auch in allen Erlösungsmythen auf, gleichsam als Abglanz einer Ursehnsucht der Menschheit. Dazu kommt, daß die Schuldhaftigkeit des Menschen in fast allen Religionen als Ursprung des menschlichen Elends angesehen wird, wie immer die „Vertreibung aus dem Paradies" dann bildlich ausgedeutet wird.

Nun hat die Psychologie nur ein einziges Mittel zur Wiederherstellung des paradiesischen Zustandes der Schuldlosigkeit, und das ist ihre „Abhängigkeitserklärung" des Menschen. Wenn sie ihn wissenschaftlich für abhängig erklärt von den Bedingungen seines Lebens, dann kann sie auch sein gesamtes Verhalten als bedingt deklarieren – und alle seine Schuldgefühle als neurotisch. Ob das wirklich ein Weg ins Paradies ist, bezweifle ich allerdings; ich meine eher, es ist exakt ein Weg in die Neurose. Denn nur ein Neurotiker glaubt oder will glauben, er sei bedingt durch die Umstände seiner Umwelt, was ihm scheinbar als Entlastung dient. Ein gesunder Mensch hingegen glaubt dies nie und nimmer, er weiß zutiefst um seine „Unbedingtheit"[2] angesichts seiner Bedingungen, und damit zugleich um seine Schuldhaftigkeit angesichts vieler Entscheidungen, die er im Laufe seines Lebens getroffen hat und immer noch trifft.

Im Grunde ist jede Entscheidung, wie sie auch zustande gekommen sein mag, eine *eigene* Entscheidung, zu der das letzte Ja von dem Betreffenden selbst gesprochen wurde. Da kommen zum Beispiel Ratsuchende, die in Scheidung leben, und behaupten: „Unsere Ehe konnte gar nicht gutgehen, weil sie von Anfang an nur unter dem Druck unserer Eltern geschlossen worden ist." Kein Zweifel, daß Eltern Druck ausüben können, selbst auf erwachsene Kinder. Dennoch birgt auch eine solche Situation noch Wahlmöglichkeiten für reife, mündige Menschen in sich. Wer nicht überzeugt ist von der Richtigkeit eines gemeinsamen Weges, muß sich dem Druck von Außenstehenden nicht beugen; und die Generation der heutigen jungen Erwachsenen in unseren Breiten ist im allgemeinen nicht zimperlich im Widerstand gegen „dreinredende Eltern". Aber wenn man genauer nachfrägt, kommen meist doch andere Faktoren ans Tageslicht. Ein Haus, das nur überschrieben wurde, wenn man verheiratet war, oder eine soziale Ablehnung, die man hätte in Kauf nehmen müssen, wenn man unverheiratet zusammengelebt hätte. Man wollte jedoch alles haben: das Zusammenleben, das Haus, die soziale Akzeptanz – und so wurde geheiratet. Nicht aus Liebe, nein, aus Gier, um alles zu erraffen, um den einfachsten Weg zu gehen, um ja nicht zu kurz zu kommen usw. Das Ja war schon da, aber nicht das wahre Ja zum Partner, sondern ein fragwürdiges Ja zu Vorteilen, die einem selbst dienen sollten. Und wenn es dann schiefgeht – nicht deswegen, weil das Ja gefehlt hätte, sondern weil die Liebe zum Partner gefehlt hat –, dann kann das Scheitern der Ehe bequemerweise auch noch den Eltern hingeschoben werden, die mit ihrem ausgeübten Druck an allem schuld sind.

So wird's vielfach gemacht, nur wird eines dabei übersehen: es gibt bei gesunden, erwachsenen Menschen keine *erzwungenen Entscheidungen.* Wo Entscheidungen fallen, ist Freiheit vorhanden, und wo wirklich Zwang ausgeübt wird, fallen keine Entscheidungen mehr. Jede Entscheidung setzt immer eine Wahlsituation voraus, und wo Wahlmöglichkeiten bestehen, kann die falsche Wahl getroffen werden, können Fehler begangen werden, kann Schuld geschehen. Es ist dann die eigene Entscheidung und die eigene Schuld. Wo hingegen keine Wahlmöglichkeiten bestehen, handelt es sich niemals um eine eigene Entscheidung, und wenn etwas Negatives passiert, ist es niemals die eigene Schuld.

Was wir daher in der Psychologie brauchen, sind nicht Abhängigkeitshypothesen, sondern *Unterscheidungskriterien zur Identifizierung von berechtigten und unberechtigten Schuldgefühlen.* In der Praxis vermischen sich beide leider oft miteinander und sind auch sehr schwer von einem Außenstehenden auf ihre Objektivität hin zu beurteilen. Und doch ist es notwendig, sie voneinander zu trennen, genauso wie es wichtig ist, realistische und unrealistische Ängste von einander zu unterscheiden, wovon wir im vorigen Kapitel gesprochen haben. Denn mit berechtigten Schuldgefühlen muß ganz anders umgegangen werden als mit unberechtigten.

Es gibt unsichere, schwermütige, wenig selbstbewußte Patienten, die sich mitunter schuldig fühlen für etwas, woran sie überhaupt keine Schuld haben; und andererseits kennen wir zur Genüge Personen, die grobe Fehler in ihrem Leben gemacht haben, aber ihr Versagen nicht zugeben wollen oder können. In der Beratungspraxis finden wir auch immer wieder folgende Kombination vor: Menschen, die bekennen, daß sie sich an diesem oder jenem schuldig fühlen, aber im selben Atemzuge alle Gründe aufzählen, warum sie gar nicht anders hätten handeln können. Es liegt nahe, daraus zu folgern, daß sie eine Bestätigung ihrer Unschuld durch den Therapeuten suchen. Warum liegt ihnen so sehr daran? Doch wohl, weil sie zutiefst eine echte Schuld spüren, die vor sich selbst nicht eingestanden werden will. Man muß deshalb als Berater vorsichtig sein, um nicht auf jeden Fall solche „Unschuldsbestätigungen" auszuteilen, denn diese lösen das Problem einer wahren Verfehlung nicht. Vernünftiger scheint es mir, den objektiven Sachverhalt abzuwägen und gegebenenfalls „Gegengewichte" zur Schuld ins Gespräch zu bringen. Sagt zum Beispiel ein Ratsuchender: „... ich war nicht nett zu meiner Mutter, ich wußte ja nicht, daß sie so plötzlich sterben würde, und daß ich sie nicht mehr sehen würde", dann antworte ich nicht etwa: „Klar, das konnten Sie nicht wissen, wie hätten Sie auch ahnen sollen, daß es das letzte Beisammensein mit Ihrer Mutter war ..." udgl., denn damit würde ich das „Nicht-nett-gewesen-sein" auch nicht aus der Welt schaffen. Lieber lasse ich die Schuld des „Nicht-nett-gewesen-seins" stehen und sage einfach: „Ja, es ist schade, daß Ihr letztes Beisammensein unschön ausgegangen ist. Aber gewiß gab es auch viele Male in Ihrem Leben, da Ihre Begegnung mit der Mutter harmonisch verlaufen ist ...?"

Im folgenden möchte ich mich dem Umgang mit *berechtigten* Schuldgefühlen widmen, denn dieser ist besonders schwierig, sowohl bei der Beratung von fremden Menschen, als auch im eigenen Leben, das ebenfalls nicht davon verschont bleibt. Zu den *unberechtigten* Schuldgefühlen sei zuvor nur die kurze Bemerkung eingeflochten, daß diese in der Therapiesituation relativ leicht zu handhaben sind. Entweder gehen sie auf einen Irrtum zurück, oder auf eine Krankheit. Im Falle eines *Irrtums* muß unmißverständlich aufgezeigt werden, daß von Schuld nur dort die Rede sein kann, wo Freiwilligkeit und das Wissen um die Folgen des Tuns vorhanden waren. Wenn ein Kind unvermutet plötzlich auf einer dicht befahrenen Straße vor ein Auto springt, und der Fahrer nicht mehr bremsen kann, dann ist er nicht schuld an dem Unfall, auch wenn dieser noch so entsetzlich ist. Das sind dann Schicksalsfügungen, die als unabänderliches Leid hingenommen und in einer tapferen inneren Einstellung dazu überwunden werden müssen, aber nicht einer Reue im Sinne des Umdenkens bedürfen. Im Falle einer *Krankheit* müssen unberechtigte Schuldgefühle je nach dem Krankheitsbild zusammen mit den anderen Symptomen behandelt werden. Zwanghaft irrationale Schuldgefühle z. B. fallen unter die Kategorie jener psychischen Ängste, die mit Hilfe der „Paradoxen Intention" gut zu beheben sind. Ein depressiv irrationales Schuldgefühl wiederum muß als Gefühlstäuschung dargelegt und der Patient zum Ignorieren solcher Fehlwahrnehmungen angehalten werden („Dereflexion").

unberechtigte Schuldgefühle
entspringen

	einem Irrtum	einer Krankheit
	↓	↓
therapeutischer Umgang damit:	Aufklärung des Irrtums durch Hinweis auf fehlende Freiwilligkeit bzw. fehlende Einsicht in die Folgen des Tuns.	Ironisieren von Schuldgefühlen, die aus Ängsten stammen; ignorieren von Schuldgefühlen, die aus Depressionen stammen.

Wenden wir uns aber nun den *berechtigten* Schuldgefühlen zu. Jener innersten Stimme eines jeden Menschen, die in den ehrlichsten und einsamsten Minuten des Insichgehens unweigerlich das Wort ergreift und aus der Vergangenheit zurückholt, was besser nie in sie hinein versunken wäre. Jener nackten Wahrheit, die zum Vorschein kommt, wenn die festgezimmerten Abhängigkeitshypothesen zusammenbrechen, die zum Schutz aufgestellt worden sind, um die Verantwortung nach draußen zu delegieren. Es hilft alles nichts, da gibt es nur eines: die *Wiedergutmachung*.

Weil auch wir Fachleute im Umgang mit ratsuchenden Menschen nicht darum herumkommen, hat die Logotherapie das weite Feld potentieller Wiedergutmachung ausgekundschaftet und ist dabei auf drei Möglichkeiten gestoßen, wie Schuld seelisch bewältigt werden kann. Nämlich erstens durch Wiedergutmachung an demselben Objekt, zweitens durch Wiedergutmachung an einem anderen Objekt, und drittens durch „Umdenken“, was quasi einer Wiedergutmachung auf „moralischer Ebene“ gleichkommt. Besonders letzteres ist eine ungewöhnliche psychotherapeutische Idee, die den direkten Schritt hinüber ins Gebiet der Seelsorge wagt, aber wer wollte ein Verbotsschild aufstellen auf einer Brücke, die einen Abgrund überspannt?

Bleiben wir jedoch zunächst bei der Wiedergutmachung am Objekt, die sozusagen das Naheliegende ist. Vor allem die *Wiedergutmachung an demselben Objekt,* das man geschädigt hat, ist die einfachste und „logischeste“ Art, um Schuld zu tilgen. Man hat jemandem etwas weggenommen und gibt es ihm zurück. Man hat Zerstörung verursacht und repariert das Zerstörte. Man hat einen Freund gekränkt und entschuldigt sich bei ihm. Diese Art von Wiedergutmachung hat meistens ihren zusätzlichen Preis, denn sie verlangt eine gewisse Demut: das Eingeständnis des Fehlers, die Bitte um Verzeihung, aber dafür löst sie das Schuldgefühl völlig auf. Zurück bleibt auch keinerlei Erniedrigung, denn die Schwäche, der man nachgegeben hat, ist durch eine spätere Stärke wieder ausgeglichen worden.

Etwas „unlogischer“ ist die *Wiedergutmachung an einem anderen Objekt* als dem, das man geschädigt hat. Aber nicht nur „unlogischer“, sondern auch bitterer, denn diese Lösung wird ja nur dann in Erwägung gezogen, wenn die Wiedergutmachung an demselben Objekt nicht (mehr) möglich ist. Man hat einem Menschen ein Auge ausgeschlagen – niemals kann man es ihm wiedergeben. Man hat ein Kind mißhandelt, und jetzt ist es erwachsen – niemals wieder kann man das Trauma in dessen Kindheit rückgängig machen. Niemand aber hindert einen daran, bei neuen Aufgaben und in zukünftigen Situationen besonders rücksichtsvoll und hilfsbereit zu sein, ja, Güte wirken zu lassen, wo früher Haß und Bosheit war. Ich habe eine Frau gekannt, die eine Abtreibung dadurch seelisch bewältigte, daß sie später ein schwer erziehbares Pflegekind bei sich aufnahm, das keiner wollte. Unter ihren Händen gedieh es, und das war bei weitem kein billiges Sich-frei-kaufen von Gewissensbissen, sondern eine anerkennenswerte Leistung dieser Frau, die der (ihrem Empfinden nach) begangenen Schuld einen tieferen Sinn verlieh. Es gibt sogar Mörder, die sich freiwillig für medizinische Testzwecke zur Verfügung stellen, um der Menschheit den Dienst zurückzuvergüten, den sie ihr durch ihr unmenschliches Betragen einst verweigert haben. Solche Wiedergutmachungen an anderen Objekten verlangen ein hohes Maß an Kraft und Selbstüberwindung, aber sie haben trotzdem einen sehr befriedigenden, heilenden Effekt, weil sie nicht nur das Selbstwertgefühl eines Menschen wiederherstellen, sondern auch sein Lebenswertgefühl anheben, das angesichts endgültiger Verfehlungen, die keine Revision mehr zulassen, ansonsten stark herabgemindert wird.

Sehen wir uns zuletzt die „unlogischeste" aller Wiedergutmachungsarten an, die nur mehr metaphysisch begreifbar ist, und dennoch meines Erachtens überaus wertvoll ist: *das Umdenken*. Der schuldig Gewordene trägt für etwas die Verantwortung, ohne die Freiheit zu besitzen, es jemals wieder aufwiegen zu können[3]. Jetzt kommt es auf seine innere Haltung an, auf das, wie er darüber denkt. Vielleicht liegt er auf der Intensivstation einer Klinik, blickt zurück auf sein Leben und hat keine Zeit mehr, eine Wiedergutmachung an irgendjemandem zu leisten. Vielleicht sitzt er in einer Gefängniszelle und hat seinen Aktionsspielraum weitgehend verspielt. Vielleicht ist er so arm oder behindert, daß die Möglichkeiten, Gutes zu tun, beschränkt sind. Aber er kann bereuen, und die Reue hebt die Schuld irgendwie auf. Die Reue durchflutet das Gewesene mit dem Sinn, daß es immerhin zu der *Erkenntnis* des Fehlers geführt hat, und jeder Erkenntnisprozeß ist ein Wachstumsprozeß.

Mit „Reue" sind dabei keineswegs qualvolle Selbstvorwürfe gemeint, die am Ende noch masochistischen Charakter annehmen. Vielmehr geht es um die Erkenntnis des Guten, die aus der Vergeblichkeit des nicht-mehr-zu-ändernden Schlechten befreit. Der auf Grund einer Schuld „umdenkende" Mensch entwächst seinem früheren Ich ein Stück, er ist nach dem „Umdenken" nicht mehr derselbe wie vorher, er ist ein anderer, vielleicht ein Besserer geworden. Und wenn dies gelingt, war die Schuld, und das Leid, das sie gebracht hat, nicht umsonst – im Licht eines tieferen Sinns gerinnt Schuld zur Wandlung.

berechtigte Schuldgefühle
verlangen
Wiedergutmachung

an demselben Objekt	an einem anderen Objekt	auf „moralischer Ebene"
↓	↓	↓
Die Schädigung wird ausgeglichen durch freiwillig geleistetes Gutes gegenüber dem/den Betroffenen	Die Schädigung wird ausgeglichen durch freiwillig geleistetes Gutes gegenüber Nicht-Betroffenen	Die Schädigung verliert ihre Sinnlosigkeit durch ein Umdenken, das zur Erkenntnis des Guten führt.

Um dem Leser zu verdeutlichen, daß von der „tragischen Trias: Leid, Schuld und Tod" (Frankl) gerade die *Schuld* einen Menschen lebenslang zu zeichnen vermag, länger sogar als eine Erfahrung von Leid oder eine Begegnung mit dem Tod, möchte ich einen sehr bewegenden Dialog mit einer Patientin wiedergeben, den ich in meiner Beratungsstelle geführt habe. Die etwa 60jährige Frau war von einem Arzt einer Kurklinik an mich verwiesen worden, weil sich der schlechte seelische Zustand, in dem sie sich befand, und wegen dem sie auch auf Kur geschickt worden war, absolut nicht bessern wollte. Ich habe seither etliche Gespräche mit ihr geführt, aber unser erstes Gespräch, über das ich hier in groben Zügen berichten will, nahm eine Schlüsselposition ein, insofern, als es gelang, die Patientin zum Umdenken zu motivieren.

Damit der Dialog nicht nur inhaltlich, sondern auch aus fachlicher Sicht mitverfolgt werden kann, werde ich ihn zwischendurch kommentieren.

Fr. X.: Ich habe solche Ängste, es ist, als ob mich etwas zusammendrückt ...

Ich: Bitte überlegen Sie genau: wovor haben Sie Angst?

Fr. X.: Das ist es ja, ich weiß es nicht. Es ist überhaupt kein Grund dafür gegeben. Vielleicht liegt der Grund in der Vergangenheit ... daß ich das alles nicht bewältigt habe.

Wenn ein Patient unter Ängsten leidet, empfiehlt es sich, zu erkunden, wovor *er sich fürchtet. Kann er ein Wovor angeben, und steht die Angst in keiner vernünftigen Relation dazu (z. B. Bazillenangst, Angst, sich an scharfen Gegenständen zu verletzen usw.), bietet sich der Verdacht auf ein angstneurotisches Reaktionsmuster an, und die Methode der „Paradoxen Intention" könnte Erleichterung bringen. Weiß der Patient jedoch um kein Wovor seiner Angst, dann steckt etwas anderes dahinter. Erstaunlicherweise sehr oft eine Gewissensproblematik, jedenfalls etwas, dem man genauer auf den Grund gehen muß.*

Ich: Gibt es etwas Tragisches in Ihrer Vergangenheit ...?

Fr. X.: (heftig) Es war die Hölle, ja die Hölle! Mit meinem ersten Mann, müssen Sie wissen. Er hat nur gesoffen und mit Weibern herumgemacht – und dann war er weg, einfach weg.

Ich: Wie lange hat die Ehe gedauert?

Fr. X.: 14 Jahre.

Man könnte sich nun in der Exploration sehr intensiv mit dieser mißglückten Ehegeschichte beschäftigen, die fraglos bei der Patientin ihre Spuren hinterlassen hat. Andererseits bestünde dann die Gefahr, daß man sie besonders gewichtet, und in Anbetracht dessen, daß von einer 1. Ehe gesprochen worden ist, also noch eine 2. gefolgt sein muß, fragt sich, ob es gut ist, die Erinnerung an den ersten Partner allzu stark aufzurühren. Ich entschließe mich daher, zunächst die allgemeinen Rahmenbedingungen im Leben der Frau abzutasten.

Ich: Und vorher, vor Ihrer Eheschließung, hatten Sie da eine schöne Zeit?

Fr. X.: Naja, meine Eltern haben schon viel für mich getan. Aber Liebe, Wärme habe ich nicht gekannt. Ihre Ehe war auch sehr schlecht. Und kaum war ich mit der Schule fertig, hieß es: Du mußt arbeiten gehen! Meine jüngere Schwester durfte etwas lernen, aber mich wollten sie draußen haben.

Ich: Was haben Sie denn gearbeitet?

Fr. X.: In der Fabrik, und später bei der Straßenbahn, das war ganz interessant.

Ich: Sie haben also nicht ungern gearbeitet?

Fr. X.: Nein, im Gegenteil, ich habe immer gern gearbeitet (erzählt von ihren Arbeitsstellen).

Ich: Dann haben Ihre Eltern vielleicht doch keine so falsche Entscheidung getroffen, als sie Sie zur Arbeit schickten?

Fr. X.: Nein, das nicht ...

Wir erfahren hier, daß nicht nur die 1. Ehe, sondern auch die Kindheit der Patientin nicht die Beste war. Und wiederum wäre sehr viel „psychologische Wühlarbeit" möglich. Dennoch kann niemand ungeschehen machen, was geschehen ist. Das einzige, was geändert werden kann, ist die Einstellung *der Patientin dazu, und das habe ich hier versucht – sie kann sich mit dem Verhalten der Eltern aussöhnen.*

Ich: Frau X., Sie haben also früh zu arbeiten begonnen. Haben Sie auch früh geheiratet?

Fr. X.: Ja, viel zu früh. Aber es war 1942, wissen Sie, und da wußte niemand, wie es weitergeht. Viele Männer sind gefallen, beim Abschied wußte man nie, ob man sich wiedersieht.

Ich: Das verstehe ich gut. Nun, Ihr Mann ist aus dem Krieg wieder zurückgekommen. Könnte es sein, daß ihn die Kriegserlebnisse verändert haben?

Fr. X.: Richtig, so war es. Er war plötzlich ein ganz anderer Mensch. Aber 1945 ist unser Georg geboren worden ... (weint)

Ich: (nach einer Pause) Georg ist Ihr Sohn?

Fr. X.: Er war der älteste ... (weint)

Die Patientin hat bisher von sehr leidvollen Lebenssituationen berichtet, aber trotzdem ist der Eindruck entstanden, daß sie damit leben kann. Sogar die Aussöhnung mit dem Verhalten des 1. Mannes scheint angesichts der damaligen traumatisierenden Kriegsjahre denkbar. Aber bei der Erwähnung von Georg stoßen wir auf eine heftige Gefühlsreaktion.

Ich: Ich glaube, Frau X., daß es nicht eigentlich die schlechte Ehe mit Ihrem 1. Mann oder die etwas kühle Kindheit ist, die Sie so bedrückt, sondern noch etwas anderes – ?

Fr. X.: (flüsternd) Mein Georg ist mit 16 Jahren gestorben.

Ich: Das tut mir leid, Fr. X., das ist wahrhaft ein großer Schmerz für eine Mutter!

Fr. X.: Es ist schon über 20 Jahre her. Ich muß es doch überwinden können, andere können das ja auch!

Neben dem Leid ist die Patientin auch mit einem sehr tragischen Tod konfrontiert worden, mit dem Tod eines ihrer Kinder. Aber, wie sie ganz richtig sagt, ist dies 20 Jahre her. Nicht, daß eine Mutter so etwas jemals vollkommen akzeptieren könnte – diese Wunde sitzt tief. Aber im vorliegenden Fall vernarbt sie nicht, wie die Tränen beweisen. Warum nicht? Wir müssen noch mehr darüber sprechen.

Ich: So etwas vergißt man nicht, Fr. X., auch wenn es schon lange her ist. Erzählen Sie mir doch ein wenig von Ihrem Georg, was für ein Kind war er denn?

Fr. X.: (berichtet bruchstückweise) Das ist es ja! Er war so gut, gar nicht wie ein Kind, er hat überhaupt keine Kindheit gehabt! Er hat mir immer auf den Kleinen aufgepaßt, ihn fast aufgezogen, ihn morgens schon in die Krippe gebracht, ich war doch allein, niemand hat mir geholfen, ich mußte um 4 h früh bei der Post anfangen, und nachmittags auch – damals wurden noch zweimal am Tag Briefe ausgetragen ... Die Mutter hat mir den Kleinen nicht abgenommen, das Sozialamt hat nicht geholfen, die Frau dort sagte, bei ehelichen Kindern müsse der Mann für sie sorgen, aber der war doch weg, ich wußte nicht einmal wohin ... Ich hatte kein Geld!

Ich: Sie hatten also noch ein zweites Kind, und der Mann hat Sie verlassen?

Fr. X.: Ja. 1954 ist der Markus geboren, und im selben Jahr ist mein erster Mann ausgezogen und untergetaucht. Er hat unehrliche Sachen gemacht, irgendwelche Dinge gedreht, die Polizei hat ihn gesucht. Und ich stand da mit den zwei Kindern. Wenn ich den Georg nicht gehabt hätte, ich wüßte nicht, was geschehen wäre. Dabei war er selbst erst 9 Jahre alt ... Er hat gar keine Kindheit gehabt – (weint)

Bei solchen stark gefühlsmäßig belasteten Berichten von Patienten muß man auf Nuancen achten, um den pathologisierenden Kern herauszuhören. Leid an sich ist nämlich nicht unbedingt krankmachend, im Gegenteil kann es zur seelischen Erstarkung eines Menschen beitragen. Nur wenn im Leid etwas enthalten ist, das „wider den Sinn" oder „wider das Gewissen" erfolgt ist, kann sich dies im weiteren Leben neurotisierend auswirken.
Bei diesem „auf Nuancen achten" war mir der Satz: „Er hat gar keine Kindheit gehabt" aufgefallen; dieser Satz wiederholte sich, und er schien mehr Schmerz zu verursachen als der Satz: „Er ist gestorben".

Ich: Da haben Sie eine sehr schwere Notzeit durchgemacht, mein Gott! Sie mußten das Geld verdienen für die Familie, und Ihr 9jähriger Sohn mußte sich bereits um das Baby kümmern. Sie beide, Sie und Ihr ältester Sohn, sind sehr tapfer gewesen!

Fr. X.: (hört auf zu weinen, erzählt zusammenhängender und sogar ein wenig stolz) Der Georg hat den Kleinen gewickelt, gefüttert, gewaschen, er hatte immer Geduld mit ihm, hat sich alles von ihm gefallen lassen. Dabei war der Kleine manchmal wie der Teufel, hat ihn z.B. von hinten in die Waden gebissen. Wenn ich dann gesagt habe: „Georg, schmier ihm eine!", hat der Georg nur gelacht und gesagt: „Mutti, er versteht's ja noch nicht." Er hat ihn praktisch aufgezogen, das war mir eine enorme Hilfe. Meine Mutter hat mir nicht geholfen, aber die ist auch bald gestorben ...

Später konnte ich den Markus bei einer Pflegemutter unterbringen, da ging's uns schon besser. Und dann habe ich das 2. Mal geheiratet, damit die Kinder wieder einen Vater haben, einen wirklich braven Mann, der hat auch den Georg so gern gemocht (die Stimme kommt ins Wanken).

Ich: (ruhig) Was ist dann passiert?

Fr. X.: Mit 16 Jahren hat mein Sohn Kinderlähmung bekommen. Es hat nur drei Tage gedauert, dann war er tot. Ein Jahr später wurden überall die Schutzimpfungen eingeführt.

Ich: War der Kleine auch in Gefahr?

Fr. X.: Ja, da hatte ich ihn schon wieder zu mir geholt. Er war in Quarantäne, aber er hat nichts bekommen. Zum Kleinen hatte ich nie die Beziehung wie zum Großen ... Mir fehlen die Jahre, die wir getrennt waren, als er in Pflege war ...

Ich: Also ausgerechnet das Kind, das Ihnen besonders nahe gestanden ist, haben Sie verloren. Und ausgerechnet zu dem Zeitpunkt, als die schlimmste Not überwunden war, und Sie hoffen konnten, daß endlich ein paar glückliche Jahre kommen würden –

Fr. X.: Genau so ist es. Da kann man nichts machen. Man kann nichts mehr ändern, niemand kann etwas ändern daran. Es gibt keine Hilfe, weil man die Zeit nicht mehr zurückdrehen kann, alles ist endgültig vorbei!

Die Vergänglichkeit der Zeit[4] *nimmt nichts von der Sinnhaftigkeit des Gewesenen hinweg. Und eine sinnlose Existenz würde auch nicht sinnvoller, wenn man sie ins Unendliche verlängern könnte. Die Werthaftigkeit eines Lebens hängt daher nicht von seiner Länge ab, ähnlich wie die Güte eines Reisefilms nicht davon abhängt, wie lange er dauert. Wenn der Film 2 Stunden lang nur das Fahren auf staubigen Straßen zeigt, dann ist er weniger gut geglückt als wenn er eine ½ Stunde dauert, aber die schönsten Ausblicke der durchfahrenen Landschaft in sich eingefangen hat.*

Wenn man den Vergleich des ablaufenden Lebens mit einem Film, der gedreht wird, beibehält, versteht man, daß das Leben bzw. der Film erst mit seinem Ende „vollständig" ist: jede Szene daraus steht dann für immer unverrückbar fest, projiziert auf die Leinwand der Vergangenheit, auf der zwar nichts mehr geändert, aber auch nichts verfälscht werden kann. Was schlecht war, bleibt schlecht, und was gut war, bleibt auch „end-gültig" gut.*

---

* Der religiöse Mensch kann sich bei diesem Gleichnis zum „Archiv" der Vergangenheit, in dem alle „Filme" vollendeter Menschenleben gespeichert sind, auch noch den „Archivar" dazu vorstellen, jene Instanz, die als einzige über alle „Filme" Bescheid weiß und jede kleinste Szene daraus kennt. Der Zustand des *Bewußtseins* während des menschlichen Lebens würde dann übergehen in den Zustand des *Gewußtseins* nach dem Tode.

Ich: Frau X., Sie sagen, man kann nichts ändern. Andererseits haben Sie mir soviel Positives von Ihrem Georg erzählt, wie er in der Not eingesprungen ist, wie rührend er seinen kleinen Bruder versorgt hat – möchten Sie denn all dies geändert haben?

Fr. X.: Nein, das nicht! Er war ein Engel, der auf die Erde kam, Gutes tat und wieder ging ...

Ich: Sehen Sie, Frau X., das bleibt doch auch, nicht nur die Tatsache seines Dahingehens! Sein ganzes Leben und Wirken bleibt für immer und ewige Zeiten ein gutes, so kurz es auch war. Glauben Sie denn, daß die Länge eines Menschenlebens das Wichtigste daran ist? Gibt es nicht Menschenleben, die sehr lange dauern, aber wenig Sinnvolles erbringen, und andere wiederum, die in der kurzen Zeit, die ihnen beschieden ist, eine ganze Fülle von guten Taten unterbringen?

Fr. X.: Ja, das ist wahr! Mein Georg hat mir in seinem kurzen Leben viel Freude gemacht, er war so vernünftig, lieb und klug ...

Ich: Das bleibt doch auch, oder? Die Freude, die er Ihnen gemacht hat, nimmt Ihnen niemand mehr weg, die Begegnung mit einem kleinen Engel, wie Sie sagen, gehört unauslöschlich zu Ihrem Leben. Wenn Sie heute zurückdenken an Ihr totes Kind, sollten Sie eigentlich von Dankbarkeit erfüllt sein, daß Ihnen dieses Kind geschenkt war –

Fr. X.: Wenn man es so sieht ...

In der Logotherapie sprechen wir bei einem solchen Gesprächsverlauf von einer „Einstellungsmodulation". Es stimmt nämlich nicht, daß, wie die Patientin glaubt, nichts mehr zu ändern ist. Zumindest kann man immer noch die geistige Einstellung *zu etwas Gewesenem ändern, was vom psychohygienischen Standpunkt aus betrachtet einen großen Unterschied macht.*

Ich: Wie hätte Ihr Georg denn gewollt, daß Sie es sehen?

Fr. X.: Oh, er hätte nicht gewollt, daß ich mich so sehr abquäle und gräme. Seine letzten Worte im Krankenhaus waren: „Helfen Sie meiner Mutter!" Er hat nie an sich gedacht – wenn er ein paar Pfennige in der Tasche hatte, hat er dem Kleinen etwas gekauft, nie etwas für sich – er hat nichts von seiner Kindheit gehabt, gar nichts – (weint)

Da ist der Satz wieder, der mir schon zuvor aufgefallen ist, und auf einmal erahne ich den pathologisierenden Kern der Sache, spüre, was hinter der Not der Patientin steckt: nicht das erlittene Leid, nicht der Tod des Kindes, nein, da ist ein nie verwundenes Schuldgefühl!

Ich: Frau X., ich habe den Eindruck, daß es etwas ganz Bestimmtes ist, das Sie quält. Daß es nicht einmal das tragische Ableben Ihres Sohnes an sich ist, das so unüberwindbar scheint. Sein plötzliches Sterben muß damals ein großer Schock für Sie gewesen sein, zumal es so unerwartet kam, aber in den vielen Jahren, die inzwischen vergangen sind, muß der Schock abgeklungen sein. Da ist jedoch etwas, das Sie stets wiederholen, nämlich den Satz: „Er hat nichts von seiner Kindheit gehabt." Könnte es sein, daß Sie heute noch darüber nachgrübeln, ob Sie dem Jungen nicht eine schönere Kindheit hätten bereiten können, ob Sie Ihrerseits ihm nicht hätten mehr Freude machen können, ob da nicht etwas ist, das Sie ihm gegenüber versäumt haben und jetzt eben nie mehr nachholen können?

Fr. X.: (packt meine Hände, in großer Erregung) Das ist es, Frau Doktor, das ist es! Sie haben z. B. von der Schule aus Ausflüge gemacht, und mein Georg war der einzige, der nicht mitfahren durfte. Wir hatten nicht das Geld für die Bahnfahrt. Vielleicht hätte ich es doch irgendwie auftreiben können ...? Oder der Lehrer hat ihm ein Buch empfohlen, mit Tiergeschichten, das weiß ich heute noch, und ich konnt' es nicht kaufen. Aber vielleicht hätte es das Buch zum Ausleihen gegeben? Ich war oft so müde, wenn ich von der Arbeit heimkam, ich war um 4 h früh aufgestanden, dann wollte ich nicht mehr viel hören von seinen kleinen Sorgen und Wünschen (schluchzt laut).

Das also war der Grund der nicht-heilen-wollenden seelischen Krankheit der Patientin. Nicht die großen Schicksalsblöcke ihres schweren Lebens waren es, die sie zu zermahlen drohten, nein, der winzige Rest an Freiheit dazwischen war es, der sie plagte mit der Frage, ob sie jenen letzten Freiraum, der ihr verblieben war, verantwortlich genutzt hatte oder nicht. Sie meinte: nicht.

Ich: (nach einer Pause) Ihre Schuldgefühle sind die Ursache Ihrer Ängste, Frau X. Woran Sie leiden, das ist eine Gewissensnot. Ihr Junge hat Ihnen geholfen, wo er nur konnte, und Sie fragen sich heute, ob Sie ihm wohl auch geholfen haben, wo Sie nur konnten, nicht wahr?

Fr. X.: (leise) Ja.

Hier endet die diagnostische Phase des Gesprächs, jetzt muß in die therapeutische Phase eingestiegen werden.

Ich: Gut, Frau X., wir haben den Herd Ihrer Krankheit gefunden. Meiner Meinung nach sind Sie eine ungemein starke, mutige Frau. Sie haben eine sehr mittelmäßige Kindheit gut überstanden, Sie haben viel und fleißig gearbeitet in Ihrem Leben, Sie haben sich durch die harten Kriegs- und Nachkriegsjahre mühsam durchgekämpft und außerdem noch in einer verzweifelten Situation, vom Mann, von der Mutter im Stich gelassen, genügend Kraft aufgebracht, Ihre zwei Kinder zu ernähren,

Aus alledem möchte ich schließen, daß Sie auch den tragischen Tod Ihres ältesten Sohnes aufrecht und tapfer zu tragen vermögen. Was Sie seelisch nicht zur Ruhe kommen läßt, ist die Frage, ob Sie an diesem Ihrem Sohn schuldig geworden sind.

Überlegen wir miteinander: Was wäre gewesen, wenn Ihr Georg am Leben geblieben wäre?

Fr. X.: Oh, dann hätte ich ihm später schon manches bieten können ...

Ich: Und die Schuldgefühle?

Fr. X.: Hätte ich wahrscheinlich nicht gehabt, weil ich mir gesagt hätte: Ich hab's ja wieder ausgebügelt, was er in seiner Kindheit zu kurz kam ...

Es ist in der Tat für den außenstehenden Beobachter fraglich, inwieweit die Schuldgefühle dieser Patientin berechtigt sind oder nicht. Meinem spontanen Empfinden nach würde ich sagen – wie ich es auch der Patientin gesagt habe –, daß die Frau sehr tapfer war und kaum viel mehr Möglichkeiten gehabt hätte, anders zu handeln. Dennoch ist da dieses 20 Jahre alte Unbehagen in ihr, und da sie nicht der Typus eines skrupulanten Charakters zu sein scheint, könnte irgendein realistischer Hintergrund existieren. Das eigentlich Tragische daran jedoch ist, daß eine wie immer geartete „Schuld" an dem Kind nie mehr gutgemacht werden kann. Selbst wenn es nur um Kleinigkeiten geht, so gibt es eben auch keine Kleinigkeiten mehr, die das Gewesene an derselben Person irgendwann wieder aufwiegen könnten.

Ich: Richtig. Überlegen wir weiter: Was wäre gewesen, wenn Ihr Georg ein unangenehmes Kind, ein Rowdy gewesen wäre, der sich hauptsächlich auf den Straßen herumgetrieben hätte, anstatt Ihnen zu helfen?

Fr. X.: Oh, dann ...? Na, dann hätte ich auch um ihn geweint, aber wahrscheinlich nicht so lange getrauert, ich meine, mich nicht derart gequält.

Ich: Und die Schuldgefühle?

Fr. X.: Vielleicht wären auch die geringer gewesen. Ja doch, ich glaube schon.

Ich: Sehen Sie also, daß Ihre Gewissensnot eng zusammenhängt mit dem ganz besonderen Wesen Ihres Sohnes? Das Schönste, das Sie wohl überhaupt in Ihrem Leben erfahren haben, war doch die Güte, Selbstlosigkeit und frühe Reife dieses Kindes. Zugleich aber ist es der Grund dafür, daß Sie sich schuldig fühlen: einem „Engel" gegenüber sind Sie ein Mensch geblieben, wenn wir Ihren Vergleich verwenden wollen.

Nun schauen Sie aber einmal weg von sich selbst. Was hat denn Ihren Georg zu einem so besonderen jungen Menschen gemacht? War es nicht gerade die Krisensituation, die ihn vorzeitig reifen ließ? War es nicht gerade die Tatsache, daß er gebraucht wurde, von seiner Mutter, die ihm selbst nur wenig geben konnte, dringend gebraucht wurde als Helfer in der Not, war es nicht diese Tatsache, die das Beste aus ihm herausholte? Wenn Sie ihm eine sorglose Kindheit hätten bieten können, wäre er dann derselbe geworden?

Fr. X.: Sie meinen, er ist durch die Umstände gereift …

Ich: Aber sicher. Auch gereift in jenen Momenten, da seine Mutter schwach und müde war, abgekämpft nach Hause kam, kein Geld mehr für Vergnügungen hatte usw. Sein edler Charakter hat sich in jenen bitteren Stunden geformt, und sein früher Tod hat verhindert, daß daran jemals wieder gerüttelt werde. Es kommt nicht so sehr darauf an, was einer vom Leben *hat*, wie Sie meinen, es kommt vielmehr darauf an, was einer im Leben *wird* – das Sein ist wichtiger als das Haben! Und wenn Ihr Sohn auch nicht viel vom Leben gehabt hat, so ist doch viel aus ihm geworden, ein großartiger junger Mensch ist aus ihm geworden –

Ohne Zweifel idealisiert die Patientin ihren Sohn ein bißchen. Er war ganz sicher kein „reiner Engel“, auch wenn vieles, das sie von ihm berichtet, wirklich beachtlich ist. Aber die Idealisierung schadet nichts, weil sie ja nicht mehr an irgendwelche Erwartungen an den Sohn geknüpft ist; sie glorifiziert lediglich einen Wert, der auch ohne Glorifizierung ein hoher Wert ist und bleibt. Deswegen rühre ich nicht an dieser Idealisierung (was leicht einer Entwertung nahekommen könnte), sondern verwende sie lieber im Positiven, um ein „heilsames Umdenken“ bei der Patientin einzuleiten.

Fr. X.: Ja, er war wirklich großartig!

Ich: Vielleicht sogar noch ein Stückchen „großartiger“ als seine Mutter? Gönnen Sie ihm doch diesen Rang, gestehen Sie ihm ruhig zu, in manchen Belangen der „bessere Teil“ von Ihnen beiden gewesen zu sein, Ihr Versagen ließ ihn zum Helden werden. Ich persönlich glaube nicht, daß Sie wirklich auf breiter Linie versagt haben, ich bin überzeugt, daß Sie das Menschenmögliche für beide Kinder geleistet haben; aber die kleinen Fehler, die Sie gewiß auch begangen haben, weil Sie ja nun einmal kein Engel sind, die lassen ihn im Kontrast dazu in besonders positivem Licht erscheinen. Oder mit anderen Worten: Ihr dahingeschiedener Sohn war nur deshalb so großartig, weil Sie unter anderem auch schuldig geworden sind an ihm.

Fr. X.: Ich verstehe, ich kann stolz sein auf ihn. Er war besser als sein Vater und besser als seine Mutter. Von meinem 2. Sohn kann ich das nicht so ohne weiteres sagen … Aber dem sein Leben ist ja noch nicht zu Ende. Sie haben recht, ich habe Fehler begangen, und meine beiden Söhne haben unterschiedlich darauf reagiert. Georg ist wohl daran gewachsen –

Ich: Er ist sogar noch in den letzten Atemzügen gewachsen, in denen seine Gedanken und seine Sorge Ihnen galt. Sein letzter Wunsch war, daß es Ihnen gut geht, und nicht, daß Sie sich mit Zweifeln und Ängsten herumplagen ...

Fr. X.: Ja, das stimmt (hebt den Kopf). Ich werde jetzt auf den Friedhof gehen und mit meinen Gedanken bei ihm sein. Ich werde ihm sagen, daß ich stolz auf ihn bin. Und dann werde ich heimgehen und mich bemühen, so zu leben, daß auch er auf mich stolz sein könnte ...

Die Patientin ist seit diesem ersten Gespräch in guter Verfassung und hat auf Grund unserer weiteren Gespräche mittlerweile auch eine erfreulich gute Beziehung zu ihrem anderen Sohn entwickelt, der schon eine eigene Familie hat, aber möglicherweise lange im Schatten des toten Bruders gestanden ist.
Der alte Spruch, daß man die Blumen während des Lebens schenken soll, weil sie auf den Gräbern „vergebens" blühen, enthält eben eine sehr tiefe Weisheit, die nicht nur von dieser Frau in einem schmerzhaften Prozeß gelernt wurde, sondern jeder von uns sich gelegentlich in Erinnerung rufen sollte.

Menschsein heißt, daß wir uns selbst und anderen Menschen immer etwas schuldig bleiben, und das bedeutet nichts anderes, als daß wir Sinnmöglichkeiten vorübergehen lassen, ohne sie zu ergreifen und ohne die richtige Wahl im richtigen Augenblick zu treffen. Es ist der Preis dafür, daß uns Menschen etwas geschenkt ist, das keiner anderen Kreatur, die wir kennen, gegeben ist: die Freiheit des Willens. Wie sagte doch Martin Buber so treffend?

> Die große Schuld des Menschen sind
> nicht die Sünden, die er begeht –
> die Versuchung ist mächtig und
> seine Kraft gering!
> Die große Schuld des Menschen ist,
> daß er in jedem Augenblick die
> Umkehr tun kann – und nicht tut!

Dem möchte ich nur hinzufügen, daß die Umkehr mit dem *Umdenken* beginnt.

3. Gedanken zur Selbstmordprävention*

Zum Zustandekommen eines Selbstmordes bedarf es zweier zeitlich gestaffelter Vorgänge, nämlich

1. des Einfallens der Möglichkeit, Selbstmord zu begehen, und
2. der konkreten Handlung, um diesen Einfall zu verwirklichen.

Wenn 1. nicht zutrifft, jemandem also ein Selbstmord gar nicht in den Sinn kommt, besteht so gut wie keine Suizidgefahr. Wenn aber die lebensverneinende Aktion im Gedankenspiel bereits vorweggenommen wurde, liegt immer eine gewisse Gefährdung vor, die je nach den persönlichen Umständen ausgeprägter oder geringfügiger sein kann, aber grundsätzlich existiert. Natürlich gibt es sehr viel mehr Menschen, die gelegentlich mit der Idee eines Freitodes „kokettieren", als solche, die tatsächlich an deren Ausführung herangehen. Gott sei Dank ist dies so. Aber auch das „Kokettieren" allein hat schon eine destruktive, gewissermaßen „abtötende" Wirkung, weil es das Bewußtsein der Werthaftigkeit des Lebens reduziert und damit automatisch ein Gefühl der Sinnlosigkeit allen Seins und Tuns etabliert; ein Gefühl, das seinerseits wiederum die Konkretion des Suizidgedankens als „sinnvoll" erscheinen läßt.

Wenn es daher um die Frage der Selbstmordprävention geht, darf das wissenschaftliche Augenmerk nicht nur auf die Verhinderung des Selbstmordvollzugs gerichtet werden, sondern muß sich zugleich mit einer „Einfall-Prävention" hinsichtlich der Selbstmordidee beschäftigen. Dazu herrscht aber leider keine einheitliche Meinung unter den Fachleuten, wodurch es zu dem Paradoxon kommt, daß einerseits an hohen Brücken, Türmen und ähnlichen Bauten Schutzgitter angebracht werden, die etwaigen Selbstmordkandidaten das Hinunterspringen erschweren sollen, während andererseits von den Medien über jeden erfolgten Todessprung eifrigst berichtet wird, was

* Diese Abhandlung wurde ursprünglich im Auftrag des Bundesministeriums für Jugend, Familie und Gesundheit geschrieben und von der Deutschen Gesellschaft für Selbstmordverhütung publiziert[5].

neue potentielle Selbstmordkandidaten produziert, indem es eine Idee verbreitet, die der eine oder andere Leser in der Verzweiflung selbst aufgreifen mag.

Viktor Frankl pflegt in diesem Zusammenhang auf ein erstaunliches Ereignis aus Detroit hinzuweisen, das ihm während einer seiner Vortragsreisen in den USA bekannt wurde. Damals hatte dort die Häufigkeit von Selbstmorden bzw. Selbstmordversuchen plötzlich jäh abgenommen, um nach sechs Wochen ebenso jäh wieder zuzunehmen, was extrem ungewöhnlich war. Als man näher nachforschte, stellte sich heraus, daß zu dieser Zeit lediglich ein 6wöchiger Zeitungsstreik stattgefunden hatte, weswegen auch keine Nachrichten über Selbstmorde verbreitet werden konnten. Solche Korrelationen geben zu denken und unterstützen diejenigen Stimmen aus der Fachwelt, die immer wieder mahnend protestieren, wenn z. B. ein Film durch die Kinos geht, dessen jugendlicher Held Selbstmord verübt, und in dessen Sog einige junge Menschen mitgerissen werden, die sich daraufhin tatsächlich – oft aus geringfügigen Anlässen heraus – das Leben nehmen.

Wenn wir also davon ausgehen, daß schon das bloße Einfallen der Möglichkeit einer Selbsttötung gefährlich ist, weil es eben Personen gibt, die an diesem Einfall sozusagen klebenbleiben und ihn als denkbare Problemlösung mental abspeichern bzw. in Krisensituationen erneut aus der cognitiven Schublade hervorziehen, um ihn mehr oder weniger ernsthaft zu überlegen, dann sehen wir uns gezwungen, die Selbstmordprävention weiter anzusetzen, als innerhalb des üblichen Kriseninterventionsschemas. Der Einfall geht zweifellos der Tat voraus, folglich sollte auch die Einfall-Verhütung der Krisenintervention vorausgehen.

Fragen wir uns nun, was denn die Selbstmordidee fördert. Die Frage ist unschwer zu beantworten: es ist das *Vorbild*. Der jugendliche Kinoheld, mit dem man sich identifiziert, genauso wie der in die Enge getriebene Mann oder die unglückliche Frau, über deren Freitod die Zeitungen berichten; die Romanfigur, über die man Tränen weint, genauso wie die Seufzer über die Ausweglosigkeit des Lebens in einem elegischen Schlagerhit. Je weniger in sich gefestigt und psychisch stabil eine Person ist, desto mehr Halt und Orientierung sucht sie in ihrer Umwelt, und desto anfälliger ist sie auch für negative Umwelteinflüsse, für die Übernahme dramatischer Heldenrollen oder für die Adoption von hysterischen Weltuntergangsstimmungen.

Neben diesen sozialen und soziokulturellen Einflüssen gibt es aber noch ein weiteres Vorbild, das starken Auslösecharakter besitzt: das familiäre Vorbild. Ein Selbstmord in der Familie gefährdet alle anderen Familienangehörigen, insbesondere Kinder aus dieser Familie, enorm. Wird doch ein so schreckliches und meist schockartig hereinbrechendes Erlebnis von keinem Familienmitglied jemals vergessen und wirkt manchmal noch über Generationen hinweg deprimierend und sensibilisierend. Wie von einem Zwang beherrscht ringen Kinder und Kindeskinder von Selbstmördern mitunter ein Leben lang mit dem regelmäßig wiederkehrenden Gedanken einer „radikalen Auslöschung aller ihrer Sorgen" und müssen ein unvergleichlich höheres Maß an Widerstand dagegen aufbringen als Personen, in deren Familie eine solche „Problemlösung" niemals auch nur zur Debatte gestanden hat.

Ja, es sind in manchen Familienchroniken ganze Suizid-Ketten bekannt, die etwa beim Urgroßvater anfangen, bei der Mutter ihre makabre Fortsetzung finden und schließlich mit dem Freitod des jüngsten Kindes ausklingen. Gewiß ließe sich dabei spekulieren, daß ähnliche Charakterveranlagungen oder erbliche Belastungen das entscheidende Element solcher Suizid-Ketten bilden, doch wird unleugbar auch die Idee zum Selbstmord von Generation zu Generation weitergegeben und steht für Sorgenzeiten parat, die es an und für sich in jedem normalen menschlichen Leben irgendwann einmal gibt.

Die Logotherapie, die sich unter anderem sehr ausführlich mit Feedback-Mechanismen und iatrogenen Schäden befaßt hat, konzentriert sich nun auf zwei Ansätze, um solchen unheilvollen Modellwirkungen vorzubeugen, nämlich darauf,

a) das negative Vorbild möglichst auszuschalten, und
b) gegen das negative Vorbild zu immunisieren.

Das familiäre Vorbild ist leider kaum ausschaltbar, denn es kommt immer wieder vor, daß ein Familienmitglied sich das Leben nimmt. Das soziale und sozio-kulturelle Vorbild hingegen wäre eher vermeidbar, wie der erwähnte Zeitungsstreik bewiesen hat. Eine so drastische Einschränkung der Pressefreiheit sei natürlich nicht verlangt; zur Selbstmordprävention würde es schon genügen, wenn die Medien mit diesem traurigen Thema sparsamer umgingen, keine Sensationsberichte daraus machten, und wenn Literatur, Kunst und Film nicht ausgerechnet Selbstmörder ins Zentrum der Aufmerksamkeit und aufs Heldenpodest stellen würden. Dem künstlerischen und nachrichtentechnischen Auftrag, die Welt abzubilden wie sie ist, steht die Verantwortlichkeit jeder Umwelteinflußnahme und Massenmanipulation gegenüber, und wer da glaubt, die Wahrheit sei das oberste Kriterium bei jedweder Informationsverarbeitung, der irrt sich: je mehr „Wahrheiten" über Greueltaten, Katastrophen, Mord und Selbstmord er verbreitet, desto mehr werden es, so daß er die Wahrheit niemals einholt bei seinem tragischen Unterfangen der iatrogenen Infektion von „noch Gesundem" mit „bereits Krankem".

Was jedoch die Familie betrifft, so ist es eine durchaus logotherapeutische Argumentation, suizidgefährdeten Personen zu Bewußtsein zu bringen, welch entsetzliche Hypothek ihre Tat für die Angehörigen bedeuten würde. Manche schwer depressive Mutter konnte schon auf diese Art dazu gebracht werden, ihre Selbstmordideen vollkommen aufzugeben als einen heroischen Verzicht, den sie bewußt und willentlich leistet, indem sie ein ihr unwert erscheinendes Leben tapfer auf sich nimmt, um nur ja ihre Kinder vor dem „Nachahmungsfluch" zu bewahren. (Ein Verzicht, der übrigens nicht selten die Wirkung hat, daß ihr Leben wieder Sinn erhält und dadurch plötzlich gar nicht mehr so unwert aussieht!)

Soviel zur möglichen Ausschaltung eines suizid-einfall-fördernden Vorbildes. Nachdem diese Möglichkeiten aber beschränkt sind, kommt der Immunisierung gegen die genannten Vorbilder nicht minder starke prophylaktische Gewichtung zu. Nach logotherapeutischer Auffassung gibt es geistige Kräfte im Menschen, die zur psychischen Beeinflußbarkeit nochmals Stellung beziehen, die aber ihrerseits nicht beeinflußbar sind, zumindest nicht gegen den Willen des Betreffenden. Es sind jene Kräfte, die die eigenen Emotionen praktisch kontrollieren und darüber bestimmen, wieviel Macht ihnen zugestanden wird, eine Instanz, die nicht dem Lustprinzip unterworfen ist, wie es unsere Emotionen sind, sondern die vielmehr einem Sinnprinzip folgt.

Wird eine psychische Befindlichkeit wie etwa Angst, Trauer oder die durch negative Vorbilder bedingte Verunsicherung geistig als „nicht sinnvoll“ erkannt, kann dazu innerlich auf Distanz gegangen werden, wodurch der Mensch in die Lage versetzt wird, „sich von sich selbst nicht alles gefallen lassen zu müssen“, wie Viktor Frankl es ausdrückt, der in diesem Zusammenhang von der „Trotzmacht des Geistes“ spricht. Selbstverständlich muß hier die Einschränkung gemacht werden, daß die geistige Dimension eines Menschen auch wirklich intakt ist und nicht etwa durch psychotische Einbrüche behindert wird, was sein Gespür für die Sinnhaftigkeit geistiger Stellungnahmen zu seelischen Gegebenheiten wesentlich verzerren würde. Vorausgesetzt jedoch, daß ein weitgehend normaler Realitätsbezug besteht, können Suizidvorbilder samt ihrem unausweichlichen psychischen Nachhall, den sie erzeugen, geistig in einer Weise verarbeitet werden, die sie wieder aufhebt, nämlich durch eine gesunde Trotzhaltung ihnen gegenüber, die just das Positive des Lebens betont, wo Negatives sichtbar geworden ist. Ein solcher „tragischer Optimismus“[6] kann, speziell wenn er zusätzlich philosophisch-weltanschaulich untermauert ist, zur stärksten Abwehr gegen suizidale Tendenzen und Ideen heranreifen, ja, er gleicht letztlich einem Sicherheitsbollwerk, das auch in schweren Stunden des Lebens nicht einfach übersprungen werden wird. Die Psychotherapie sollte und müßte dazu beitragen, solche Bollwerke bei ihren Patienten aufzubauen, doch dafür braucht sie ein positives Menschenbild und ein positives Weltbild, wie es die Logotherapie besitzt. Ein Menschenbild, das Freiheit und Verantwortlichkeit zuläßt, und ein Weltbild, das die Existenz eines Logos in allem und über allem bejaht, so sehr sich dieser auch zeitweise dem menschlichen Zugriff entziehen mag.

Nun, wir sagten, daß bereits dem Aufkommen eines Selbstmordgedankens entgegenzusteuern ist, daß aber andererseits glücklicherweise noch ein weiter Weg von der Idee zur Tat führt. Meistens wird angenommen, daß die Tat eines *aktuellen Auslösers* bedarf, sprich, einer aktuellen Verzweiflung. Das ist bei einem Teil aller Selbstmörder der Fall. Eine nahestehende

Person hat jemanden verlassen, ein Geschäft ist pleite gegangen, ein Ziel hat sich als unerreichbar entpuppt usw. Der Mensch steht einem unveränderbaren Schicksal gegenüber, das ihn dennoch seiner Freiheit niemals ganz beraubt. Immer noch kann er wählen, wie er den „Prüfungsfragen des Lebens" antwortet, und immer noch gibt es verschiedene Antworten, weil zwischen den Schicksalsfragen sozusagen „leere Zeilen" übrigbleiben, die nur von dem Befragten selbst ausgefüllt werden können, wobei ihm niemand seine Hand führt. (Vielleicht kommt es im Leben überhaupt nur auf diese zu beschreibenden Zeilen an und nicht auf die Fragen, die darüberstehen, ähnlich wie bei einer Prüfung ja auch nur die Güte der gegebenen Antworten zählt ...?) Zu jedem aktuellen Auslöser gibt es jedenfalls psychohygienisch gesunde und ungesunde Einstellungen, je nach Lebensprinzip. Hat das Lustprinzip die Oberhand, bedeutet jeder Schicksalsschlag einen Schlag in Richtung „Unlust", was sich bis zum Verzweiflungsstatus addieren kann. Hat das Sinnprinzip die Oberhand, bedeutet jeder Schicksalsschlag eine Herausforderung, den tieferen Sinn der Situation zu suchen und dementsprechend dem Leben zu antworten – das Leben zu ver-antworten[7].

Auf Grund dieser in der Psychotherapie einmaligen Sicht ist es das zentrale Anliegen der Logotherapie, gefährdete Personen zum sinnorientierten Denken zu leiten und tragfähige Einstellungen in ihnen zu wecken, die sich auch in Not- und Krisenzeiten bewähren. Die oft beobachtbare, verkrampfte Haltung: „Hauptsache, mir geht es gut", die nicht selten in einer Sackgasse endet, weil das Gutgehen eben nicht erzwingbar ist, wird behutsam transponiert in die Haltung: „Hauptsache, ich bin für etwas gut"; und beim näheren Hinsehen zeigt sich, daß jeder Mensch für etwas oder für jemanden gut sein kann, unabhängig davon, in welch mißlicher Lebenslage er sich vielleicht selbst befindet. In dem Moment aber, da ein solches „Für-etwas-gut-Sein", also ein Sinnelement der eigenen Existenz aufleuchtet, ist die Frage „Wozu leben?" bzw. „Wozu weiterleben?" auch schon beantwortet, eine Frage, die der Todesabsicht diametral zuwiderläuft, sobald sie bloß beantwortbar ist. (Man denke zum Beispiel an diejenigen Kinder, die nach Selbstmordversuchen angeben, sie wollten, „daß jemand um sie weint". Kinder, die offenbar das Gefühl vermissen, für etwas oder jemanden gut zu sein, und deshalb wenigstens an jemandes Tränen beweisen möchten, daß sie doch für etwas gut gewesen sind!)

Hier wechseln wir über von der aktuellen Bedrängnis als Anlaß einer Verzweiflungstat zu einer anderen Lebenskomponente, die ebenfalls der Verlockung eines Freitodes Vorschub leisten kann, und das ist die *absolute Gleichgültigkeit*. Die innere Leere, die vermeintliche Wertlosigkeit allen Seins, das Gefühl der Sinnlosigkeit des Lebens. Gerade jene geistige Instanz im Menschen nämlich, die wir vorhin als mächtigen Trotzfaktor gegen äußere oder innere negative Einflüsse erwähnt haben, ist gekennzeichnet durch ein Streben und Suchen nach etwas Sinnvollem, und wenn dieser Suche nicht ein Mindestmaß an „Fündigkeit" beschieden wird, mündet sie ein in die von Viktor E. Frankl entdeckte und beschriebene „existentielle Frustration", die den Keim der Verzweiflung noch viel stärker in sich trägt als irgendein tragisches Auslösemoment schicksalhafter Art. Die große Gefahr der „existentiellen Frustration" ist dabei nicht einmal so sehr die, daß sie Selbstmorde verursacht, als vielmehr die, daß jemand aus ihr heraus der Selbstmordidee nichts mehr entgegenzusetzen hat. In einem leeren, sinn-leeren Leben fehlt das Warum zu leben, und ohne eine Antwort auf die Frage „Warum leben?" gibt es auch keine Antwort auf die Frage „Warum nicht sterben?"

In der Logotherapie wird die Differentialdiagnose „noogene Neurose" * gestellt, wenn eine massive „existentielle Frustration" vorliegt, die spezifische Therapie benötigt, um das Suizidrisiko zu bannen. Die Tatsache, daß „noogene Neurotiker" vorwiegend Personen in ausgesprochen unkomplizierten Lebensumständen sind, ja, häufig materiellen Wohlstand, beruflichen Erfolg, nette Freunde und körperliche Gesundheit ihr eigen nennen, nur eben nicht wissen, was sie aus alledem Sinnvolles machen können, ist zwar traurig, korrespondiert aber durchaus mit statistischen Erhebungen, denen zufolge bei ca. 20% aller Selbstmörder recht positive Lebensprofile nachzuweisen sind.

---

* Das Wort „noogen" leitet sich vom griechischen Wort nous ab, das soviel wie Geist, Sinn bedeutet.

Während also die Selbstmordprävention bei Verzweiflungshandlungen darauf hinauslaufen muß, sowohl Problem- und Konfliktlösungen anzubieten, als auch tragfähige Einstellungen dort zu vermitteln, wo keine Lösungen mehr auffindbar sind, muß sich die Selbstmordprävention bei Gleichgültigkeitshandlungen noogener Färbung darauf konzentrieren, die unter allen Umständen gegebene Sinnhaftigkeit des Lebens darzulegen, ein Bemühen, das seit Jahrzehnten der Schwerpunkt logotherapeutischer Arbeit ist. Wir dürfen vermuten, daß letzteres vor ersterem sogar Vorrang hat, denn während Notsituationen in einem als sinnvoll erfahrenen Dasein gewöhnlich immer noch einigermaßen gut bewältigt werden, reichen anscheinend nicht einmal Glücks- und Wohlstandsperioden hin, um einem als sinnlos erfahrenen Dasein Lebensberechtigung zu verleihen. Der Oberbegriff aller Selbstmordprävention verdichtet sich somit zur Präsenz einer jederzeit und für jeden Menschen verfügbaren Antwort auf die Grundfrage „Warum leben?", die zugleich der Frage „Warum nicht sterben?" Genüge tut.

In der Psychiatrie kennen wir noch einen zweiten Bereich, innerhalb dessen es von essentieller Bedeutung ist, dem Patienten zu einer positiven Antwort auf eine Lebensgrundfrage zu verhelfen, und das ist der große Bereich jener Krankheitserscheinungen, die man früher als „hysterische" bezeichnet hat. Die Frage lautet hier: „Warum gesund werden?", was wiederum das Gegenstück ist zur Frage „Warum nicht krank bleiben?". Fürs Krankbleiben gibt es nämlich leider meistens einen „Grund", einen Gewinn, der solche Patienten dazu verführt, ihre Krankheit mehr oder weniger bewußt aufrecht zu erhalten. Oft ist der „Grund" ein Adressat in der Außenwelt, dem mittels gewisser Symptome gewisse Reaktionen abgepreßt werden sollen. Dieses Krankheitsbild kann sich, wie allgemein bekannt, bis zu Suizidandrohungen und Suizidversuchen steigern, wobei dann aus Patientensicht dem Adressaten demonstriert werden möchte, was er angerichtet habe. Daß solche unglückseligen Versuche mitunter tödlich ausgehen, ist ebenfalls nichts Neues.

In diesem Fall haben wir es weder mit einer echten Verzweiflung, noch mit einer „existentiellen Frustration" zu tun, sondern mit einer Schuldabwälzung besonderer Art: mit dem schlichtweg *Nicht-übernehmen-Wollen eigener Verantwortlichkeit*. Die Frage „Warum gesund werden?“ läßt sich nämlich nur mit der Wiedererlangung der vollen Verfügungsgewalt über sich selbst, der menschlichen Freiheit und Eigenverantwortlichkeit, sinnvoll beantworten; und für wen das keine zugkräftige Antwort ist, der legt keinen Wert darauf, aktiver „Mitgestalter“ seines eigenen Schicksals zu werden, weil ihm die Rolle eines passiven „Opfers“ seines Schicksals besser gefällt, selbst wenn er dafür tatsächlich sein Leben „opfert“.

Wie kann nun solch „hysterischen“ Selbstmordversuchen vorgebeugt werden? Doch wohl allein durch einen kontinuierlichen Aufruf zur Verantwortlichkeit, den jede Wissenschaft leisten sollte, und hinsichtlich dessen die Logotherapie zu den Pionieren unter den Humanwissenschaften zählt. Eine Psychologie hingegen, die der Schuldabwälzungsthese von Patienten auch noch in die Hände arbeitet, indem sie Mütter, Väter, Geschwister, Lehrer und nicht zuletzt die ganze Gesellschaft für schuldig erklärt an den psychischen Verwachsungen des einzelnen, kann zum eigentlichen Gesundwerdenwollen gar nicht stimulieren, weil die hochgeschwemmten Emotionen gegen die „Verschuldiger“, die es in ihrem Ansatz abzuhandeln gilt, die Krankheit als dauernden Hintergrund miteinschließen. Die Versöhnung mit dem Leben gelingt nicht auf dem Boden der Anklage. Oder um mit Sören Kierkegaard zu sprechen: „Verstehen kann man das Leben nur rückwärts. Leben muß man es aber vorwärts.“

Das Schema auf Seite 209 faßt noch einmal zusammen, wie sich die Logotherapie mit der Selbstmordproblematik auseinandersetzt und welche prophylaktischen Wege sie dabei beschreitet.

Zum Abschluß dieses Themas möchte ich noch ein „heißes Eisen“ aufgreifen, das derzeit bei gegebenen Anlässen die Gemüter in Aufruhr versetzt, nämlich die Frage nach einem *Recht auf Sterbehilfe*. Wie meist bei solch brennenden Streitfragen hat jede Seite ihre berechtigten Argumentationen. Als Logotherapeutin kann ich jedoch ein zusätzliches Argument vorbringen, das bisher kaum berücksichtigt worden ist: das Argument der objektiven Sinnhaftigkeit. Bis-

A) DIE SELBSTMORDIDEE

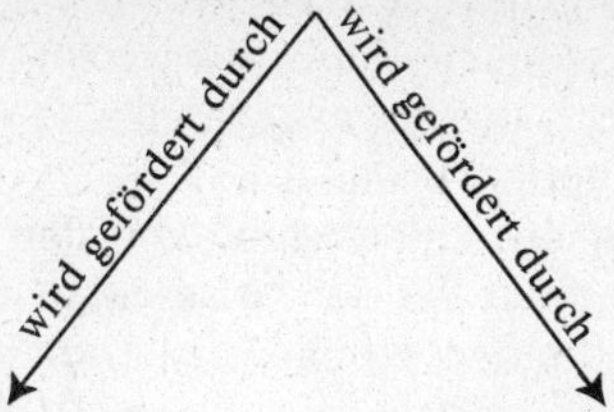

das familiäre Vorbild	soziale und sozio-kulturelle Einflüsse

der logotherapeutische Weg:
- *mögliche Ausschaltung negativer Vorbilder*
- *Immunisierung gegen negative Vorbilder*

B) DER SELBSTMORDVOLLZUG

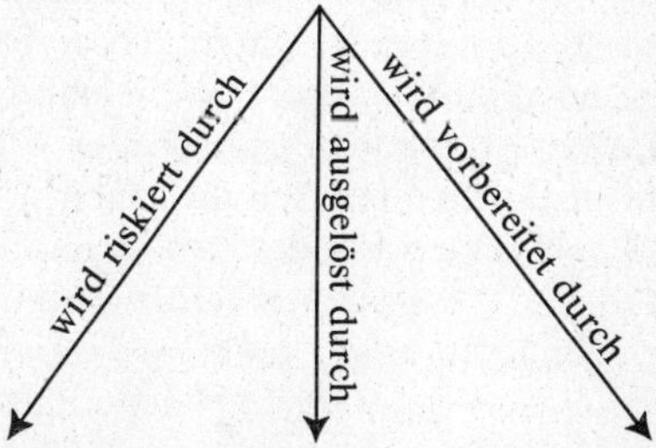

	„hysterische" Komponenten (Schuldabwälzungstendenz)	Not- und Krisensituationen (aktuelle Verzweiflung)	„noogene" Komponenten (innere Leere)
der logotherapeutische Weg:	*Aufruf zur Eigenverantwortlichkeit*	*Erweckung von positiven Einstellungen*	*Aufzeigen der Sinnhaftigkeit des Lebens*

her hat sich alles Für und Wider um den Kranken selbst gedreht. Wieviel er noch vom Leben hat, ob man ihm ein bloßes Hinausschieben seines Leidens zumuten kann, ob er nicht ein Recht auf einen humanen Tod besitzt usw. Aber der Mensch lebt nicht allein, er lebt nicht auf Robinsons Insel, er ist ein winziger Teil von einem Ganzen, und zwischen ihm und dem Ganzen pulsiert ein Strom von Wirkungen und Gegenwirkungen, Ausstrahlungen und Einflüssen, für die er – sofern sie von ihm ausgehen – mitverantwortlich ist. Sehen wir uns das an einem konstruierten Beispiel an:

Stellen wir uns einen Mann vor, der vom Hals abwärts gelähmt ist, und der bei der Ärzteschaft darauf pocht, daß man ihn „erlösen" möge. Er kämpft um dieses sein vermeintliches Recht, weil er, wie er sagt, keinen Hoffnungsschimmer hat, daß sein Leben eines Tages wieder lebenswert sein werde. Was strömt von diesem Mann aus?

1. Er will einen Arzt zwingen, ihn zu töten. Weiß er, was das heißt? Was er diesem Arzt zumutet? Einem anderen Menschen, der sein Leben lang damit leben muß? Wissen Selbstmörder, die sich auf Bahngleise stellen, was sie den Lokführern antun, die über sie hinwegfahren müssen? Wußte jene Frau, die vom Eiffelturm sprang und zufällig auf eine kanadische Touristin prallte, die unten gerade fotografierte, was sie tat? Es ist noch zu verstehen, daß jemand aus dem Leben gehen will, aber ist anzunehmen, daß er wirklich mit einer nie wieder zu begleichenden Schuld gehen will?

2. Der Gelähmte weiß, daß sein Kampf und sein möglicher Sieg durch die Presse gehen wird. Unzählig viele Menschen werden davon lesen, und man kann damit rechnen, daß ein gewisser Prozentsatz unter ihnen gleichermaßen wenig Hoffnung auf eine Verbesserung ihrer Lebensumstände sieht. Wieviele davon wird er mitreißen in den Tod? Wieviele werden seinem Vorbild folgen? Will er wirklich der Anführer eines langen Zuges ins Unwiederbringliche sein? Und wenn dann doch welche darunter gewesen wären, für die es noch Hoffnung gegeben hätte ...? Er kämpft um sein Recht, zu sterben, aber in Wahrheit nimmt er anderen Menschen den Mut, zu leben!

Fragen wir jetzt umgekehrt, fragen wir danach, was ausströmen *könnte* von diesem gelähmten Mann – trotz seines massiven Handikaps.

1. Wenn er sich zum Leben bekennen würde, würde er ein Zeugnis dafür ablegen, wessen der menschliche Geist fähig ist. Er würde bereits Gutes tun, indem er bloß existiert! Denn sein „Trotzdem-Existieren" wäre der lebendige Beweis für andere

Menschen, daß Leben auch unter schwersten Bedingungen noch möglich ist, und daß daher das eigene Leben ebenfalls zu meistern ist, wie immer es beschaffen sein mag. Ohne das Geringste dazuzutun könnte er Kraft vermitteln, Mut machen, Vorbild und Ansporn sein.

2. Es gibt nicht nur eine Verantwortung für das Daß, sondern auch eine Verantwortung für das Wie. Und im Wie des Ertragens seines Leidens hätte der Gelähmte noch eine Vielfalt an Möglichkeiten, sich auszudrücken, seine Persönlichkeit zu entfalten, die Einzigartigkeit seiner Existenz zu entwickeln und weiterzuentwickeln. Wir wissen von einem authentischen Fall, bei dem ein total gelähmter Mann mit einem Stäbchen, das er zwischen seinen Zähnen hielt, Trostbriefe an verzweifelte Menschen aus seiner Stadt schrieb – und daß diese Briefe bei den Unglücklichen Anklang fanden wie keine ähnliche Post, die jemals von psychologisch geschulten Ratgebern abgesandt worden ist ...

Denken wir deswegen bei der Diskussion um die Sterbehilfe daran, daß jedes Menschenleben seinen bedingungslosen Sinn hat, und daß der, dessen Hand es auslöscht, auch diesen verborgenen Sinn unerfüllt sein läßt auf ewig.

4. Von Büchern, die Heilkraft besitzen

In einem der Lehrbücher, die im Deutschunterricht der gymnasialen Kollegstufe verwendet werden, steht eine ganz ausgezeichnete Analyse des „modernen Romans", verfaßt von *Paul K. Kurz*. Hier ist ein Ausschnitt daraus:

Als nicht bloß neuzeitlicher, sondern spezifisch „moderner Roman" ist vom Gehaltlichen her jenes Gebilde zu bezeichnen, in dem die Suche nach dem Lebenssinn nicht mehr in der Sinnfindung endet, in dem die Möglichkeit der Sinnfindung polemisch negiert, oder aber – und das ist die modernste Form – die Frage nach dem Sinnganzen gar nicht mehr gestellt wird. Der „klassische", allgemeiner ausgedrückt, traditionelle Romanautor konnte der Welt von Anfang an und grundsätzlich zustimmen. Daraus ergab sich die Zustimmung seines „Helden", die im Verlauf des Romans bestätigt wurde. Der moderne Romanautor und seine „Figuren" haben diese Zustimmung zur Welt auf Grund vorausliegender Erfahrung gekündigt. An die Stelle eines früher grundsätzlichen Ja tritt ein grundsätzliches Nein oder zumindest eine grundsätzliche Skepsis. Leben und Zustimmung zur Welt scheint allenfalls noch fragmentarisch möglich; wo und in welchem Maß, muß in jedem Einzelfall erkundet werden. Alle von der Gesellschaft der letzten drei Generationen öffentlich vorgezeigten Ganzheiten von Lebenssinn – sei es von der preußisch-wilhelminischen, der kaiserlich-österreichischen, der Weimarischen, der nazistischen oder der jetzigen Wohlstands-Gesellschaft – wurden im modernen Roman mehr oder minder gänzlich als Scheinanspruch entlarvt. Das strapazierte Leben des durchschnittlichen einzelnen vollzieht sich nicht unter der vergoldeten Kuppel einer verbindlichen Gesellschaft und eines Ganzheitsglaubens. Er erfährt sich eingespannt in lauter partikuläre, isolierte und oft widersprüchliche Forderungen. Wie soll er noch seine Seele pflegen, wenn er nie mehr fertig wird mit der Beachtung von Verhaltens- und Verkehrsvorschriften, die alle nur dem nächsten Augenblick dienen, mit dem Schlucken der Nachrichtfetzen, die alle nur dem vergangenen Augenblick gehören? Wie soll er nach Ganzheit streben, wenn sein Leben aus zahllosen unverbundenen Assoziations- und Triebwellen, aus ruckartigen Ein- und Abschaltungen, aus lauter Pillen momentaner Vergiftung und Entgiftung, aus kleinsten Befreiungs- und Ausbruchsversuchen von einer allgegenwärtigen und anonym gesteuerten Umklammerung besteht? Deshalb ist der moderne Roman weithin Klage über die verlorene Ganzheit, Kritik und Protest gegenüber den unmöglichen Lebensbedingungen, abgründige Melancholie ob der Ohnmächtigkeit des einzelnen und der Unerreichbarkeit jeglichen Ideals, nicht endende Reflexion und Fragekette nach kleinsten Fragmenten lebbarer Wahrheit.

Nun ist der moderne Roman natürlich ein Spiegelbild der modernen Gesellschaft, aber dieser Spiegel reflektiert das Empfangene zurück, er bildet nicht nur die moderne Gesellschaft ab, er beeinflußt sie seinerseits auch wieder. Alles Geistige schwingt weiter und klingt nach, es gibt keine zwischenmenschliche Kommunikation von geistiger Unberührtheit – und das Medium Buch ist ein sehr starkes Kommunikationsmittel. Man könnte sogar sagen: Genauso wie der Organismus nur am Leben bleibt durch einen permanenten Stoffwechsel, genauso bedarf es eines *geistigen Stoffwechsels,* eines ständig fließenden Gedankenaustausches zwischen denkenden Wesen, um geistiges Leben überhaupt am Existieren zu erhalten.

Das heißt aber nicht, daß die Persönlichkeit eines Menschen einfach das Produkt der ihn beeinflussenden geistigen Impulse wäre. Wir haben heute, wie es auch in der obenstehenden Analyse angedeutet wird, eine starke Neigung, Umwelteinflüsse im negativen Sinne wahrzunehmen und zum Sündenbock für alles Mißlungene zu erklären. Von der Umweltverschmutzung angefangen, über die Rüstungsproblematik bis zum Grauen eines total verkabelten Computerzeitalters werden Einflüsse registriert und in Panikstimmung umgesetzt, denen der einzelne Mensch scheinbar hilflos ausgeliefert ist, die also dafür verantwortlich zeichnen, daß sein Leben nicht gelingen kann. Damit aber weisen wir dem Menschen eine Rolle zu, die er von seiner Wesenheit her gar nicht spielen kann; wir stellen ihn gleichsam an die Wand des Schicksals wie ein Messerwerfer im Zirkus seine Partnerin an eine Wand stellt und es ihr überläßt, mit unbewegter Miene die Klingen auf sich zufliegen zu sehen in der Hoffnung, daß nicht zufällig eine davon ihr Herz durchbohrt. Das ist keine passende Rolle für eine Kreatur, die mit geistigen Gaben ausgestattet ist; wir stehen einfach nicht inmitten einer Menge von Einflüssen, die von überall her auf uns einprasseln, auch wenn die modernen Schriftsteller es vielfach so darstellen. Stoffwechsel ist *Stoffaustausch,* ist Nehmen von Fremdem und Geben von Eigenem, ist Verarbeiten und Gestalten von Vorgefundenem, und so ist es auch bei der geistigen Auseinandersetzung mit unserem Leben und der Welt, in der wir leben. Weder entspricht es der Wahrheit, daß es fast nur negative Einflüsse rings um uns gäbe – neben den Messern wird uns sozusagen auch Brot in den Schoß gelegt – noch entspricht es der Wirklichkeit, daß wir bloß die Beeinflußten seien – wir halten schon je selber ein Messer in unserer Hand, zum Stoß bereit, aber wir besitzen eben auch das Brot, um es damit zu teilen und auszuteilen. Geistige Einflüsse müssen immer auf ein persönliches „Ja" treffen, um wirksam zu werden, nur dann geht ihr Same auf, im Guten wie im Bösen.

Ein Buch ist im Eigentlichen nicht Papier oder Druckerschwärze, sondern geistige Substanz. Es vermittelt ein Gedankengut weiter, das im Extremfall durchaus Messer oder Brot sein kann, insofern, als es einen geistigen Halt zu zerschneiden vermag oder auch geistige Nahrung bietet. Es trifft nämlich mit seinem Einfluß auf Menschen unterschiedlichster Einflußbereitschaft, auf jene, die quasi den Dolch umklammern, ebenso wie auf jene, die das Brot brechen. Da lohnt es sich schon, hie und da ein wenig nachzudenken über die Verantwortung, die auf den verschiedenen Stationen von Publikationen liegt. Auf den Autoren als der Quelle der Einflußnahme, auf den Verlagen, die solche Einflüsse aufgreifen und weiterleiten, auf den Buchhändlern als „Gedankenvermittlungszentrale", und schließlich auf den Käufern, die sich einer Beeinflussung durch fremde Ideen passiv ausliefern oder in geistiger Aktivität stellen. Ein Buch, das bei einem Menschen wirksam wird, hat einen langen Weg hinter sich, bis es von der Feder des Autors in die Seele des Lesers geflossen ist, um dort Heil oder Unheil anzurichten.

Zweifellos gibt es gute und schlechte Bücher, und es ist dabei fraglich, wie weit sich die Kriterien der Güte und der Verkäuflichkeit decken. Im psychologischen und psychotherapeutischen Bereich ist die Überlappung sicher sehr dünn. Das hängt damit zusammen, daß alles Normabweichende, Perverse, Problematische und Unheimliche eine große Anziehungskraft auf Konsumenten besitzt, wovon nicht zuletzt auch die Krimi- und Horrorfilmproduzenten profitieren. Es ist für viele Menschen irgendwie genußvoll, aus der eigenen Sicherheit des gemütlichen Wohnzimmers heraus spannenden Schreckensszenen beizuwohnen, wohl wissend, daß man ja nicht selbst betroffen ist. Ich will damit keinesfalls die Gefährdung insbesondere junger Menschen durch minderwertige Videofilme herunterspielen; die affektive Aufheizung durch Brutalität auf dem Bildschirm ist heute längst nachgewiesen. Mir geht es darum, aufzuzeigen, daß das Abnorme und Konfliktträchtige als Stoff eines Mediums – auch des Mediums „moderner Roman" – von seiner Einflußintensität her umso harmloser ist, je mehr Abstand ein Konsument in seiner gegenwärtigen Lebenssituation dazu hat. Wer insgesamt zufrieden ist, wird von einem dramatischen Film oder Buch gefesselt, aber nicht mehr. Er ruht in seiner eigenen Geborgenheit, von der aus er zum interessierten Beobachter wird für die Bühne der Welt.

Was allerdings das psychologische Medium betrifft, so besitzt es einen ganz speziellen Interessentenkreis, der zu einem beängstigend hohen Prozentsatz dadurch gekennzeichnet ist, daß er ebendiese Geborgenheit in sich selbst entbehrt. Eine

Unzahl von Menschen wollen sich mit Hilfe der Psychologie selbst verstehen lernen, weil da etwas Unverständliches in ihnen ist, mit dem sie nicht zurechtkommen, z. B. eine persönliche Schwäche, eine Unsicherheit, Ängstlichkeit oder das Gefühl der Minderwertigkeit, unter dem sie leiden. Sowohl Studenten, die das Studienfach der Psychologie wählen, als auch Laien, die zu psychologischer Literatur greifen, tun dies oft aus solchen ichbezogenen Motiven heraus. Natürlich dürfen wir nicht „das Kind mit dem Bade ausgießen" und müssen uns bewußt bleiben, daß es auch ein echtes fachliches und sachliches Interesse an der Psychologie gibt, das durchaus keiner seelischen Labilität entspringt. Es bildet nur einfach die Minderheit.

Selbstverständlich ist im Prinzip auch nichts dagegen einzuwenden, daß jemand ein psychologisches Buch kauft, weil er selbst Probleme hat. Das ist sogar sehr vernünftig gedacht und letztlich Ausdruck gesunder Selbstheiltendenzen. Wenn der Betreffende jedoch an das falsche Buch gerät, an einen typischen „modernen Roman" mit seiner Klage über den verlorenen Lebenssinn, oder an ein Buch, das sich in ähnlicher Weise wie die vorhin zitierten Filme am Abnormen, Perversen und Krankhaften orientiert, dann fehlt ihm der innere Abstand, um dessen negative Ausstrahlung zu verkraften und zu relativieren, dann ist er selbst der Betroffene, er erkennt sich in jeder Zeile wieder und fällt erst recht von einer Ungewißheit in die nächste. Ein solches Buch für einen solchen Menschen ist kein Therapeutikum, sondern vielmehr ein zusätzlich pathologisierender Faktor.

Zusammenfassend können wir dem bisher Gesagten zweierlei entnehmen. Zum einen, daß Geistiges einander beeinflußt und daher Bücher unausweichlich Einfluß nehmen auf ihre Leser, und zum anderen, daß auch die Persönlichkeit des Lesers von erheblicher Bedeutung ist bei der Entscheidung, wie sehr ein Buch bei ihm „ankommt" oder nicht. Je mehr ein Mensch innerlich im Umbruch, in einer Krise, im Ringen um seine Identität oder um den Sinn seines Lebens steckt, desto begieriger lauscht er im allgemeinen dem Wort eines anderen, umso beeinflußbarer ist er, und umso mehr bedeutet das Buch für ihn Gefahr oder Chance. Was dabei den Ausschlag gibt, ob ihn ein Buch eher mit Verzweiflung infiziert oder ihn gegen Verzweiflung immunisiert[8], ob es also im Negativen oder Positiven „ansteckend“ wirkt, ist nicht einmal so sehr der Gegenstand, mit dem es sich inhaltlich beschäftigt, sondern vor allem das Menschenbild, das es indirekt vermittelt. Manches psychologische Fachbuch zum Beispiel zeigt fast nur mehr krankmachende Zusammenhänge und traumatisierende Bedingungen im Leben des Menschen auf, aber das ist das Schlimmste noch nicht; erst wenn unmißverständlich miteinfließt, daß sich ein Mensch unter jenen ungünstigen Umständen und Bedingungen *zwangsläufig* nur mehr schlecht entwickeln könne, daß er somit tatsächlich Grund habe zur „abgründigen Melancholie ob der Ohnmächtigkeit des einzelnen und der Unerreichbarkeit jeglichen Ideals“ (Kurz), erst dann beginnt die konkrete Gefährdung, die solchen Thesen anhaftet, weil sie nichts als Hoffnungslosigkeit produzieren und den Leser eben in jene Rolle der Partnerin des Messerwerfers hineinmanövrieren, die in Wahrheit nicht die seine ist.

Ich möchte hier jedoch weniger über die fragwürdige psychologische Literatur sprechen, sondern mehr über diejenige, der eine gewisse Heilkraft innewohnt. Gehen wir davon aus, daß seelisch labile, etwas neuroseanfällige Personen offener sind für psychologische Beeinflussung als andere Leser. Gehen wir ferner davon aus, daß sie hiermit eine Chance besitzen, durch geeignete Auswahl ihrer Literatur einen ganz individuellen Beitrag in Richtung Erneuerung und Erhaltung ihrer seelischen Gesundheit zu leisten. Wie können sie aber unterscheiden, welchen Büchern Heilkraft entströmt und welchen nicht?

Ich denke, zur Lösung dieses Problems genügt es, ihnen ein Zwei-Fragen-Schema an die Hand zu geben,das sie als ungefähren Maßstab benützen können, um den Grundtenor eines Buches zu erfassen und dessen Zielperspektive in den Blick zu bekommen.

Jede Zeit hat ihre Nöte, und auch die moderne Zeit hat ihre ganz spezielle Not, die unleugbar von großer Aktualität ist. Eine weltweite Unzufriedenheit ist bei den zivilisierten Völkern ausgebrochen, ein Leere- und Sinnlosigkeitsgefühl macht sich unter den jungen Generationen breit, eine ethische Inflation – ein ständiger Verlust an Werten – läuft der wirtschaftlichen und finanziellen Inflation voraus und rührt an der Stabilität ganzer Kulturen. Wie antwortet ein Buch auf diese Not, wie stellt es sich den bedrängenden Fragen der Gegenwart? Das ist der erste Punkt, der überdacht werden sollte bei der Prüfung des „therapeutischen" Effekts eines Buches. Die Aufzählung von Negativem vermindert das Negative nicht. Angst-Machen heilt nicht. Wir dürfen die Augen nicht verschließen davor, daß es immer bis zu einem gewissen Grad in unserer Hand liegt, das Böse zum Guten zu verändern, und sei es nur in unserer Innerlichkeit. Viktor Frankl drückt dies in dem Satz aus: „Die Welt ist nicht heil, aber heil-bar". Deshalb möchte ich als erste Anregung sagen: *Das Wissen um die Heilbarkeit ist schon ein Stück Heilung*. Ist zugleich ein Stück Eigenverantwortlichkeit, ein Stück Herausforderung an den menschlichen Geist, ein Stück Begreifen dessen, wozu wir vielleicht auf der Welt sind. Solange ein Buch die Heil-barkeit in seinen Zeilen mitschwingen läßt, kann es ruhig auch über Unheiles berichten, ohne daß es Hoffnung auslöscht. Wenn es nicht aufrichtet, wird es doch zumindest niemanden in die Knie zwingen.

Besonders stark ist die Heilkraft eines Buches, wenn es darauf verzichtet, nach den am Unheil Schuldigen zu suchen, um mit dem Finger auf sie zu zeigen, sondern lieber den Hauptakzent darauf legt, Sinnfindung allem modernen Skeptizismus zum Trotz wieder denkbar werden zu lassen, auch in unserer heutigen Welt. Wenn eine Zeigefunktion ausgeübt wird, dann sollte sie sich auf Orientierungstafeln im Chaos beziehen und nicht auf vermeintliche Verursacher des Chaos. Beispielsweise habe ich wiederholt erlebt, welch unglückseligen Einfluß psychologische Bücher haben, die seelische Störungen kranker Menschen zur Gänze auf Erziehungsfehler und Verhaltensweisen der Eltern zurückführen. Solche Literatur verstärkt nicht nur die üblicherweise bestehenden Spannungen zwischen den Familienangehörigen in gigantischem Maße, sondern lähmt auch noch dazu jegliche Eigeninitiative der Kranken, um mit ihren Schwierigkeiten selbständig fertig zu werden. Auch ist bekannt, daß Bücher über Traumdeutung Schlafstörungen produzieren können, und daß Bücher zur „Selbstfindung" so ziemlich den sichersten Weg weisen, sich selbst zu verfehlen. Humaner und therapeutisch angebrachter ist es in jedem Fall, die unreflektierte Natürlichkeit von Familienbezug und Selbstbefinden anzupeilen, was immer vorgefallen sein mag, denn alte Narben heilen nun einmal nicht, wenn man stets von neuem an ihnen kratzt. Dazu kommt, daß es kaum Eltern gibt, die nicht mehrfach Opfer für ihre Kinder gebracht haben, auch wenn sie das eine oder andere Mal versagt haben, und daß auch das Selbst vielfach längst gefunden ist, wenn man nicht allzu lang daran herumdeutet. Das führt uns zum zweiten Punkt im Zwei-Fragen-Schema, nämlich zu der Überprüfung, ob in einem Buch das Gute, das Erfreuliche überhaupt noch zur Sprache kommt.

Ich habe bereits erwähnt, daß wir sehr stark auf die Wahrnehmung des Negativen getrimmt sind, ja, daß das Negative, Perverse und Tragische eine merkwürdige Anziehungskraft besitzt. Die Idole der Gegenwart können nicht genug Bettgesellinnen „vernaschen", die Gangster der Gegenwart nicht genug Tote hinterlassen, die Katastrophenbestseller nicht genug Greuel offenbaren. Eine der Wurzeln dieses modernen Trends geht zurück auf die Überbesorgtheit und Bemühtheit der meisten Fachleute und Schriftsteller unseres Jahrhunderts, nur ja nicht eine „heile Welt" darzustellen, die der Realität nicht entspricht. Sogar aus den Schulbüchern wurde jeglicher Anklang an eine „heile Welt" kategorisch verbannt, um bloß nichts irrtümlich zu beschönigen, das sich später als weniger schön herausstellen könnte. Wir müssen anerkennen, daß hinter dieser Kampagne gegen die sogenannte „heile Welt" überwiegend der ehrliche Wunsch zur Aufrichtigkeit stand, vielleicht sogar manchmal die Hoffnung, die Menschheit durch ein Anklagen der bestehenden Mißstände aufrütteln zu können zur Besinnung und Neuorientierung. Leider geht diese Rechnung nicht auf. Sie geht im Großen nicht auf, wie sie im Kleinen nicht aufgeht: Wenn man einem Kind ausschließlich kaputte Spielsachen zur Verfügung stellt, macht es sich nicht daran, diese sorgfältig zu reparieren, nein, es steigert sich eher in einen richtigen Zerstörungsrausch hinein, weil aus seiner Sicht sowieso alles wertlos und schadhaft ist, und es sich daher nicht lohnt, darauf achtzugeben.

Wiederum ist es der Logotherapie zu verdanken, daß wir mittlerweile verstehen, wie wichtig es ist, daß die Idee von einer „heilen Welt" in unseren Herzen und Köpfen erhalten bleibt. Viktor Frankl beschreibt menschliche Existenz als eine, die unablässig schwingen muß in einem Spannungsbogen zwischen Sein und Soll, und die ganz und gar menschenunwürdig wird, wenn der Spannungsbogen in sich zusammenfällt. Das heißt, ein wirklich menschenwürdiges Dasein setzt allemal voraus, daß sowohl ein Seinszustand als auch ein Sollzustand geistig präsent sind und dementsprechend Kräfte mobilisiert werden, das eine möglichst in das andere überzuführen. Wir kommen hier auf das noodynamische Konzept zurück, das uns bei der Besprechung fast aller Themen dieses Buches begegnet ist, und aus dem immer wieder hervorging, daß der Mensch sich selbst nicht genug ist, sondern etwas braucht, *wofür* er lebt, und nicht bloß etwas, *wovon* er lebt. Das Wofür ist das Soll, das ihm vorschwebt, das Ziel, das seinem Streben Sinn gibt. Und das Wovon ist das Sein, seine jeweilige Ausgangsbasis, aus der sein Streben erwächst und auf der seine Kräfte beruhen.

Auf das Thema „heile Welt" übertragen läßt sich folgende Parallele ziehen: die erträumte „heile Welt" ist einfach ein gedachter Sollzustand. Die Welt, wie sie wirklich ist, ist ein Seinszustand. Damit aber die Welt, wie sie wirklich ist, auch nur um einen Hauch besser, „heiler", werden kann, ist es unabdingbar notwendig, daß sich *beide* Zustände in der Vorstellung der Menschheit überhaupt noch abbilden, denn nie und nimmer kann ein Ziel angestrebt werden, das innerlich nicht mehr bekannt ist. Genauso, wie der einzelne Mensch im ständigen Spannungsbogen zwischen Sein und Soll stehen muß, um sein Leben und Wirken als sinnträchtig zu erleben, und das Beste, das in ihm verborgen ist, entfalten zu können, genauso muß die Menschheit im Großen den Spannungsbogen zwischen Sein und Soll wieder finden, um das Steuerrad auf ein sinnvolles Soll der Zukunft hinzulenken, wenn das Schiff haltlos in den Wogen eines gegenwärtigen Seins treibt. Die „heile Welt" ist der Urgrund unserer Sehnsüchte, der Menschheitstraum von der Erlösung schlechthin. Wer diese Sehnsucht ausmerzen, wer diesen Traum vernichten will, nimmt das Sinnhafte aus der Welt und beraubt menschliche Existenz ihres ureigensten Auftrages. Hermann Hesse schreibt dazu: „Es fehlt nicht an Autoren, deren Verzweiflung an unserer Zeit und deren Angst vor dem Chaos echt ist. Es fehlt aber an solchen, deren Glaube und Liebe ausreicht, sich selber über dem Chaos zu halten".

Kehren wir damit zurück zur Frage der Heilkraft von Büchern, und speziell von psychologischen Büchern. Der 1. Punkt im Zwei-Fragen-Schema, das ich empfehlen möchte, war die Überprüfung, ob ein Buch die *Heil-barkeit* diverser Nöte und Probleme betont oder sich darauf beschränkt, die Nöte und Probleme an sich abzuhandeln. Der 2. Punkt wäre nun die Überprüfung, ob die *„heile Welt"* in und über unserer Wirklichkeit als vorstellbar zugelassen oder spöttisch verneint wird. Meines Erachtens kann ein Buch nur dann therapeutisch effizient werden, wenn es sich sowohl mit dem Seins- als auch mit dem Sollzustand menschlichen Lebens befaßt; konzentriert es sich bloß auf ein jeweiliges Sein, erzeugt es Resignation, konzentriert es sich ausschließlich auf ein wünschenswertes Soll, erzeugt es Illusionen. Nur die Kombination von beidem skizziert eine Wirklichkeit, die zwar in vieler Hinsicht fragwürdig sein mag, die es aber wert ist, in ihr zu leben und geistig intensiv lebend in sie einzugreifen; die es eben wert ist, zu ihr letztendlich Ja zu sagen.

Im übrigen ist das Gute und „Heile" oft gar kein so weit entferntes Plansoll, das sich lediglich am Horizont unserer Sehnsüchte abzeichnet, sondern liegt uns in verschiedenster Gestalt direkt vor Füßen. Es gibt auch heute noch Familien, die zusammenhalten, Ehepaare, die einander treu bleiben, Eltern, die ein harmonisches Verhältnis zu ihren Kindern haben; es gibt Nachbarschaftshilfe, Güte und Selbstlosigkeit, es gibt sogar Frieden zwischen Menschen, ohne daß ein Wort darüber fällt. Es gibt Helden unserer Zeit, die in der Stille dienen. Niemals, auch nicht in den bittersten Zeiten, war die „heile Welt" vollkommen verloren, und selbst in den Beratungsgesprächen mit sehr verstörten Patienten lassen sich immer noch Spuren intakter Lebensbereiche auffinden. *Etwas Heiles ist überall und so auch in jedem Menschen* – allein dieses Wissen ist schon sehr tröstlich! Und es sollte kein psychologisches Fachbuch geben, das sich nicht unter dieses Motto einordnen ließe.

Das waren also einige Kriterien, die geeignet sind, die Heil-Kraft des Lesens in Gang zu setzen. Die Versöhnung mit der Vergangenheit, die Heil-barkeit der Gegenwart und die „heile Welt“ als Vorwegnahme einer anzustrebenden Zukunft sind Hauptpfeiler jedes bibliotherapeutischen Werkes, wie sie auch Inhalte sind einer sinnzentrierten Psychotherapie. Vielleicht kann man überhaupt sagen, daß, wenn der moderne Roman als ein Abglanz der Krise des modernen Menschen aufzufassen ist, ein Buch mit Heilkraft eines ist, das dem modernen Menschen hilft, seine Krise zu überwinden, und das heißt, zum Sinn des Lebens wieder vorzustoßen ... In diesem Zusammenhang möchte ich nochmals auf Hermann Hesse verweisen, der an einer anderen Stelle meinte: „Auch der ungeistige, oberflächliche, dem Denken abgeneigte Mensch hat noch jenes uralte Bedürfnis, einen Sinn seines Lebens zu kennen, und wenn er keinen mehr findet, steht das Privatleben unter dem Zeichen wildgesteigerter Selbstsucht und gesteigerter Todesangst.“ Nun, an Selbstsucht und Todesangst fehlt es ja nicht gerade in der Moderne –

Dem sei ein Wort hinzugefügt zur *vorbeugenden Ausstrahlung* von Büchern, die den Leser auf seiner Suche nach Sinn im Positiven begleiten. Solche Bücher könnten im Vorfeld der Krise mehr menschliches Unglück verhindern, als wir Fachleute nach Ausbruch seelischer Krankheiten zu kurieren imstande sind. Vergessen wir eines nicht: Zahlreiche Leute in unserer Gesellschaft sind bloß deshalb verunsichert, weil sie sich zu stark selbst beobachten, weil sie vom Wohlstand geschwächt sind, mit ihrer Freizeit zu wenig anzufangen wissen und von den Medien permanent mit „Problembewußtsein“ gefüttert werden. Sie alle würden durch gezielte therapeutische Maßnahmen erst so richtig seelisch krank, weil die Dosis des üblichen Therapieangebotes für sie zu hoch ist. Sobald man sie als „Patienten“ diagnostiziert, macht man sie auch schon zu „Patienten“. Bei dieser Klientel könnte das richtige Buch im richtigen Moment geradezu Wunder wirken, indem es zur Be-sinn-ung bringt, zur Selbsthilfe stimuliert und die Freude am Leben wieder stärkt, und damit das Anlaufen einer psychotherapeutischen Maschinerie von vornherein überflüssig macht.

Wohlgemerkt, dort wo eine methodische Behandlung ärztlich-psychologisch indiziert ist, läßt sie sich durch ein Buch nicht ersetzen, allerhöchstens ergänzen. Leider muß zugegeben werden, daß die Meinungen der Fachleute bezüglich Therapieindikationen ziemlich weit auseinanderklaffen. Aber die besten unter ihnen stimmen dahingehend überein, daß notwendige Therapie fraglos erfolgen muß, daß jedoch eine Überdosis an Therapie nicht weniger gefährlich ist als eine zu geringe Dosis. Wie wir heute zunehmend kritisch eingestellt sind gegenüber dem unkontrollierten Gebrauch pharmazeutischer Hilfsmittel, so setzt sich langsam, besonders in der Humanistischen Psychologie, eine Skepsis gegenüber dem unkontrollierten Gebrauch therapeutischer Hilfsangebote durch. Gerade die Logotherapie, die im großen und ganzen zur Humanistischen Psychologie gezählt wird*, hat seit langem schon vor den Schäden jeglicher „Übertherapierung" gewarnt, und dabei stets die Bedeutung eines guten Buches als dem „Therapeutikum des Vorfeldes" hervorgehoben. Der Abstand zu den bodenlosen Abgründen menschlicher Verzweiflung ist eben manchmal im Leben nur ein Schritt, und wenn dann wenigstens noch ein schmales Geländer in Form eines hilfreichen, aufrichtenden Buches zur Hand ist, kann dies nutzbringender

---

* Die Logotherapie unterscheidet sich dadurch von der Humanistischen Psychologie, als sie die „Selbstverwirklichung" des Menschen nicht als sein höchstes Daseinsziel anerkennt. Vielmehr ist ihrer Auffassung nach die „Selbsttranszendenz" des Menschen, also seine Hingabe an eine sinnvolle Aufgabe oder an eine Liebesbeziehung im weitesten Sinne die höchstmögliche Entfaltungsstufe.

Daß jedoch das Streben nach Selbsttranszendenz die Selbstverwirklichung durchaus nicht ausschließt, sondern im Gegenteil – unangestrebt – automatisch mit sich bringt, möchte ich an einer kleinen Episode aus meinen Universitätsseminaren demonstrieren. Eine meiner Studentinnen war besonders schüchtern, im Hörsaal zu sprechen. Nun hatte ich die Gepflogenheit, freiwillige Stundenprotokolle schreiben zu lassen, und diese den Studenten bei den Abschlußprüfungen insofern anzurechnen, als sie eine Frage weniger zu beantworten brauchten, um den Schein zu erlangen. Eines Tages jedoch vergaß ich zu Beginn der Stunde zu fragen, wer diesmal Protokoll führen wolle. Da überwand sich die schüchterne Studentin, meldete sich zu Wort und erinnerte mich an mein Versäumnis. Prompt fragte ich sie, ob sie nicht selbst das Protokoll anfertigen wolle, und sie, die sich kaum freiwillig dazu gemeldet hätte, sagte zu. Monate später konnte sie bei der Prüfung eine Frage zu wenig beantworten, aber weil sie das Protokoll geschrieben hatte, kam sie durch.

Die Selbsttranszendenz, die sie einst mir zuliebe aufgebracht hatte, um mich vor einem Versäumnis zu bewahren, brachte ihr somit im Endeffekt den Schein, der zweifellos einen Schritt bedeutet auf ihrem Weg zur Selbstverwirklichung.

sein, als wenn sich später eine Mannschaft von Therapeuten aufmacht, um den Abgestürzten wieder hochzuhieven.

Von jeher sind lesenswerte Bücher dichterisch als „Freunde“ bezeichnet worden. Und das ist es, was alle guten Bücher, gleichgültig welchen Genres und welchen Fachgebietes, wirklich sind: *Freunde der Seele*. So aber, wie es das einzigartige Kennzeichen eines wahren Freundes ist, daß er den anderen in der Not nicht im Stich läßt, so ist es auch das einzigartige Kennzeichen eines jeden guten Buches, daß es Heilkraft besitzt in der Not. Die bibliotherapeutischen Bücher auf psychologischem Hintergrund sind vielleicht darauf spezialisiert, nicht nur „Freund“, sondern auch „Helfer“ der Seele zu sein, aber wenn es darauf ankommt, ist jeder Freund ein Helfer, und jedes gute Buch ein wahres Geschenk. Wer in einer schweren Stunde zum Wegzeichen „Buch“ greift, wird immer der Beschenkte sein.

5. Menschenwürde und Psychotherapie

Es kann sein, daß einige Leser noch gar nicht recht bemerkt haben, welch schmerzlich lange Zeit Menschenwürde und Psychotherapie voneinander getrennt gewesen sind, und daß andere wiederum sich nicht der vollen Tragweite dessen bewußt sind, was es bedeutet, daß die Menschenwürde durch die Logotherapie wieder heimgefunden hat in die Psychotherapie*. Deshalb möchte ich an Hand von zwei Berichten über Kriminaldelikte zunächst nachweisen, was eine Trennung von beidem wirklich bedeutet.

Der eine Bericht betrifft ein Geschehnis, das sich im vorigen Sommer in einem der Münchner Freibäder abgespielt hat. Ein junger Mann betrat das Gelände des Bades und schlenderte über die Liegewiesen rund um die Bassins. Er war komplett angezogen und trug Straßenschuhe. Plötzlich hob er einen Fuß und trat einem ihm völlig unbekannten Jugendlichen, der in Badekleidung mit geschlossenen Augen auf der Wiese lag und

* Darüber diskutierten am 4. Weltkongreß für Logotherapie in San Francisco im Juni 1984 Hunderte von Fachleuten aus allen fünf Kontinenten.

sich sonnte, mit voller Wucht ins Gesicht. Der Jugendliche erlitt schwere Verletzungen, unter anderem einen Jochbeinbruch, der trotz sofort erfolgtem chirurgischen Eingriff so schlecht verheilte, daß die Bruchstelle später nochmals künstlich gebrochen und neu korrigiert werden mußte. Monatelang laborierte er an den Folgen der brutalen Mißhandlung herum und trägt bis heute Spuren davon.

Natürlich stellt sich in einem Fall wie diesem spontan die Frage nach dem Motiv einer derart sinnlosen und grausamen Tat. Der Täter wurde auch ausführlich dazu befragt, aber was er als Motiv beim Untersuchungsrichter angab, erzeugte ein solches Unbehagen, daß dieser ihn psychologisch begutachten ließ, auf welchem Wege der junge Mann in unsere Beratungsstelle gelangte. Seine Erklärung lautete folgendermaßen: Er habe kurz zuvor Streit mit seiner Freundin gehabt, die ihn während der Auseinandersetzung hatte wissen lassen, daß die Freundschaft wohl nicht mehr lange dauern werde. Daraufhin sei eine extrem große Wut in ihm aufgestiegen, die er schließlich irgendwo habe abreagieren müssen. Das sei alles.

Der andere Bericht, den ich auch noch zitieren möchte, ist ein Geschehnis, das im Herbst 1983 in Deutschland durch die Presse gegangen ist. Ein Autofahrer hatte eine Autostopperin mitgenommen und während der Fahrt sexuell belästigt. Sie wehrte sich jedoch, und als das Fahrzeug an einer Ampel anhalten mußte, öffnete das Mädchen die Tür um zu flüchten. Beim Hinausspringen blieb es unglücklicherweise in der Schlinge des Anschnallgurtes hängen und fiel auf die Straße. Passanten, die dies sahen, wollten ihm zu Hilfe eilen, doch da knallte der Autofahrer die Türe zu, und obwohl das Mädchen immer noch in der Schlinge des unter der Türe heraushängenden Autogurtes verfangen war, gab der Mann Vollgas. Das Mädchen wurde mehrere Kilometer weit zu Tode geschleift, bis es der Polizei endlich gelang, das Fahrzeug einzuholen. Auch in diesem Fall stand man einem ebenso unfaßbaren wie sinnlosen Verbrechen gegenüber und fragte nach dem Motiv. Und wieder wurde es einem unbehaglich bei der Antwort, die man erhielt. Der Mann erklärte, schon lange keine Frau „gehabt“ zu haben, weswegen er sich unbedingt sexuell habe abreagieren müssen, und als dies schief ging, sei eine große Angst in ihm aufgestiegen, die ihn zur Weiterfahrt trieb. Das Mädchen, das an seinem Auto hing, habe er dabei vergessen.

Was sagen uns die beiden Berichte, wenn wir sie psychologisch aufbereiten? Da sind zwei Männer, die von Gefühlen starker Intensität beherrscht werden, ja, die Grundbedürfnisse erleben, welche nach Befriedigung drängen: Aggression und Libido. Und beide Männer zeigen keinerlei Hemmung, sich diese Befriedigung zu suchen, sie mehr oder weniger durchzusetzen. Fällt uns Fachleuten nicht etwas auf, wenn wir die Vorgeschichte beider Verbrechen so formulieren? Wir kennen doch die Rede von den Trieben und Bedürfnissen, die abfließen sollen, die abreagiert werden müssen, die bloß nicht etwa verdrängt werden dürfen, weil sie ansonsten neurotischen Schaden stiften würden; wir kennen sie aus den psychologischen Lehrbüchern! Wir kennen sogar ein Therapieziel, das darauf hinausläuft, Hemmungen bei Patienten abzubauen, und zwar Hemmungen, welche der Befriedigung ihrer Bedürfnisse im Wege stehen. Die Schlagworte vom Ausleben der Gefühle, von Durchsetzungsvermögen und Ich-Stärkung klingen uns in den Ohren. Demnach wären die beiden Männer nahezu okay, bloß mit ihren Opfern dürfte etwas nicht stimmen ... Merkt der Leser, was hier gespielt wird? Wir haben eine Psychologie der Täter entwickelt, eine Psychologie der Tatmotive, und zwar nicht nur deren Aufdeckung, sondern auch noch deren Entschuldigung,aber wir haben keine Psychologie der Opfer entwickelt, keine Psychologie des Umgangs mit einem unverschuldeten Leid, geschweige denn dessen Verhinderung. Keine außer der Logotherapie.

Nun, das ganze Dilemma geht einzig und allein auf einen Fehler zurück, der den Altvätern der Psychologie vor langer Zeit unterlaufen ist, und das war die *Abkoppelung der geistigen Dimension von der psychischen Dimension* im Menschenbild. Es war zugleich die *Abkoppelung der Menschenwürde von der Psychotherapie.* Die psychische Dimension des Menschen wurde im Übermaß durchleuchtet, erforscht und analysiert, und heraus kam die im großen und ganzen unbewußt gesteuerte psychodynamische Regulation eines Wesens, dessen wichtigster Daseinszweck in der Stillung seiner Bedürfnisse zu bestehen schien. Die Gefühlsebene wurde die Ebene des Menschen schlechthin.

Wen darf es dann wundern, wenn das Gefühl „Wut" ganz selbstverständlich in Fußtritte umgemünzt wird, das Gefühl „Begierde" in wahllosen sexuellen Belästigungen ausartet, und das Gefühl „Angst" zu Kurzschlußhandlungen verantwortungslosester Art verführt? Irgendwo müssen die Gefühle ja hin – oder nicht? Sollte es doch einer Kontrolle der Gefühle bedürfen, einer Beherrschung, einer Selbst-Disziplin? Reumütig sind wir heute dabei, uns einzugestehen: Gefühle sind gut und schön, aber vorherrschen, den Menschen be-herrschen dürfen sie nicht. Etwas muß zuletzt auch noch über die Gefühle herrschen, ohne sie deswegen gleich zu verdrängen, etwas muß die psychische Dimension des Menschen überwachen und leiten, ja, ihrer Triebhaftigkeit ethische Schranken auferlegen, und das ist *das Geistige im Menschen*.

Wir stehen also heute vor der schwierigen Aufgabe, die geistige Dimension ins psychologische Menschenbild wieder einzugliedern, aber nicht nur das, sondern ihr auch jenen übergeordneten Stellenwert zu verschaffen, der ihr zukommt und zukommen muß, wenn die menschliche Gesellschaft weiterbestehen soll. So schwierig sich diese Aufgabe gestaltet, so gnadenvoll ist sie für die Psychotherapie, die ja auf dem Fundament des jeweiligen Menschenbildes aufbaut, und die, leider vielfach auf einer „geistlosen" Psychologie fußend, ständig Gefahr läuft, zu einer „würdelosen" Heilmechanik zu degenerieren. Auch dazu soll uns ein Beispiel das Verständnis erleichtern, und zwar diesmal eine fachinterne Gegenüberstellung des therapeutischen Umgangs mit ein und demselben Problem in einer Gruppensitzung herkömmlicher Art und in einer logotherapeutischen Einzelberatung.

Das Problem, um das es im Beispiel geht, ist die Wut einer Patientin gegen ihren Vater, der sie, ihrer Auffassung nach, als Kind schlecht behandelt hat. In Anbetracht dessen, daß es die Elterngeneration der heute über 40jährigen Erwachsenen allgemein noch als gang und gäbe angesehen hat, ihre Kindererziehung durch körperliche Züchtigung zu unterstützen, wobei Väter nun einmal der „Elternteil mit der rauheren Hand" sind, stellt sich das Problem des „Vaterhasses" ganz nicht so selten in der psychotherapeutischen Praxis. In der Gruppensitzung, deren Beschreibung ich von einer dort anwesenden und selbst betroffenen Frau erhalten habe, wurde nun folgendermaßen mit dem Problem umgegangen:

Nachdem die Vorwürfe gegen den Vater zur Sprache gekommen waren, erklärte der Therapeut der Patientin, daß die jahrelange massive Unterdrückung ihrer Affekte schuld an ihren seelischen Störungen sei, und sie diese daher nur loswerden könne, wenn sie ihre innere Wut reaktiviere und ausagiere. Dazu wurde eine Decke in länglicher Form zusammengeballt und sozusagen als symbolischer Vaterersatz auf die Couch gelegt. Danach gab der Therapeut der Patientin einen Stock in die Hand und forderte sie auf, mit aller Kraft auf die Decke einzuschlagen und laut zu rufen: „Ich hasse dich! Ich hasse dich!" Solcherart könnten ihre aufgestauten Affekte abfließen und danach werde das seelische Trauma ein für allemal „aufgearbeitet" sein. Die Frau tat wie befohlen, steigerte sich aber im Verlauf der Scene in einen hysterischen Weinkrampf hinein, aus dem sie nicht anders herausgeholt werden konnte, als durch die Injektion eines herbeigeholten Notarztes, der sie für einige Tage in eine Nervenklinik einwies.

Diesem authentischen Bericht von einer – keinesfalls unüblichen – Gruppensitzung möchte ich gegenüberstellen, was ich einmal einer Frau mittleren Alters geraten habe, die bei mir zum Gespräch war und ihren lebenslangen Ärger über den Vater erwähnte. Da ich als geschulte Logotherapeutin niemals einen Menschen allein auf der Gefühlsebene betrachte, sondern stets auch die geistigen Aspekte seiner Existenz in meine Betrachtungen mithineinnehme, sah ich das Problem aus einer anderen Perspektive als der vorgenannte Gruppentherapeut. Nicht daß ich abstreiten wollte, daß der Haß auf einen Elternteil das ganze Leben eines Menschen vergiften kann, aber dies geschieht meines Erachtens nicht deswegen, weil ein unterdrückter Affekt permanent nach seiner Entladung drängt, sondern vielmehr deshalb, weil es sich grundsätzlich mit Haß im Herzen nicht gut lebt und noch viel schwerer stirbt. Haß ist etwas dem geistigen Sinnstreben des Menschen absolut Zuwiderlaufendes, das nach Versöhnung drängt, und das niemals anders „aufzuarbeiten" ist als durch verzeihende Liebe.

Ich fragte daher die Klientin, ob sie jemals an eine Aussöh
nung gedacht habe, aber sie erwiderte traurig, daß es ihr schie
unmöglich sei, ein ernsthaftes Gespräch mit ihrem Vater z
führen. Wenn sie ihn daheim besuche, sitze er meistens vo
dem Fernseher, und wenn sie ihn auf die vergangenen Zeite
und auf das, was zwischen ihnen stand, anrede, würde er si
ungeduldig schweigen heißen, um den Film nicht zu versäu
men. Aber auch nach dem Film gäbe es stets etwas Aktuelle
das eine Aussprache verhindere, so daß sie in bezug auf ihre
Vater längst resigniert habe.

Daraufhin sagte ich folgendes zu der Frau: „Ihr Vater ist al
er wird sich nicht mehr ändern. Was sich ändern kann, ist a
lein Ihre Einstellung zu ihm. Deswegen geht es nicht so seh
um eine Zwiesprache zwischen dem Vater und Ihnen, zuma
eine solche kaum fruchtbringend verlaufen würde, sonder
eher um eine Zwiesprache in Ihnen selbst – eine Zwiesprach
zwischen Ihren Gefühlen und Ihrem Gewissen. Die Gefühl
lehnen den Vater ab, möglicherweise zurecht, das Gewissen je
doch plädiert für Vergebung, weil es bei den eigenen Verfeh
lungen auch auf Vergebung durch andere Menschen angewie
sen ist. Bisher haben Ihre Gefühle dominiert; wie wäre e
wenn plötzlich Ihr Gewissen Oberhand gewänne?"

„Das möchte ich ja", seufzte die Frau, „aber wie soll ic
das machen?" „Ganz einfach", sagte ich, „wenn Sie Ihren V
ter wieder besuchen, und er sitzt im Wohnzimmer vor de
Fernseher und beachtet Sie nicht, dann gehen Sie auf ihn z
und drücken ihm ohne jeden Kommentar einen Kuß auf di
Wange. Egal, was er sagt oder tut, für Sie soll es ein Symbol de
Versöhnung sein, der Versöhnung Ihrer Gefühle mit Ihre
Gewissen. Eine Geste des Verzeihens gegenüber einem alte
Mann. Durch Ihre Geste entlasten Sie Ihren Vater von sein
Schuld, und Sie werden sich selbst dabei entlasten von Ihre
Haß." Die Frau befolgte meinen Rat und fand nicht nur ihre
inneren Frieden, sie war auch höchst überrascht von der Rea
tion des Vaters, der, wie sie mir telefonisch erzählte, seine e
wachsene Tochter ebenso kommentarlos in die Arme schlo

Ich gebe zu, daß ich früher zaghafter war, meinen Patiente
irgendwelche Verzichte abzuverlangen, als heute. Erst seit ic
verstanden habe, daß es innerhalb der geistigen Dimensio

des Menschen um *Werte* geht statt um *Befriedigung*, und daß Werte oftmals etwas mit Wunschzurückstellung zu tun haben, während Befriedigung immer auf Wunscherfüllung hinausläuft, finde ich den Mut, meinen Patienten auch einmal Opfer abzuverlangen, wenn solche nötig sind. Schreibt doch Viktor Frankl in seinem Buch „Homo patiens“[9] den bemerkenswerten Satz:

> Nicht was ich behalte,
> behält Wert,
> sondern was ich opfere,
> erhält Wert.

und spricht an derselben Stelle von „Sinn-gebung“ als einer Form von „Preis-gabe“, die eben geleistet werden muß um eines zu verwirklichenden Sinnes willen.

Allerdings fällt es uns wohlstandsverwöhnten Menschen unheimlich schwer, Opfer zu bringen, selbst wenn diese noch so sinnvoll und die zu erringenden Werte noch so hoch sind. Die Wehleidigkeit im technologischen Zeitalter unserer Breiten ist enorm, was den psychologischen Praxen zwar zugute kommt, weil die Leute schon bei geringsten Problemchen angerannt kommen, was die Völker insgesamt aber sehr gefährdet, weil eine einzige echte Katastrophe ausreichen würde, um Zusammenbrüche unübersehbaren Ausmaßes in Gang zu setzen. Mich erinnert dies an eine Beobachtung meines Zahnarztes, der mir einmal ganz nebenbei erzählte, daß er vor 40 Jahren noch Zähne ohne Narkose ziehen konnte, vor 30 Jahren nur leichte Vereisungen der Zahngegend benützte, vor 20 Jahren bereits örtliche Betäubungen beim Zahnziehen vornahm, seit 10 Jahren starke Narkotika spritzt, und daß heute die Patienten „Au!“ schreien, wenn er in der Luft bohrt. Gegen letzteres habe er noch kein wirksames Mittel gefunden …

Nun ist es keineswegs so, daß wir Logotherapeuten für Selbstkasteiung und gegen Lebensfreude eingestellt wären, im Gegenteil, sinnlose Selbstquälereien halten wir für genauso pathologisch wie sinnlose Unterdrückung von Lebensfreude. Wo Schmerz gelindert werden kann, muß es geschehen, und wo Leid vermieden werden kann, hat es Vorrang vor allem anderen. Mit dem Opferbegriff gemeint und unweigerlich verbunden ist jedoch ein Wofür, und dieses Wofür allein bestimmt di Sinnhaftigkeit jeglichen Opfers: *je höher der Wert eines Wo fürs, desto tiefer der Sinn eines dafür zu erbringenden Opfers.*

Dazu kommt, was uns die Psychologie des Alltags lehrt nämlich, daß eine reziproke Beziehung zwischen Kurzfristig keit und Langfristigkeit von persönlichen Gewinnen und Ver lusten besteht. Kurzfristige Verzichte – man könnte auch „Opfer" sagen – ermöglichen oft erst langfristige Wertge winne, die anders überhaupt nicht zu erreichen sind. So erfor dert z. B. das langfristig anzustrebende Glück, ein Kind gesun und lebensfähig großgezogen zu haben, eine jahrelange Seri kurzfristig geleisteter Verzichte in der Sorge um das Wohlerge hen des Kindes. Auf ähnliche Weise erfordert der langfristi anzustrebende stolze Abschluß einer Berufsausbildung ein jahrelange Serie kurzfristig geleisteter Verzichte im steter Üben und Lernen. Umgekehrt läßt sich feststellen, daß das Ge genteil jener kurzfristigen Verzichte, nämlich die Jagd nach kurzfristigen Vorteilen und Lusterlebnissen oft und oft nich nur langfristige Wertgewinne verunmöglicht, sondern soga langfristig unlösbare Probleme heraufbeschwört. Eltern, di ihre Kinder sukzessive vernachlässigen, um sich selbst noc eine hinreichend große Scheibe an Vergnügungen vom Leben abzuschneiden, handeln sich langfristig großen Kummer mi ihrem Nachwuchs ein, was sie später sehr bedrücken mag; un ähnlich geht es jungen Menschen, die jede Berufsausbildun abbrechen um kurzfristiger Abenteuer willen, und die langfr stig mit Arbeitslosigkeit oder ungeliebten Tätigkeiten bestraf werden. In der Psychotherapie ist die Bereitschaft, kurzfristig Verzichte zu erbringen, für eine Reihe von Patienten ein Frage von Genesung oder lebenslänglichem Elend. So sin etwa Alkoholiker verloren, wenn sie nicht das jeweilige kurz fristige Ja zum Verzicht auf das nächste Glas aufbringen, un ebenso sind Zwangsneurotiker ihren Zwängen heillos ausge liefert, wenn sie nicht den jeweils kurzfristigen Verzicht au das so tückische Vermeidungsverhalten auf sich nehmen, wel ches sie nur noch tiefer in ihre Ängste hineindrückt.

Es ist also durchaus keine abwegige therapeutische Zielse zung, die Opferbereitschaft von Menschen zu stärken, sofer sich dies im Rahmen des Sinnvollen bewegt; jedenfalls ist e eine menschenwürdigere Zielsetzung als die des Abreagieren- und Ausagieren-Müssens einer geistlosen Psychologie, die schon viel Schaden angerichtet hat.

Der Leser, der dem Gedankengang bis hierher gefolgt ist, wird eines feststellen: *die Schwelle zur geistigen Freiheit ist bereits überschritten.* Der althergebrachte psychologistische Determinismus wurde in dem Augenblick überwunden, als der Opferbegriff Einlaß fand in die Psychologie, und das geschah durch die Logotherapie. Ein Opfer setzt nämlich nicht nur ein Wofür voraus, sondern noch etwas ganz anderes: die Freiwilligkeit. Die Freiheit, es zu wählen. Die Wahl, bei der auch das Nicht-Opfer zur Entscheidung steht. Wo dies nicht der Fall ist, wo Menschen unter Zwang und Druck stehen und eigentlich nur eine einzige Wahl haben zu handeln, was soviel ist wie überhaupt keine Wahl, dort kann von Opfer nicht die Rede sein. Vielleicht von Not, von Leid, aber nicht von jenem inneren Verzicht, der um eines Sinnes willen geleistet wird.

Ein Opfer setzt also Freiwilligkeit voraus. Aber es gilt auch die Umkehrung: Die Tatsache, *daß* Menschen Opfer bringen können, und zwar auf vollkommen freiwilliger Basis, für eine Sache oder für andere Menschen, die ihnen dieses Opfer wert sind, diese Tatsache beweist, daß Willensfreiheit existiert, und daß wir Menschen eben nicht Sklaven unserer Psyche sind bzw. Handlanger ihrer „Triebhydraulik" (Peter R. Hofstätter). Die Rede vom Reagieren-Müssen und die Ausrede vom Abreagieren-Müssen haben sich als unhaltbar erwiesen, und mit ihnen die vielen Theorien, die sich um die Analysierbarkeit der psychischen Dimension des Menschen ranken und vermeinen, damit die „Seele" des Menschen erfaßt zu haben.

Seit Jahrtausenden weiß das Menschengeschlecht um die Vielschichtigkeit seiner Existenz, und seit ebenso langer Zeit beschäftigt es sich gedanklich mit dem Mysterium, genannt Seele. Auch die größten Philosophen konnten das „Leib-Seele-Problem" nicht lösen, sie konnten es nur beschreiben, und die häufigsten Differenzierungen lauteten: der Leib ist sichtbar, die Seele ist unsichtbar, der Leib ist materiell, die Seele ist immateriell. Die Religionen fügten hinzu: der Leib ist sterblich, die Seele ist unsterblich. Als sich am Anfang unseres Jahrhunderts die Psychologie zu einer ernstzunehmenden Humanwissenschaft entwickelte, transformierte sie den Seelenbegriff einfach in den Begriff einer „Psyche“ und erklärte diese zum Sitz aller Gefühle und zum Sammelbecken aller Lernerfahrungen, was beides in seiner Kombination die Grundlage unserer Lebensimpulse bilden würde. Dem entsprang das Zerrbild eines willenlosen, von Kindheitsereignissen und Trieben marionettenhaft gesteuerten Homunkulus.

Erst mit Frankl ist diese unzulängliche Transformation von „Seele“ in „Psyche“ wieder korrigiert worden, indem die Psyche durch das Element der Willensfreiheit und Menschenwürde ergänzt wurde, nämlich durch den menschlichen Geist. Damit aber ist die alte Unterscheidung von Leib und Seele, die sich mehr oder weniger um Konkretion und Abstraktion gedreht hat, einem neuen Unterscheidungskriterium gewichen: *dem Kriterium von Freiheit und Schicksal.*

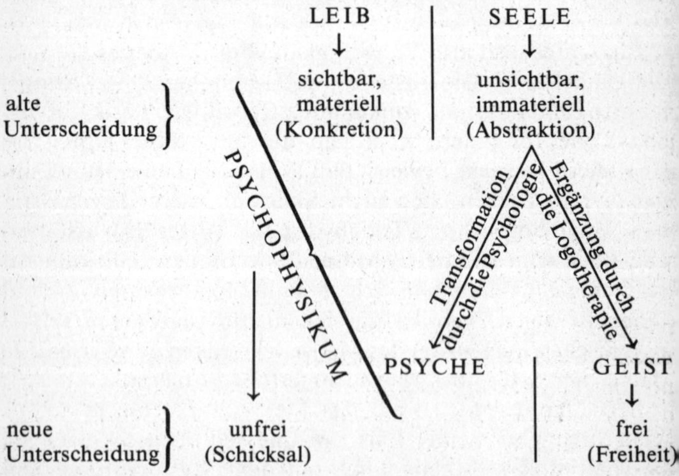

Vielleicht kann wiederum ein Beispiel aus der Praxis veranschaulichen, welche Umwälzung das neue Unterscheidungskriterium für die Psychotherapie bedeutet. Vor wenigen Monaten wurde ich von einer Ärztin der Münchner Hautklinik zu Rate gezogen wegen einer 20jährigen Patientin, die an einem häßlichen und langwierigen Hautausschlag litt, der ihr Gesicht ziemlich entstellte.

Die junge Frau hatte immer wieder den Satz geäußert: „Ich ekle mich vor mir“, was, wie die Ärztin meinte, zu schlimmsten Befürchtungen Anlaß gab, zumal keine Familie da war, um Trost in dieser Not zu spenden. Auch war die Patientin durch ihren Ekel sehr nachlässig bei der Anwendung der notwendigen Behandlungen, die jedoch ohne regelmäßige Durchführung keinerlei Aussicht auf Erfolg hatten. Ein Klinikpsychologe hatte versucht, den Ekel der jungen Frau auf ein „Doktorspiel“ aus ihrer Kindheit zurückzuführen, im Zuge dessen ihr ein kleiner Nachbarjunge vor vielen Jahren einmal sein Glied gezeigt hatte, aber diese Interpretation war von der Patientin empört zurückgewiesen worden und hatte jedenfalls keinerlei Nutzen gezeitigt. Für mich war es von vornherein nicht die Frage, wo der Ekel herkam, denn etwas Häßliches, Entstellendes kann sensible Personen einfach abstoßen, und der Ausschlag war wirklich alles andere als schön. Für mich stellte sich vielmehr die Frage, wie denn ein 20jähriger Mensch mit einem solchen Schicksal leben und ihm nach Kräften trotzen kann. Und damit sind wir beim Stichwort „Schicksal“. Was war in unserem Fall denn alles Schicksal? Oder umgekehrt gefragt: gab es irgendwo neben dieser Problematik auch noch einen Freiraum, innerhalb dem die Patientin nach ihrer Wahl entscheiden konnte?

Da war die *körperliche* Dimension von ihr, belastet mit einer Krankheit, und diese Krankheit war Schicksal. Da war die *psychische* Dimension von ihr, belastet mit dem Gefühl des Ekels, und dieser Ekel war Schicksal. Da war die *geistige* Dimension von ihr, belastet mit gar nichts, aber aufgerufen, Stellung zu nehmen zu Krankheit und Ekel. Und Stellung nehmen konnte die junge Frau auf die verschiedenste Weise – nichts und niemand in der Welt würde sie zu zwingen vermögen zu einer ganz bestimmten geistigen Einstellung. Somit war der gegebene Freiraum aufgespürt, jetzt brauchten wir nichts anderes mehr zu tun, als ihn auch der Patientin zu eröffnen. Als erstes lernte sie, daß der Satz „Ich ekle mich vor mir“ falsch war, weil es ein geistiges Ich in ihr gab, vor dem Ekel ganz und gar nicht angebracht war. Der Satz mußte stattdessen heißen: „Ich ekle mich vor meinem Ausschlag“, was sie akzeptieren konnte.

Als zweites lernte sie, Ekel und Ausschlag in ihrer Vorstellung zusammenzufassen zu einer einzigen psychophysischen Herausforderung des Schicksals an sie. Dieser Herausforderung zu begegnen half ihr ein Gedanke von Viktor Frankl, den ich oft an Ratsuchende weitergebe, wenn sie Zwiesprache halten müssen mit ihren eigenen Ängsten und Schwächen. Er lautet:

Es gibt etwas, das ihr
mir nicht nehmen könnt:
meine Freiheit – zu wählen,
wie ich auf das,
was ihr mir antut,
reagiere!

Wann immer Hoffnungslosigkeits-, Selbsthaß- und Ekelgefühle die Patientin überkamen, antwortete sie ihnen mit den zitierten Worten, und siehe da, die negativen Gefühle verloren jede Macht über sie.

Zuletzt blieb noch eines zu tun, und das war die Stärkung ihres Willens zum Gesundwerden. Ja nun, läßt sich der Wille trainieren? Das ist eine alte Streitfrage, die niemals befriedigend zu klären ist, wenn man den geistigen oder noetischen und den „subnoetischen" Bereich menschlichen Daseins miteinander vermischt. Im subnoetischen Bereich ist es durchaus möglich, Willensanbahnungen zu legen, wie wir aus der Pädagogik, der Behindertenarbeit, der Suchtkrankenhilfe usw. wissen. Im noetischen Bereich hingegen ist es weder möglich noch nötig, Willenskraft zu trainieren, da können wir bei jedem Menschen getrost auf seinen Willen bauen – wenn er bloß weiß, *was* er will. Der Wille gehört bekanntlich zu jenen Phänomenen, die sich nicht wollen lassen, die aber, wenn *etwas ganz anderes* gewollt wird, automatisch in ausreichendem Maße zur Verfügung stehen.

Aus diesem Grunde konnte der Patientin auch nicht nahegelegt werden, das Gesundwerdenwollen zu wollen, es wurde aber gemeinsam mit ihr überlegt, was sie als gesunde Frau Sinnvolles mit ihrem Leben anfangen könnte. Und da gab es eine ganze Reihe von Zukunftsplänen, die aus ihr heraussprudelten, und die es lohnten, die triste Zeit des Klinikaufenthaltes und der unumgänglichen Behandlungsprozeduren tapfer durchzustehen. Eine Zukunft, die es wert war, den Ekel zu überwinden und die ärztlichen Verschreibungen eisern einzuhalten. Das Wofür leuchtete auf und verlangte nach einem Opfer auf freiwilliger Basis, dem Opfer der Überwindung. Einem Opfer, dem die junge Frau schließlich ohne jeden weiteren Druck von außen zugestimmt hat. Ab diesem Datum ging es mit ihrer Behandlung voran, so als ob ihr geistiges Ja zur Gesundheit verbindlich gewesen wäre auch für Körper und Psyche.

An diesem Beispiel läßt sich folgendes zeigen: Der Klinikpsychologe hatte seiner Schulung entsprechend herausfinden wollen, warum sich die Patientin zwangsläufig vor sich selbst ekeln *mußte,* und hatte einen Schock aus der Kindheit dafür verantwortlich gemacht. Ich als Logotherapeutin habe meiner Schulung entsprechend herauszufinden versucht, inwieweit die Patientin *frei war,* ihrem Ekel zu trotzen, und habe sie für ihr Handeln innerhalb dieses kleinen Freiraumes selbst verantwortlich gemacht. Das „muß" nahm ihr die Schuld an der fehlenden Kooperation mit den Ärzten, aber es degradierte sie zu einem unmündigen Wesen, das seinen Gefühlen ausgeliefert war. Das „frei sein" bürdete ihr Verantwortung und Opferbereitschaft auf, aber es gab ihr die Mündigkeit zurück. Merken wir uns deswegen die Lehre, die daraus zu ziehen ist:

Einen Menschen auf den – unter Umständen letzten – ihm verbleibenden Freiraum hinzuweisen ist über jede psychotherapeutische Taktik hinaus ein Akt von Menschenwürde!

Damit möchte ich zurückkehren zu meinem Ausgangspunkt, der Wiederankoppelung der geistigen Dimension an die psychische Dimension im Menschenbild der Logotherapie, und dem dadurch entstandenen neuen Unterscheidungskriterium im uralten Leib-Seele-Problem, welches sich uns heute eher als Psychophysikum-Geist-Dialektik präsentiert. Wie ungewohnt das Denken nach dem neuen Kriterium noch ist und wie wenig es bisher Einfluß genommen hat auf unser Selbstverständnis, erlebe ich immer wieder in Gesprächen mit Gruppenteilnehmern oder Studenten wenn ich sie zur Übung aufschreiben lasse, was alles sie dem Schicksalhaften zuordnen würden, und was der menschlichen Freiheit. Unter dem Oberbegriff „Schicksal" stehen dann körperliche Determinanten wie Gesundheitszustand, Alter oder Geschlecht eines Menschen, fer ner Zufälle positiver oder negativer Art, also Glücks- un Unglücksfälle, und außerdem noch Milieu- und Umweltfakto ren, die der Betreffende nicht – jedenfalls nicht ausschließlic – in seiner Hand hat, z. B. Krieg oder Frieden, Wohlstand ode Arbeitslosigkeit, freundliche oder unfreundliche Verwandt schaft und dgl. mehr. Unter dem Oberbegriff „Freiheit" wir dann meistens der jeweilige Handlungsspielraum eines Men schen geschildert, seine Aktivität oder Passivität im Alltag.

Wenn ich daraufhin frage: „Und wohin gehören die Ge fühle?", wird lange überlegt, bis man sich darauf einigen kann daß die Gefühle zweifellos zum Schicksalhaften zählen, wei man sie sich bekanntlich nicht frei aussucht. Auch ist es un möglich, jemandem zu befehlen, er solle sich ab sofort 5 Minu ten lang freuen oder 5 Minuten lang ärgern, was beweist, da die Gefühle bewußte oder unbewußte automatische Nebene fekte der die bewirkenden Gegebenheiten sind, die nicht un mittelbar dem Willen unterstehen. Gefühle treten also schick salhaft auf, was deswegen nicht heißt, daß es nicht Gründe fü sie gäbe, die ihr Träger vielleicht sogar selber mitverursach hat, sondern was einfach bedeutet, daß zum Zeitpunkt de Auftretens eines bestimmten Gefühls keine freie innere Wah darüber besteht, ob dieses Gefühl überhaupt auftreten so oder nicht.

Dann frage ich weiter: „Wohin gehören die Einstellun gen?", und wiederum wird lange überlegt. Sind Einstellunge von irgendwelchen Vorbildern, Erfahrungen usw. präfor miert? Meine Studenten wägen Pro und Contra sorgfältig ge geneinander ab und ringen sich doch schließlich durch, di Frage zu verneinen. Natürlich können Einstellungen aus de Vergangenheit oder aus der mitmenschlichen Umwelt simpe übernommen werden, aber *sie müssen nicht übernommen we den;* zu allen vorgegebenen Einstellungen gibt es nochmal eine persönliche Stellungnahme, eine Gewissensentscheidung ja, selbst wenn ein Mensch außerordentlich beeinflußbar is von den Meinungen anderer, bleibt ihm immer noch die Wahl wie er sich zu seiner eigenen Beeinflußbarkeit einstellt[10]. Ein stellungen sind also frei.

Wenn wir uns diese Erkenntnisse erarbeitet haben, pfleg

ich eine weitere Frage zur Diskussion zu stellen, die auf Anhieb leicht zu beantworten scheint. Ich frage die Gruppe: „Was gefällt Ihnen nun besser: der schicksalhafte Bereich des menschlichen Lebens oder sein Freiraum?“ „Na, der Freiraum klarerweise!“ wird mir sofort entgegengerufen. „Da können wir mitbestimmen, mitentscheiden, das Leben selbst in die Hand nehmen und lenken, wohin wir wollen!“ Ja, das ist wahr, die Freiheit hat den Menschen immer schon magnetisch angezogen, sie ist sein Traum seit Adam und Eva.

Dennoch gibt es einen Aspekt, der sozusagen das Minus des Schicksalhaften ausgleicht mit einem Plus, während er dem menschlichen Freiraum anhaftet als eine nicht abzuschüttelnde Last, und das ist der Aspekt der *Verantwortlichkeit*. Was schicksalhaft vorgegeben ist, was nicht von uns gewählt werden kann, entzieht sich unserer Verantwortung und damit auch unserem Versagen. Was aber frei wählbar, frei gestaltbar, frei entscheidbar ist in unserem Leben, dafür muß eingestanden werden bis in alle Folgen, die daraus erwachsen, denn das ist unleugbar unsere Leistung und unsere Schuld. Von daher gesehen stellt sich die Bevorzugung des Freiraumes in einem anderen Lichte dar: wohl ist Freiheit ein Geschenk, aber sie ist auch eine Verurteilung zur Verantwortung, und wohl ist das Schicksal ein Zwang, aber es ist auch ein Freispruch von Verantwortung.

SCHICKSAL	FREIHEIT
(definiert als dasjenige, hinsichtlich dessen wir zum gegebenen Zeitpunkt keine Wahl haben),	(definiert als dasjenige, hinsichtlich dessen wir zum gegebenen Zeitpunkt frei entscheiden können),
z. B.	z. B.
Milieu- und Umweltfaktoren	eigene Umweltgestaltung
positive und negative Zufälle	bewußte Reaktionen auf Zufälle
körperliche Determinanten	willentliche Handlungen
psychische Determinanten *(Gefühle)*	geistige Stellungnahmen *(Einstellungen)*
KEINE VERANTWORTUNG	VERANTWORTUNG

Durch die Wiederankoppelung der geistigen Dimension an die psychische Dimension im Menschenbild der Logotherapie wurde somit nicht nur der marionettenhafte Homunkulus einer überholten Psychologie seines Amtes enthoben, indem es zu einer Besinnung auf den jedem Menschen in fast jeder Situation noch gegebenen Freiraum kam, es wurde auch die vollkommen gestörte *Beziehung zwischen Ethik und Psychologie* wieder normalisiert, weil eine Besinnung auf die persönliche Freiheit nichts anderes ist als eine Besinnung auf die persönliche Verantwortung des einzelnen. Hier spüren wir den Zusammenhang mit der Wiedereinführung der Menschenwürde in die Psychotherapie ganz deutlich: wenn man dem Menschen die Verantwortung nimmt, nimmt man ihm auch seine Würde, wie Frankl sagt, und das heißt: eine Psychotherapie der Entschuldigung ist eine Psychotherapie der Entwürdigung, oder anders ausgedrückt: die Verurteilung zur Freiheit ist die Unumgänglichkeit unseres Schuldigwerdens.

Andererseits aber gibt es eben auch den schicksalhaften Freispruch von Verantwortung, hinsichtlich dessen es Aufgabe der Psychotherapie ist, unberechtigte Schuldgefühle aufzulösen, um Würde wieder herzustellen. Als Beispiel dafür sei ein Mann erwähnt, der mich einmal aufsuchte und sich ungeheuer schämte, mir sein Problem auch nur vorzutragen. Er fühlte sich stark angezogen von Kindern, die seine sexuelle Phantasie erregten, besonders in den Isarauen von München, wo im Sommer viele Nackedeis herumlaufen. Die Angst, er könne seinem Trieb nachgeben und sich an Kindern vergreifen, quälte ihn so fürchterlich, daß er den ganzen Sommer über nicht baden ging und alle Plätze mied, wo er nur allein sein könnte mit spielenden Kindern. Tatsächlich war noch nie irgendetwas in dieser Richtung vorgekommen, der Mann besaß die absolute Kontrolle über sich, aber er fühlte sich schuldig wegen seiner abwegigen Gedanken und Wünsche.
Hier konnte ich in der Beratung einhaken und ihn von jedweder Schuld entlasten: Gefühle und Zwangsgedanken gehören zum schicksalhaften Bereich, sie werden nicht frei gewählt, sondern sind plötzlich einfach da, wo immer sie herstammen mögen. Der Mann war also ganz und gar unschuldig an seinen pädophilen Neigungen und den damit verbundenen ängstlich

gefärbten Hyperreflexionen; wofür er allein Verantwortung trug, war sein Handlungsspielraum zwischen einem Nachgeben seinen Neigungen gegenüber oder dem ihnen Widerstehen. Innerhalb seines Freiraumes jedoch hatte er stets den Widerstand gewählt, also verantwortungsbewußt gehandelt, und das war zweifellos eine anerkennenswerte menschliche Leistung. Ich konnte ihm daher folgendes mitteilen: „Sie haben keinerlei Grund, sich zu schämen, im Gegenteil, Sie sollten stolz auf sich sein. Sie sind ein anständiger Mensch, daran kann nicht einmal Ihr sexualneurotischer Grübeltick etwas ändern. Es geht jetzt bloß um die Frage, wie Sie mit dieser gefühlsmäßigen Irritation noch besser zurechtkommen können, und da gibt es psychotherapeutische Methoden, die Ihnen helfen werden." Ich dachte an eine Kombination von Paradoxer Intention und Dereflexion, aber beides erwies sich erstaunlicherweise als überflüssig, weil die Erleichterung des Mannes über seine grundsätzliche Anständigkeit und Schuldfreiheit, die ich ihm dargelegt hatte, eine so positive Feedbackwirkung erzeugte, daß er sich zunehmend von seinem Problem distanzierte. Er wagte sich sogar wieder in die Isarauen und berichtete mir später einmal, daß er beim Anblick spielender Kinder lediglich ein tiefes, beglückendes Bewußtsein seiner Treue zu sich selbst empfunden habe.

Wie anders hat sich doch im Vergleich dazu jener junge Mann verhalten, dessen Tat ich gleich am Anfang dieses Kapitels erwähnte als ein Beispiel unsagbarer Brutalität unter dem Deckmantel des Sich-abreagieren-Müssens! Dieser wurde nicht von Schuldgefühlen geplagt, nachdem er einem unbeteiligten Badegast ins Gesicht getreten war, aber er hätte es werden *sollen,* denn er war trotz aller vorangegangenen Ärgernisse geistig nicht eingeschränkt und folglich frei in der Wahl seiner Handlungen gewesen und hatte leichtfertig eine negative gewählt. Wenn überhaupt ein psychotherapeutischer Ansatz bei ihm greifen kann, dann nur einer, der ihm diese Zusammenhänge vor Augen führt.

Der Logotherapie ist es nicht darum zu tun, ihren Patienten Schuld zuzuschieben, wie es nicht ihr Interesse ist, sie von Schuld zu entlasten. Es geht ihr um die Einsicht, inwieweit wir frei und damit verantwortlich sind, und inwieweit wir Spielball unseres Schicksals, dafür aber unschuldig sind. Welche Variante uns dabei die sympathischere ist, bleibt eine offene Frage; unter Umständen kann, wie ich angedeutet habe, letztere sogar leichter zu verkraften sein, so wenig wir das vielleicht vermuten würden. Wenn sich der Leser vorstellt, er stünde vor der Alternative, entweder derjenige zu sein, der ahnungslos auf dem Gehsteig spazierengehend hinterrücks von einem Auto niedergefahren wird, oder derjenige zu sein, der selber am Steuer eines Wagens sitzt und in einem Moment der Unachtsamkeit einen ahnungslosen Passanten niederfährt, dann weiß ich nicht, was er vorziehen würde. Ist er der Geschädigte, hat er den Schmerz, aber zumindest keine Schuld. Das Auto von rückwärts war dann sein Schicksal. Ist er hingegen der fahrlässige Autofahrer, dann leidet er zwar an keinem physischen Schmerz, doch an einem Kummer anderer Art. Denn sein Versagen lag dann innerhalb seines Freiraumes. Eine verflixt schwere Wahl, wie man mir zugestehen wird. Sie erinnert an ein Sprichwort, welches besagt: „Die Mutter eines Ermordeten schläft, die des Mörders nicht."

Der Grund, warum ich diese Überlegungen so ausführlich zur Diskussion stelle, ist ein besonderer. Ich habe nämlich an Hunderten von meinen Patienten die Beobachtung gemacht, daß es solche gibt, deren Blick vorwiegend am Schicksalhaften hängt, und daß es im Gegensatz dazu solche gibt, denen es gelingt, ihre Aufmerksamkeit primär ihrem jeweiligen Freiraum zu schenken. Natürlich fluktuieren die Inhalte geistiger Konzentration, und doch gibt es, wie mir scheint, Schwerpunkte, die unterschiedlich gesetzt werden.

Es gibt Depressive, die über ihre Depressivität schier verzweifeln, und es gibt Depressive, die darüber nachdenken, was sie, unter ihrer Depression leidend, gerade noch unternehmen können. Erstere nehmen ihr Schicksal wahr, zweitere jene Freiheit, die ihr Schicksal ihnen gerade noch läßt. Es gibt Personen, die leben andauernd in ihrer Vergangenheit, welche gefüllt ist mit leidvollen Erinnerungen, aus denen die Klagen der Gegenwart entspringen. Und es gibt Personen, die tanken aus den leidvollen Erinnerungen ihrer Vergangenheit den Willen auf, die Gegenwart zu erneuern und zu verändern. Erstere brauchen ihre Kräfte auf in der Auseinandersetzung mit dem

Schicksal – denn die Lebensvergangenheit eines Menschen gehört in ihrer Unveränderbarkeit zum absolut Schicksalhaften –, weitere gewinnen aus der Auseinandersetzung mit dem Schicksal sogar Kräfte hinzu für die Formgebung ihres gegenwärtigen Freiraumes.

Wenn wir uns noch einmal mit einer symbolischen Graphik behelfen wollen, dann können wir die Bereiche „Schicksal" und „Freiheit" auch nach den in ihnen aufzufindenden Möglichkeiten gliedern. Und wir werden entdecken, daß im Bereich des Schicksalhaften keine einzige Möglichkeit zu unserer Verfügung steht, weil wir dort ja per definitionem keinerlei Wahl haben, während im Bereich des jeweiligen Freiraumes zu jedem Zeitpunkt und in jeder einzelnen Situation unseres Lebens *ein ganzer Sternenhimmel* an Möglichkeiten vorgegeben ist, aus denen wir eine aufgreifen können und müssen. Haben wir allerdings diese eine gewählt, dann verlöschen mit ihrer Verwirklichung schlagartig alle anderen Möglichkeiten derselben Situation und kehren niemals wieder. Gewiß wird es neue Situationen mit neuen Möglichkeiten geben, solange wir leben, aber der Sternenhimmel eines bestimmten Augenblicks vergeht mit der Konkretisierung eines einzigen seiner Sterne.

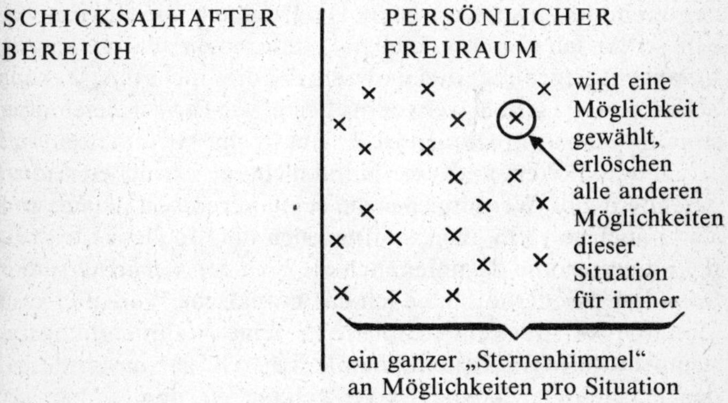

Jemand, der beispielsweise an einem Sonntagmorgen aufsteht, hat zahlreiche Möglichkeiten, diesen Vormittag zu verbringen. Wenn er sich aber entschlossen hat, etwa eine Kunstausstellung zu besuchen, sind zugleich damit die vielen anderen Möglichkeiten dieses Vormittages hinfällig geworden, und niemals wieder, auch nicht in Millionen Jahren, hat er noch einmal dieselbe Wahlsituation des vergangenen Sonntagmorgens. Niemals aber auch ist seine Wahl, die Ausstellung besucht zu haben, mehr rückgängig zu machen: dieser Besuch gehört ab sofort als fester, unaustauschbarer Bestandteil zu seinem Leben. Wäre der Betreffende natürlich nach dem Aufstehen ohnmächtig zusammengebrochen, dann hätte sich sein Freiraum zunächst geschlossen und das Schicksal über ihn weiterbestimmt. Vielleicht hätte jemand ihn ins Krankenhaus geschafft, vielleicht wäre er liegengeblieben, auf jeden Fall wären seine eigenen individuellen Wahlmöglichkeiten gleich Null gewesen.

Selbstverständlich wird sich der schicksalhafte Bereich und der persönliche Freiraum in unserem Leben (und in der Diagnostik psychischer Störungen erst recht!) sehr oft miteinander vermischen, aber gerade deswegen ist es so wichtig, daß wir beide Bereiche zu unterscheiden vermögen und vor allem in der Lage sind, uns geistig mehr und mehr auf den je vorhandenen Freiraum zu konzentrieren. Die Patienten, die dies tun, haben, soweit ich bisher feststellen konnte, einen unerreichbaren Vorsprung gegenüber den anderen, die dies nicht tun. Wer ins Schicksalhafte schaut, schaut ins Leere, wie voriger Zeichnung sinnbildlich zu entnehmen ist, er lebt in einer betonierten und zementierten Welt, in der es für ihn nichts zu verrücken und zu verändern gibt. Wer hingegen auf seinen Freiraum schaut, und sei er noch so klein, dem eröffnen sich die Möglichkeiten seiner Situation, und darunter auch die *Sinn-Möglichkeiten* seiner Situation. Wiederholt habe ich das Franklsche Wortspiel vom „Sinn-Organ" verwendet, um jenes feine Wahrnehmungsinstrument im Menschen zu charakterisieren, das imstande ist, den in allen Gegebenheiten verschlüsselten, den „immer gegenwärtigen" Sinn zu erahnen. An Hand unserer Zeichnung können wir das Gewissen nun auch die Fähigkeit des Menschen nennen, den leuchtendsten Stern am Sternenhimmel des Augenblicks zu identifizieren bzw. die sinnvollste Wahl unter allen Möglichkeiten seines je gegebenen Freiraumes herauszufinden.

Was aber haben die Patienten, die vorrangig ihren Freiraum wahrnehmen, den anderen voraus? Das ist ganz einfach zu beantworten: es ist die *Chance zur Zufriedenheit.* Denn wenn sich jemand sagen kann, er habe innerhalb seines Freiraumes alles getan, was möglich war, speziell was „sinn-möglich" war, dann *ist es für ihn gut,* dann kann er mit sich zufrieden sein, unabhängig davon, wie sein Schicksal auch aussehen mag. Das Gefühl „es ist gut" ist ja letzten Endes nichts anderes als das Bewußtsein „ich habe alles getan, was möglich, was sinnvoll war". Ein Bewußtsein, das man nicht kennt, wenn man das Schicksalhafte im Blickfeld hat, denn das Schicksalhafte liefert fast ausnahmslos einen Grund, mit irgendetwas unzufrieden zu sein.

Um meinen Patienten zu helfen, trotz und jenseits ihrer persönlichen Schranken und Nöte zu diesem „Es-ist-gut-Erlebnis" vorzustoßen, habe ich während meiner letzten Therapie-Gruppe fünf humorvolle Erinnerungskarten entwickelt, die ich jedem Teilnehmer mit nach Hause gab. Bei der Gruppe handelte es sich um eine Nachbetreuungsgruppe von der Art eines „logotherapeutischen Meditationskreises", worüber ich in meinem Buch „Von der Tiefen- zur Höhenpsychologie" ausführlich berichtet habe. Sie bestand aus Teilnehmern, die zumeist eine jahrzehntelange Krankheitsperiode hinter sich hatten, unter anderem aus zwei Frauen, die im psychiatrischen Bezirkskrankenhaus Haar bei München als unheilbar aufgegeben worden waren, ehe sie zu mir kamen. Alle hatten eine Einzeltherapie hinter sich und waren einigermaßen in sich gefestigt, standen aber vor irgendwelchen „Scherbenhaufen" ihres Lebens, die ihre Krankheit hinterlassen hatte.

In der Gruppe sprachen wir viel über die in diesem Kapitel dargelegten Gedanken, und die Teilnehmer äußerten den Wunsch, eine Niederschrift zu erhalten, die sie in Krisenzeiten daran erinnern sollte, sich an den existierenden Sinnmöglichkeiten ihres Daseins zu orientieren. Da kam mir die Idee mit den fünf Karten, von denen ich wußte, daß sie zu einem heilpädagogischen Programm für Kinder gehören und dort gute Dienste leisten. Warum sollten sie nicht – mit einem entsprechend modifizierten Text versehen – auch für Erwachsene hilfreich sein? Ich übernahm also die Karten, auf denen nach einem Entwurf von *Meichenbaum* fünf Bärchen gezeichnet sind, und gab diesen neue Sprechfahnen; und plötzlich hatte ich fünf Prozeßstufen eines idealen Umgangs mit auftauchenden Lebensproblemen in einer lustigen „Bärengeschichte" eingefangen, die gerade durch die Kindlichkeit ihres Ausdrucks unmittelbar aufs Gemüt einwirkt und dort ein heilendes Umdenken erzeugen kann.

Auf Seite 245 sind die fünf Bärchen abgebildet, wobei ich dazubemerken möchte, daß sie sich gewiß freuen würden, wenn sie auch dem einen oder anderen Leser gute Dienste leisten dürften ...

Betrachten wir die Karten im einzelnen. Die 1. Frage lautet: „Was ist mein Problem?" Das ist keine typisch logotherapeutische Frage, sondern *die* psychologische Frage schlechthin, die sich jeder stellen muß, der sich psychisch irgendwie unwohl fühlt. Die *psychische Dimension* des Menschen ist damit angesprochen, denn sie bewirkt ja die unangenehme emotionale Färbung eines Sachverhaltes. Ein Problem ist in Wirklichkeit immer ein *emotionales* Problem. Dasjenige, was unseren Patienten zu schaffen macht, ist die Traurigkeit, die Angst, die Aggression, die Begierde, die Enttäuschung oder was immer, jedenfalls die Emotion, die mit einem Sachverhalt verbunden ist, und nicht ein Tatbestand an sich.

Wird z. B. jemand geschieden und denkt sich innerlich: „Fein, daß ich den anderen los bin!", dann ist die Scheidung für ihn kein Problem. Zu einem solchen wird sie erst, wenn er dem anderen nachtrauert, die Einsamkeit nicht aushält, den verlorenen Partner haßt usw. Oder wird jemand arbeitslos und denkt sich innerlich: „Endlich kann ich mich richtig erholen!", so ist die Arbeitslosigkeit für ihn auch kein Problem. Sie wird wiederum erst zu einem solchen, wenn er Minderwertigkeitsgefühle, Zukunftsängste und dgl. entwickelt. Das heißt, die emotionale Ladung eines Problems ist das eigentliche Problem in der Psychologie, weswegen sich die herkömmliche Psychologie auch hat verleiten lassen, dem Gefühlstrakt des Menschen überdimensionale Wichtigkeit zuzusprechen, indem sie ihn irrtümlich der Seele gleichsetzte, wie ich ausgeführt habe.

①
STOP
EMOTION
Was ist mein Problem?
②
geistige Dimension
Wo ist mein Freiraum?.
③
KOGNITION
Welche Wahl-möglichkeiten habe ich?
④
„Sinn-Organ"
Gewissen
Eine davon ist die Sinnvollste!
⑤
INTENTION
Die will ich verwirklichen

Unser 1. Bärchen steht also vor einem Stoppschild, und das ist eine emotionale Barriere, die es auf seinem Lebensweg aufhält, und über deren Problematik es sich klar werden muß. Nachdem diese Klärung erfolgt ist, macht das Bärchen auf der 2. Karte jedoch eine Wendung, man könnte sagen, es vollzieht nach die logotherapeutische Wende in der Psychologie. Es läßt nämlich neben der psychischen Dimension die *geistige Dimension* des Menschen aufleuchten, die über alle Stoppschilder und Barrieren hinaus immer noch einen gewissen Freiraum zuläßt in der inneren Haltung, in der Stellungnahme zu den eigenen Emotionen und in der Einschätzung eines vorgegebenen Sachverhalts. „Wo ist mein Freiraum?“ Der Patient, der ihn sucht, wird ihn finden. Und wenn er ihn gefunden hat, hat er auch den ganzen Sternenhimmel an Möglichkeiten vor sich ausgebreitet, nach denen unser Bärchen auf der 3. Karte fragt. Jetzt ist nicht mehr die Emotion am Ball, jetzt hat die Kognition das Wort, die Phantasie, der Ideenreichtum, die Kreativität der Person. Wer seine Wahlmöglichkeiten erforscht, findet viel, viel mehr, als er glaubt, auch in sehr schwierigen Lebenslagen.

Doch mit dem Wissen um die unterschiedlichen Wahlmöglichkeiten ist es noch nicht getan, noch einmal muß die geistige Dimension des Menschen aufleuchten, oder besser gesagt, ihre Stimme erheben, die Stimme des „Sinn-Organs“ Gewissen. Denn leicht könnten Emotion oder auch Kognition die falsche Wahl treffen, eine Wahl wider den Sinn. Emotionen wählen nach dem Prinzip des blinden „Ausagieren-Wollens“, über das wir bereits gesprochen haben, und Kognitionen wählen nach dem Prinzip des höchstmöglichen Eigenvorteils, der wert-blinden Berechnung. Das Gewissen aber ist ein selbst-transzendentales, es läßt den Menschen über sich selbst hinausschauen auf die Welt, in der er lebt, und auf das „eine, das darin nottut“, hier und jetzt. Nur das Gewissen kann erspüren, welche von allen Wahlmöglichkeiten der Situation die Sinnvollste ist. Wer diese erkannt hat, hat nur mehr *eine* Wahl: dem Gewissen zu folgen oder nicht. Unser Bärchen auf der 5. Karte plädiert für das Folgen, für die Intention, das Erkannte zu verwirklichen.

Gewiß stellt sich die Frage, ob das ursprüngliche Problem

damit gelöst sei. Dazu möchte ich sagen: es ist ganz sicher nicht mehr dasselbe Problem, das es war. Ein Patient, der den Spuren der Bärchen innerlich gefolgt ist, hat das Stoppschild hinter sich zurückgelassen; es ist denkbar, daß er immer noch schwer trägt an einer emotionalen Last, aber er kennt seinen Weg, und dieser Weg ist frei.

Ich habe, wie gesagt, die Kärtchen mit den Abbildungen in einer meiner Gruppen an die Teilnehmer verteilt, nicht zuletzt auch deswegen, um ein bißchen Humor in unsere ernsten Gespräche hineinzubringen, denn die Logotherapie appelliert gern und aus gutem therapeutischen Grunde an den Humor des Menschen. Die Teilnehmer haben die Kärtchen auf die unterschiedlichste Weise verwendet; manche stellten sie auf den Kaminsims und betrachteten sie jeden Tag, andere holten sie nur dann aus der Schublade heraus, wenn sie sich mit einem echten Problem herumplagten. Eine Dame verschenkte sie an ihre Tochter, die gerade im größten Streß für ihr Lehrerexamen war, und der es mit Hilfe der Bärchen gelang, Ruhe zu bewahren und einer Anforderung nach der anderen nachzukommen. Insgesamt haben wir ausnahmslos alle Teilnehmer irgendwann seit Beendigung der Gruppe eine persönliche „Bärengeschichte" erzählt, nämlich wie sie sich an Hand der Stichworte auf den Kärtchen in einer kritischen Situation selbst zu helfen vermochten.

Die schönste dieser „Bärengeschichten" möchte ich hier wiedergeben und damit zugleich zu unserem thematischen Leitfaden zurückfinden, zur Wahrung der Menschenwürde in der Psychotherapie. Die Gruppenteilnehmerin, die mir diese Geschichte brieflich anvertraute, verfaßte mit ihren Zeilen ein rührendes Dokument für das „Humanissimum" im Menschen, dem wir Psychotherapeuten nur mit Achtung und Staunen begegnen können. Sie schrieb:

„Ich habe an einer Reihe von Symptomen gelitten. Wenn eines verschwand, kam das nächste. Sie, Frau Doktor, waren die 9. Therapeutin, die sich mit mir beschäftigte. Ich habe viele Male erzählt, wie traurig meine Vergangenheit verlaufen ist, man hat mir Deutungen gegeben für meine Zustände, und Diagnosen gestellt: ich bin narzißtisch, infantil, mein Kind-Ich dominiert. Sie haben dann anders mit mir gearbeitet, mich gelehrt, die Symptome weniger wichtig zu nehmen, mir Mut und Selbstvertrauen vermittelt. Bei Ihnen bin ich viel gelöster geworden. Aber da ist etwas, über das ich nie gesprochen habe. Bei keinem Therapeuten, auch bei Ihnen nicht. Komisch, ich weiß selbst nicht, warum. Es ist das, was ganz tief drinnen in mir bohrt, seit ich denken kann. Ich bekomme zu wenig Liebe. Man liebt mich nicht. Niemand liebt mich so sehr, wie ich es möchte, brauche. Liebe! Warum ist sie mir verschlossen, oh Gott, warum nur? Ich habe das noch niemandem gesagt, aber es ist mein einziger wahrer Schmerz, alles andere ist fast Theater. Nein, so ist es nicht. Oder doch? Nach soviel Therapie müßte ich mich endlich selber verstehen, aber ich bin mir immer fremder geworden.

Da habe ich unlängst die Bärenkarten wieder hervorgeholt. Ich war ganz allein zu Hause, und es war schon Nacht. Über der 1. Karte habe ich geweint. Dann nahm ich die zweite. Mein Freiraum ... mir fiel nichts dazu ein. Aber es muß ihn geben. Da kam mir ein Gedanke: auf was warte ich denn? Kann ich nicht Liebe *haben,* kann ich doch Liebe *sein*. Liebe sein ... der Gedanke war seltsam. Und ganz neu. Wie ist das, wenn Liebe in einem ist, wenn sie von einem ausstrahlt? Sie haben einmal etwas gesagt über Haben und Sein. Das Haben, sagten Sie, ist verlierbar, das Sein dagegen ist unverlierbar, sogar noch im Vergangen-Sein. Ich schaute auf die 3. Karte, und jetzt weiß ich auch, was Sie mit dem „Sternenhimmel an Möglichkeiten" gemeint haben. Ich hatte auf einmal sagenhaft viele Ideen. Alle die Leute, die ich täglich sehe, ich könnte freundlich zu ihnen sein, viel netter als bisher. Sie könnten Liebe fühlen in meiner Gegenwart. Ist das denn überhaupt zu machen? Durchdrungensein von Liebe – was für ein Gedanke! Dann habe ich Pläne geschmiedet und mir vieles ausgemalt. Wie ich ungeniert auf die Leute zugehe, meine Bekannten einlade, und wie sich alle bedanken. Aber die 4. Karte hat mich ernst gestimmt. Mein Gewissen war ganz schön brutal. „Du machst dir Illusionen", hat es gesagt. „Es ist nicht sinnvoll, sich Zuwendung erkaufen zu wollen. Wenn du lieben willst, mußt du die Leute nehmen, wie sie sind. Ohne Gegenleistung zu erwarten. Zum Beispiel die alte Frau im 3. Stock, die jedesmal so abweisend ist. Bring ihr Blumen und stecke ihre Unfreundlichkeit ein, dann kannst du lieben!“ Ob Sie es glauben oder nicht, das hat mein Gewissen gesagt. Am nächsten Morgen bin ich dann in den Blumenladen drüben am Markt gegangen und habe ein Sträußchen Frühlingsblumen gekauft. Das habe ich der Frau hinaufgebracht. Die hat kein Wort gesprochen, nur die Blumen angesehen und mich angesehen. Da spürte ich, jetzt wird es anders. Ich werde nicht mehr jammern, daß ich zuwenig Liebe bekomme. Um das geht es überhaupt nicht, ums Bekommen. In mir selbst ist zu wenig Liebe gewesen, und das kann ich ändern. Ich ändere es jeden Tag ein Stück. Die 5. Karte begleitet mich in meiner Handtasche überall hin. Ich bin irgendwie glücklich. Es ist nicht das Glück, von dem ich geträumt habe, aber es ist ein gutes Glück. Ja, jetzt ist es gut.“

Der Brief der Dame, den ich mit ihrer Erlaubnis veröffentlicht habe, hat in mir eine allgemeine Vermutung wachgerufen. Eine Vermutung, die zu einer atemberaubenden Theorie führen könnte, wenn man sie weiterverfolgt. Angenommen, es ist tatsächlich so, daß es Menschen gibt, die sich geistig sehr stark auf die Determinanten ihres Schicksals konzentrieren, und andererseits Menschen gibt, die ihren jeweiligen Freiraum schneller im Blickfeld haben. Würde das nicht bedeuten, daß die einen auch häufiger über ihre Schicksalsdeterminanten *sprechen* als die anderen, weil doch jeder über das spricht, womit er sich geistig befaßt? Würde dies nicht des weiteren bedeuten, daß in den Anamnesen, die wir Psychotherapeuten erheben, und auf denen unsere psychologische Intervention hauptsächlich beruht, mehr oder weniger Schicksalsfaktoren wie etwa unverschuldete Milieueinflüsse, Erziehungsstile der Eltern, erlebte Krankheitsfälle etc. auftauchen, je nachdem, ob der Klient, dessen Anamnese wir erheben, mehr schicksalsbezogen oder mehr freiheitsbezogen denkt? Was hieße, daß von zwei Menschen mit ganz ähnlichen Lebenswegen der eine vielleicht seinem Berater erzählen würde, daß er von seiner Mutter zuwenig beachtet worden sei, und welchen Schock er erlitten habe, als sein Lieblingshund überfahren wurde, also seine *Ausgeliefertheit* in den Vordergrund schieben würde, während der andere vielleicht vorbringen würde, daß ihm seine Mutter eine freie Berufswahl ermöglicht habe, und daß ihn Tiere immer schon interessiert hätten, also sein *Mitwirken* am Geschehenen zulassen würde. Könnte es dann sein, daß die Psychologie ein dreiviertel Jahrhundert lang die von den Klienten skizzierten und an Hand ihrer Berichte rekonstruierten Lebensgeschichten für bare Münze genommen hat und daraus Schlußfolgerungen auf das jeweils gegenwärtige Zustandsbild der Klienten gezogen hat, daß aber in Wahrheit beides, und zwar sowohl die Auswahl der berichteten lebensgeschichtlichen Ereignisse als auch das gegenwärtige Zustandsbild eines Menschen, repräsentativ ist einzig und allein für *den Grad seiner gedanklichen Schicksalsverhaftung?* Für das Ausmaß, in dem sich ein Patient unfrei fühlt, obwohl existentielle Freiräume für ihn existieren? Ist die psychische Krankheit, oder sagen wir ein bißchen vorsichtiger: die neurotische Krankheit nichts anderes als eine geistige Sackgasse, eine chronische Beachtung des Unveränderbaren bzw. eine Nichtbeachtung des Änderbaren?

Wenn dem so wäre, könnten wir heute den Widerspruch lösen, der sich daraus ergibt, daß in zahllosen psychologischen Lehrbüchern auf der ganzen Welt behauptet wird, die Neurose entwickle sich aus frühkindlichen Frustrationen, Entbehrungen und negativen Elternvorbildern, und daß zugleich Millionen Menschen auf der ganzen Welt eine schwere oder schlechte Kindheit erlebt haben und zu ganz und gar normalen Menschen herangewachsen sind. Klar, wer seine Freiheit nicht verantwortlich nützt, weil er sie nicht einmal registriert, der scheitert im Erwachsenenleben genauso, wie er beim subjektiven Rückblick auf seine Vergangenheit scheitern muß; er übersieht die Chancen seines gegenwärtigen Lebens, und er übersieht die Chancen, die seine Kindheit barg. Er merkt sich überhaupt nur dasjenige, was ihm die Umwelt zufügt oder zugefügt hat, weil er sich nicht identifiziert mit einem Wesen, das seinerseits auf „Zufügungen aller Art" antwortet, nämlich frei antwortet nach eigener Wahl. Einem Wesen, das er trotz allem in Wahrheit ist.

Deswegen möchte ich abschließend sagen: Menschenwürde ist etwas, von dem wir glauben, daß es auch der ärmste, der kränkste, der nutzloseste Mensch noch besitzt. Psychotherapie ist etwas, von dem wir glauben, daß es auch mit dem ärmsten, dem kränksten, dem nutzlosesten Menschen noch machbar sein sollte. Wenn wir beides miteinander vereinen wollen, müs sen wir im Bereich jenes letzten „Besitztums“ des Menschen operieren, das durch absolut nichts auszuschalten ist als durch Tod, auch mentalen Tod. Und dieses Besitztum ist die *geistige Freiheit des Menschen*. Die Logotherapie ist die einzige Psychotherapie, der es gelungen ist, die geistige Freiheit des Menschen harmonisch in ihr medizinisch-psychologisches Konzept zu integrieren. Ihr gebührt daher meines Erachtens zu Recht der Titel einer menschenwürdigen Psychotherapie.

Quellenangaben

[1] Viktor E. Frankl, „Der Mensch vor der Frage nach dem Sinn“, Verlag Piper & Co. München (Seite 54).

[2] Viktor E. Frankl, „Der unbedingte Mensch“, Verlag Deuticke Wien (1949), aufgenommen in: „Der leidende Mensch: Anthropologische Grundlagen der Psychotherapie“, Verlag Huber Bern.

[3] Viktor E. Frankl, „Ärztliche Seelsorge“, Verlag Deuticke Wien (10. Aufl. Seite 81).

[4] Viktor E. Frankl, „Zeit und Verantwortung“, Verlag Deuticke Wien (1947), aufgenommen in: „Der Wille zum Sinn“ (mit einem Beitrag von Elisabeth Lukas), Verlag Huber Bern.

[5] Elisabeth Lukas, Zeitschrift „Suicidprophylaxe“, hrsg. von M. Heinrich, Stuttgart, und H. Wedler, Darmstadt.

[6] Viktor E. Frankl, „Argumente für einen tragischen Optimismus“ im Buch: „Sinn-voll heilen“, Herderbücherei Nr. 1156.

[7] Viktor E. Frankl, „Die Sinnfrage in der Psychotherapie“, Serie Piper 214 München (Seite 150).

[8] Viktor E. Frankl, „Psychotherapie für den Laien“, Herderbücherei Nr. 387 (Seite 168).

[9] Viktor E. Frankl, „Homo patiens: Versuch einer Pathodizee“, Verlag Deuticke Wien (1950), aufgenommen in: „Der leidende Mensch: Anthropologische Grundlagen der Psychotherapie“, Verlag Huber Bern.

[10] Viktor E. Frankl, „Anthropologische Grundlagen der Psychotherapie“, Verlag Huber Bern (Seite 214).

Weiterführende Literatur

Werke von Elisabeth Lukas

Auch dein Leben hat Sinn. Logotherapeutische Wege zur Gesundung. 2. Auflage, Herderbücherei 825.

Auch deine Familie braucht Sinn. Logotherapeutische Hilfe in der Erziehung. Herderbücherei 864.

Auch dein Leiden hat Sinn. Logotherapeutischer Trost in der Krise. Herderbücherei 905.

Von der Tiefen- zur Höhenpsychologie. Logotherapie in der Beratungspraxis. Herderbücherei 1020.

Sinn-Zeilen (im Erscheinen). Herderbücherei 1215.

Werke mit Buchkapiteln von Elisabeth Lukas

Wer wird das Antlitz der Erde erneuern? Spuren des Geistes in unserer Zeit. Herderbücherei 1000.

Sinn-voll heilen. Viktor E. Frankls Logotherapie – Seelenheilkunde auf neuen Wegen. Herderbücherei 1156.

ABC des Lebensglücks (hrsg. von Peter Raab). Herderbücherei 1170.

Der Wille zum Sinn (von Viktor E. Frankl). Ausgewählte Vorträge über Logotherapie. 3. Auflage, Verlag Huber, Bern 1982.

Widerstand (hrsg. von Hilarion Petzold). Ein strittiges Konzept in der Psychotherapie. Junfermann Verlag, Paderborn 1981.

Wege zum Menschen (hrsg. von Hilarion Petzold). Methoden und Persönlichkeiten moderner Psychotherapie, Bd. I. Junfermann Verlag, Paderborn 1984.

Logotherapy in Action (hrsg. von Fabry/Bulka/Sahakian). Jason Aronson, Inc., New York 1979.

Analecta Frankliana (hrsg. von Sandra Wawrytko). The Proceedings of the First World Congress of Logotherapy. Institute of Logotherapy Press, San Diego 1980.

The Therapeutic Efficacy of the Major Psychotherapeutic. Techniques (hrsg. von Jusuf Hariman). Charles C. Thomas, Publisher, Springfield, Illinois 1983.

Werke von Viktor E. Frankl

Psychotherapie für den Laien. Rundfunkvorträge über Seelenheilkunde. 11. Auflage, Herderbücherei 387.

Das Leiden am sinnlosen Leben. Psychotherapie für heute. 8. Auflage, Herderbücherei 615.

Ärztliche Seelsorge. Grundlagen der Logotherapie und Existenzanalyse. 12. Auflage, Fischer Taschenbuch 42157.

... trotzdem Ja zum Leben sagen. Ein Psychologe erlebt das Konzentrationslager. 9. Auflage, dtv Taschenbuch 10023.

Die Sinnfrage in der Psychotherapie. Serie Piper 214.

Der Wille zum Sinn. Ausgewählte Vorträge über Logotherapie. 2. Auflage, Verlag Huber, Bern 1982.

Die Psychotherapie in der Praxis. Eine kasuistische Einführung für Ärzte. 4. Auflage, Verlag Deuticke, Wien 1982.

Der unbewußte Gott. Psychotherapie und Religion. 5. Auflage, Verlag Kösel, München 1979.

Der leidende Mensch. Anthropologische Grundlagen der Psychotherapie. 2. Auflage, Verlag Huber, Bern 1984.

Theorie und Therapie der Neurosen. Einführung in Logotherapie und Existenzanalyse. 5. Auflage, UTB 457.

Der Mensch vor der Frage nach dem Sinn. Eine Auswahl aus dem Gesamtwerk. 4. Auflage, Verlag Piper, München 1979.

Man's Search for Meaning. An Introductionto Logotherapy. 65. Auflage, Simon and Schuster, New York 1980.

Psychotherapy and Existentialism. Selected Papers on Logotherapy. 11. Auflage, Simon and Schuster, New York 1978.

The Will to Meaning. Foundations and Applications of Logotherapy. 7. Auflage, New American Library, New York 1981.

The Unheard Cry for Meaning. Psychotherapy and Humanism. 6. Auflage, Simon and Schuster, New York 1979.

Elisabeth Lukas

Auch dein Leben hat Sinn
Logotherapeutische Wege zur Gesundung
Mit einem Vorwort von Viktor E. Frankl
Band 825, 256 Seiten, 2. Auflage

Auch deine Familie braucht Sinn
Logotherapeutische Hilfe in der Erziehung
Mit einem Vorwort von Joseph B. Fabry
Band 864, 224 Seiten

Auch dein Leiden hat Sinn
Logotherapeutischer Trost in der Krise
Mit einem Vorwort von Kazimierz Popielski
Band 905, 272 Seiten

Von der Tiefen- zur Höhenpsychologie
Logotherapie in der Beratungspraxis
Band 1020, 432 Seiten

Zusammen mit Michael Eberle
Sinn-Zeilen
Band 1215, 96 Seiten (erscheint im Mai 1985)

in der Herderbücherei

Viktor E. Frankl

Psychotherapie für den Laien
Rundfunkvorträge über Seelenheilkunde
Band 387, 176 Seiten, 11. Auflage

Das Leiden am sinnlosen Leben
Psychotherapie für heute
Band 615, 128 Seiten, 8. Auflage

Sinn-voll heilen
Viktor E. Frankl Logotherapie –
Seelenheilkunde auf neuen Wegen
Einführung und Erfahrungsberichte
Mit Beiträgen von
Walter Böckmann, Uwe Böschemeyer,
Paul H. Bresser, Viktor E. Frankl,
Günter Funke, Wolfgang Kretschmer,
Alfried Längle, Elisabeth Lukas
Vorwort von Irmgard Karwatzki
Band 1156, 160 Seiten

in der Herderbücherei